Lisa Huth / Karin Mayer (Hrsg.)

Mord vor Ort

Das Krimibuch
zum Treffpunkt Ü-Wagen

SAARLANDWELLE

Hören, was ein Land fühlt.

CONTE *krimi*

Bibliografische Information der Deutschen Bibliothek
Die Deutsche Bibliothek verzeichnet diese Publikation in der
Deutschen Nationalbibliografie; detaillierte bibliografische
Daten sind im Internet über http://dnb.d-nb.de abrufbar.

ISBN 978-3-941657-02-1

© CONTE Verlag, 2009
Am Ludwigsberg 80-84
66113 Saarbrücken
Tel: (06 81) 4 16 24-28
Fax: (06 81) 4 16 24-44
E-Mail: info@conte-verlag.de
Verlagsinformationen im Internet unter www.conte-verlag.de

Lektorat:	Christina Wolfrum
Satz:	Markus Dawo
Fotos im Innenteil:	Pasquale d'Angiolillo
Umschlag:	Markus Dawo unter Verwendung zweier Fotos von
	© Guillermo lobo – Fotolia, © tom – Fotolia
Druck und Bindung:	PRISMA Verlagsdruckerei GmbH, Saarbrücken

Inhalt

Vorwort von Stefan Miller 7

WALSHEIM   **Das waren Außerirdische** 9
Lisa Huth und Karin Mayer

WÖRSCHWEILER   **Das geheimnisvolle Bild** 14
Bärbel Jung

WEMMETSWEILER   **Je t'aime – Kriminalhörspiel** 18
Erhard Schmied

SENGSCHEID   **Sport ist Mord** 26
Manfred Spoo

STEINBERG/MORSCHOLZ   **Mein lieber Paul** 57
Karin Klee

SCHWERDORFF   **Verwandt** 66
Lisa Huth

RHODES   **Bachmanns letzte Fahrt** 76
Jürgen Schimpf

PUTTELANGE-AUX-LACS   **Kalte Rache?** 80
Gerd Heger

OBERLÖSTERN   **Wer einmal raubt, dem glaubt man nicht** . . 91
Karin Klee

MOSBERG-RICHWEILER   **Wo der Hund begraben liegt** 97
Sven Rech

MAINZWEILER   **Das Mainzweiler Knie** 115
Renate Wanninger

LINDSCHEID   **Romeo und Julia auf den Golanhöhen**. . . 129
Silvia Hudalla

KLEINOTTWEILER   **Die Mütze am Brunnen** 134
Bärbel Jung

KARLSBRUNN   **Frühjahrsputz** 137
Karin Mayer

HEINITZ   **Knistern im Gebälk –
Mord in der Gasmaschinenzentrale** 147
Anke Schaefer

HAUSBACH   **Heidisch Gebei** 155
Marietta Schröder

HARLINGEN   **Mord à la carte ...** 164
Michael Lentes

GROSBLIEDERSTROFF   **E' Nacht lang Mississippi** 168
Roland Helm

DAUTWEILER   **Der größte Fisch ist eine Kröte** 174
Lisa Huth

BRENSCHELBACH   **Tod auf dem Campingplatz** 185
Gabor Filipp

BLIESRANSBACH   **Raaschbach Reloaded** 198
Harald Martin

BLIESMENGEN-BOLCHEN   **Rot wie Blut, weiß wie Schnee** 206
Karin Mayer

Die Autorinnen und Autoren 218

Vorwort

Nebelschwaden liegen schwer über dem Tal des kleinen Dorfes. Ein tapferer Reporter kämpft gegen die Müdigkeit und das schlechte Wetter an und stapft durch das feuchte Gras zu einem blauen Auto mit Satellitenschüssel auf dem Dach. Ein knappes Signal aus dem Reportagewagen in seinem Kopfhörer ist für ihn das Zeichen. Er zückt sein Mikrofon wie ein Messer und schnitzt in scharfen, kantigen Sätzen eine Silhouette. Das Bild eines Ortes. Er hält Lebensgeschichten fest, berichtet von Freude und Streit in einer Gegend des Saarlandes, in die sich sonst nie ein Journalist vorwagt – einen ganzen Tag lang. Denn an diesem Tag ist an diesem Ort *Treffpunkt Ü-Wagen,* die Sendereihe von SR 3 Saarlandwelle. Reportagen aus dem Nirgendwo, aus den Ortschaften, die keiner wirklich kennt, weil sie immer wieder von den Medien vergessen werden. Am Ende eines langen Tages ist dieser Ort den Hörern so vertraut wie ihr eigenes Wohnzimmer. Es ist scheinbar alles gesagt, analysiert und berichtet. Doch der Reporter weiß es besser. Das war noch lange nicht alles. Die Schattenseiten, die wohl gehüteten Geheimnisse, das Grauen, das hinter Stall und Hoftor lauert, tritt erst in der Nacht zu Tage. Und so macht er sich noch einmal zu später Stunde auf, um das zu sehen, was ihm das Mark in den Gebeinen gefrieren lässt. 22 Kriminalgeschichten aus Orten, in denen der *Treffpunkt Ü-Wagen* war, sind das Ergebnis.

Zwei mutige Herausgeberinnen, Lisa Huth und Karin Mayer, haben sich aufgemacht, der kriminellen Fantasie ins Auge zu schauen, Gleichgesinnte zu suchen, die das Ungesagte aufdecken. Sie haben alles riskiert bei der offenen Aussprache über missratene Formulierungen, beim Feilschen um Zeilen und Redewendungen. Jetzt liegt das Buch vor, aber wo sind die Herausgeberinnen? Man hat sie lange nicht mehr gesehen. Es wird doch nicht ein wütender Autor, der sich missverstanden fühlte ... ? Oder die Dorfbewohner? Die sorgfältigen Herausgeberinnen wollten noch einmal nachrecherchieren in diesem Ort, in dem der Ü-Wagen zuletzt Halt gemacht hatte ...

Nebelschwaden liegen schwer über der Wahrheit.

Stefan Miller
Informationschef SR 3 Saarlandwelle (in Sorge)

Das waren Außerirdische

Lisa Huth und Karin Mayer

Jupp gähnte. Als Ü-Wagen-Techniker musste man zwar zu jeder Tages- und Nachtzeit einsatzbereit sein, diese frühe Morgenstunde war aber wirklich nicht seine Zeit. Er fuhr die Antenne aus und checkte, ob er von diesem Standort aus auf den Satelliten kam. Dann maß er die Geräte ein. Alles funktionierte einwandfrei.

Gleich sieben Uhr. Jupp schaltete die SR 3-Nachrichten ein, hörte eine Weile zu. Auf der Welt war offenbar nicht viel passiert. Kaffee. Suchend blickte er sich um. Mist. Er hatte seine Thermoskanne vergessen.

»Hast du Kaffee mit?«, fragte er Jürgen, den Fahrer.

»Nee, ich war heute morgen zu knapp dran. Aber die da drüben im Gasthaus Lugenbiel haben schon gesagt, wir können zu 'nem Frühstück rüberkommen.«

»Ei, dann lass uns gleich gehen, gegen Viertel vor acht will unser Reporter hier sein.«

Stefan fühlte sich wie gerädert. Erst hatte er die halbe Nacht im Stall neben einer kalbenden Kuh gesessen und dann hatte er kein Auge mehr zugetan. Als er im Bett lag, war es ihm wieder eingefallen. Er hatte diesem Reporter versprochen, ein Interview zu geben. Er bekam Schweißausbrüche, Panikattacken, wenn er nur daran dachte. Irgendwann in den frühen Morgenstunden hatte Stefan beschlossen: »Do geh ich ned hin. Uff gar kenn Fall.« Nach diesem Entschluss nickte er ein. Kurze Zeit später klingelte unbarmherzig der Wecker. Stefan versuchte den Störenfried so schnell wie möglich auszuschalten. Schlaftrunken wie er war, fiel der Wecker vom Nachttisch. »Kabudd. So e Mischd«, schimpfte er vor sich hin. Zu allem Überfluss klingelte das dumme Ding immer noch. Stefan schleppte sich ins Bad, nahm in der Küche eine Tasse Kaffee, den seine Mutter schon gekocht hatte. Im Hof stand der Traktor. Jetzt nichts wie ab. In diesem Moment läutete sein Handy. Lugenbiel war dran: »Hör mal, dein Wohnmobil steht noch neben dem Gasthaus. Kannst du es nicht wegfahren? Heute steht doch der Ü-Wagen vom SR neben unserem Haus und wir würden gerne mehr Tische aufstellen.« Das auch noch. Stefan schob das Handy in die grüne Latzhose zurück und schlurfte wie ein geschlagener Hund in Richtung Duppstein und Gasthaus Lugenbiel. Als Stefan ankam, stand Jörg Lugenbiel schon in der Schürze vor dem Haus und zeigte auf das blaue Auto. Stefan winkte von weitem und sah wie Jörg Lugenbiel wieder ins Haus ging. Der junge Landwirt öffnete die Fahrertür, schwang sich auf den Sitz, startete und fuhr los. Nichts wie weg. Der Reporter musste jeden Moment kommen. Er würde wegen Krankheit absagen oder noch besser, sein Traktor wäre umgestürzt.

Sie wurden freundlich empfangen, plauderten ein wenig mit den Wirtsleuten, lehnten einen Schnaps am frühen Morgen dankend ab, kündigten sich aber gerne zu der Schweinshaxe am Mittag an und nahmen den Weg zurück zum Wagen. Der stand nicht mehr da.

Der stand nicht mehr da?

Jupp wie Jürgen starrten ungläubig auf die Stelle, wo sie eben noch den Ü-Wagen zurück gelassen hatten. Sicher? Kurz kamen Jürgen Zweifel, ob er ihn nicht vielleicht doch woanders … ? Nein, ganz sicher, da war die Stelle, an der er ihn abgestellt hatte. Er hatte noch ein bisschen rangieren müssen, weil dort ein blaues Wohnmobil stand, ein schönes Blau, fast so ein Blau wie das des Ü-Wagens. Jetzt stand nur noch dieses Wohnmobil hier herum. Und das Stromkabel, mit dem der Ü-Wagen ans Netz angeschlossen war, lag auf der Straße.

Die ersten Leute hatten sich bereits versammelt. Der Ortsvorsteher hatte im Amtsblatt ankündigen lassen, dass heute ab 8.00 Uhr SR 3 Saarlandwelle einen ganzen Tag aus Walsheim berichten wollte.

Eine Frau trat aus der Menge. »Suche Ihr de Ü-Waache?«, fragte sie. Jupp nickte. Jürgen auch. »Der is grad weggeholl woar.«

»Von wem?«, brachte Jupp heraus.

»Der is do fortgeschwebt. Durch die Luft. Das waren Außerirdische.«

Jupp verdrehte die Augen. Jürgen schnappte nach Luft.

Da trat ein zweiter Schaulustiger hervor: »Wenn das Marlies das saat, dann war das so. Das is unser Astrologin ausm Nachbarort«, sagte er und wedelte mit der Hand Schleifen in die Luft, um anzudeuten, wie der Ü-Wagen davon geflogen sei. »Ich komm a von do.«

»Höre Sie ned uff die«, mischte sich ein weitere Frau ein. »Die siehn iwwerall Außerirdische. Wenn er Pech hann, saanse, ihr seie a Außerirdische. Euer Ü-Waache hat eener geklaud.« Jürgen nickte. »Geklaut.« Das Wort kam ihm fast nicht über die Lippen.

Unterwegs hatte es auf dem Armaturenbrett geblinkt. Ölwechsel machen, dachte Stefan. Irgendwann hatte es auch einen kleinen Ruck gegeben, aber er hatte nicht weiter darauf geachtet. Er stellte das Wohnmobil hinter der Scheune ab. Das war besser, denn sein Vater sah es nicht gern, wenn es auf dem Hof stand. Sie hatten sich damals gestritten, als er es von einem Besucher auf dem Walsheimer Campingplatz abkaufen wollte. Langsam wurde Stefan wach. Schnell noch rein zum Frühstück, dann raus mit dem Traktor aufs Feld.

Jupp, der inzwischen wieder einen klaren Gedanken fassen konnte, griff zum Handy. Bevor er sich mit den Außerirdischen von Walsheim befassen konnte, musste er dem Reporter Bescheid

sagen: »Hallo Bernd? Do is der Jupp. Bischd gleich do? Ei gut.
Hall dich feschd, de Ü-Wagen is weg! Ei jo doch, wenn ich dir's
saan, weg, fort, nimmieh do ... Ei gutt, mir waarde hier off dich.«

Jupp drückte die Verbindung weg. Was sollten sie jetzt machen,
die Polizei rufen? Da bog auch schon der Bernd um die Ecke.

»Seid Ihr denn sicher, dass der Ü-Wagen hier geparkt war?«,
fragte er beim Aussteigen.

»Ei sicher doch«, Jürgen war beleidigt, »wir sind doch nicht
doof.«

Einige Jugendliche hatten sich zuvor auf den Weg gemacht
und das ganze Dorf nach dem verschollenen Ü-Wagen durchkämmt. »Nichts«, rief einer schon von weitem, als sie wieder
zurückkamen.

In diesem Moment fuhr ein riesiger Traktor über die Dorfstraße.
Am Steuer saß Stefan, inzwischen gut gelaunt und einigermaßen
fit. Glaubte er zumindest. Doch was war das? Stand da nicht ein
blaues Wohnmobil? Genau so eines wie das, das er gerade hinter
der Scheune abgestellt hatte? Ihm wurde heiß, ihm wurde kalt. Er
traute seinen Augen nicht. Wurde er verrückt? Nein, es war unmöglich.

»Kee Mensch außer mir hat e blaues Wohnmobil.« Was tun?
Stefan fuhr zurück. Er wendete auf dem Parkplatz vor dem alten
Brauereikeller, sah noch, dass rund um dieses Wohnmobil, das
aussah wie seines, eine Gruppe stand, die sich aufgeregt zu unterhalten schien.

Der junge Landwirt lenkte seinen Traktor zurück hinter die
Scheune, wo das blaue Auto stand. »Oh, nee«, entfuhr es ihm,
»das is jo e SR-Auto.« Vorsichtig ging Stefan um den Wagen herum. Kein Zweifel. Jetzt musste er wohl oder übel in den sauren
Apfel beißen. Das Auto musste zurück. Stefan stieg ein und startete den Motor.

Da fiel es Jürgen siedendheiß ein, dass er den Schlüssel hatte stecken lassen. Genau sah er vor sich, wie er nach seinem Schlüsselbund daneben gegriffen hatte, aber nicht nach dem Autoschlüssel. Und hatte er etwa auch den Wagen offen stehen ... ? Wie konnte ... ? Nie passierte ihm so etwas, nie! Er tuschelte es Jupp und Bernd zu.

»Dann waren es schon mal keine Außerirdischen«, brummte Jupp zurück.

In diesem Moment bog der Ü-Wagen um die Ecke und bremste kurz vor Jupp, Jürgen und Bernd. Ein verwirrter junger Mann sprang heraus.

»Ich muss mich entschuldische«, rief er, bevor noch jemand etwas zu ihm sagen konnte. »Ich bin do hinne vom Baurehof unn solld mei Wohnmobil hier weg hoole. Unn dann hann ich ned uffgepasst unn jetz erschd hann ich gemerkt, dass das do jo gar ned mei Wohnmobil is.«

Jupp und Jürgen waren so erleichtert, dass der Ü-Wagen wieder dort stand, wo er stehen sollte, dass sie dem jungen Mann auf den Rücken klopften und sagten: »Das do machschde awwer net noch emol.«

Zu Bernd murmelte Jupp: »Unn wenn de Zeit haschd, machschde heut noch e Beitrag iwwer Außerirdische.«

Jupp fuhr die Antenne aus, checkte die Messgeräte, alles funktionierte so einwandfrei wie vorher. Keine Minute zu spät, um 8.35 Uhr sollten sie auf Sendung gehen. Und Bernd, der den Schrecken nur am Rande mitbekommen hatte, eröffnete seine Live-Reportage mit den Worten: »Liebe Hörerinnen und Hörer von SR 3, Sie können sich gar nicht vorstellen, was alles in unseren Ü-Wagen-Orten passiert, bevor wir auf Sendung gehen ...«

Das geheimnisvolle Bild

Bärbel Jung

Es war ein ganz normaler Sommertag. Franziska hatte Urlaub und überlegte beim Frühstück, was sie mit dem Tag anfangen sollte. Lange musste sie nicht nachdenken, das Wetter war herrlich und das Kribbeln in den Fingerspitzen sagte ihr, heute ist Malen angesagt. Aber was? Und wo? Im Saarland gibt es so viele schöne Motive ... vielleicht das Römermuseum in Schwarzenacker?

Franziska packte ihre Malsachen ein und fuhr los. Doch kurz vor Schwarzenacker fiel ihr ein, dass bei dem schönen Wetter wohl viele Menschen das Freiluftmuseum besuchen würden. Dann konnte sie dort nicht in Ruhe malen, aber wo dann? Die Klosterruine auf der gegenüberliegenden Seite der Blies war bestimmt nicht überlaufen. Kurz entschlossen bog Franziska ab Richtung Wörschweiler.

Das hoch aufragende Klosterportal war der bekannteste und wohl auch am meisten gemalte Teil der Ruine. Franziska suchte, bis sie an einer entlegeneren Stelle ein anderes Motiv fand, das sie spontan ansprach. Es strahlte irgendetwas Geheimnisvolles aus. Sie stellte ihren Klappstuhl zurecht, holte Aquarellblock, Farben, Pinsel und Wasserflasche heraus und begann zu malen. Während ihre Augen und Hände beschäftigt waren, erinnerte sie sich an das letzte Mal, als sie die Klosterruine besucht hatte. Es sollte ein romantischer Frühlingsspaziergang mit ihrem damaligen Freund werden. Klaus war attraktiv und temperamentvoll. Nach einiger Zeit musste sie allerdings feststellen, dass temperamentvoll nicht die passende Beschreibung war – jähzornig und unbeherrscht traf wohl eher zu. Der Spaziergang war eigentlich eine

Versöhnungsgeste gewesen, weil sie sich zwei Tage vorher wegen einer Kleinigkeit heftig gestritten hatten.

Franziska seufzte leicht. Ganz so friedlich und versöhnlich war der Spaziergang damals doch nicht verlaufen. In der Nähe der Klosterruine trafen sie auf einen alten Kumpel von Klaus. Jedenfalls hatte er ihn ihr so vorgestellt, als der Mann eines Abends in ihrer Stammkneipe auftauchte. Franziska war er auf Anhieb unsympathisch gewesen, so ein arroganter Machotyp mit Goldkettchen und protzigem Siegelring.

An jenem Sonntag wollte er unbedingt mit Klaus unter vier Augen reden. Franziska war es ganz recht, dass die Männer ein Stück weit in den Wald hineingingen, während sie die malerischen Aspekte der alten Gemäuer erkundete. Doch die Stimmung war zerstört. Plötzlich hörte sie laute Stimmen. Einzelne Worte konnte sie nicht verstehen, doch offenbar hatten die beiden Männer eine heftige Auseinandersetzung. Schließlich entfernte sich der Fremde wütend. Franziska hatte ihn seither nie wieder gesehen und der Rest des Tages mit Klaus verlief ziemlich schweigsam.

Franziska konzentrierte sich wieder auf ihr Bild. Beim Malen spürte sie, dass es gut wurde. Die Komposition stimmte, die Lichtverhältnisse zauberten interessante Effekte, die Farben harmonierten ... Nur etwas fehlte noch, ein Kleinigkeit, ein kleiner, aber strahlender Farbtupfer. Da entdeckte Franziska eine kleine, gelbe Blume in der Nähe ihres Motivs. Als sie näher hinsah, stutzte sie, es war eine Primel. Komisch, die blühten doch nur im Frühling, und jetzt war Hochsommer. Egal, es passte perfekt und das Aquarell war fertig.

Auf der Heimfahrt wunderte sich Franziska, warum sie nach so vielen Jahren wieder an Klaus gedacht hatte. Er war eine kurze und nicht sehr angenehme Episode in ihrem Leben gewesen.

Ein paar Tage nach dem Vorfall bei der Ruine war er wegen einer Bagatelle ausgerastet. Angeblich waren die Schnitzel zu knusprig oder nicht knusprig genug. Als er die Hand gegen sie erhob, griff Franziska zur Bratpfanne und funkelte ihn an. Klaus drehte sich um, knallte die Küchentür zu und verließ die Wohnung. Franziska stellte seine paar Sachen in den Hausflur und am nächsten Morgen waren sie verschwunden. Klaus hatte sie seither nicht mehr gesehen.

Vom Ausflug zur Klosterruine wieder zurück, stellte Franziska ihr Bild im Wohnzimmer auf. Es war wirklich gelungen und die kleine, gelbe Primel setzte den entscheidenden Akzent. Als Franziska sie näher betrachtete, bemerkte sie, dass die Blume fast genauso aussah, wie die Gravur auf dem Siegelring des Machotypen. Das war wohl, weil sie beim Malen an den damaligen Ausflug gedacht hatte. Egal, das Bild war gut und sie würde keinen Pinselstrich daran ändern. Es war wirklich gut, sogar das Beste, das sie je gemalt hatte. Ihre Freunde und Bekannten, die sie in den nächsten Wochen besuchten, waren alle derselben Meinung. Sie überredeten Franziska, es zur nächsten Hobbymalerausstellung anzumelden. Auch die Veranstalter waren von dem Bild begeistert und setzten es sogar auf das Plakat für die Ausstellung.

Am Tag der Eröffnung war Franziska ziemlich aufgeregt. Sie hatte das kleine Schwarze und ihren besten Schmuck dazu an. Etwas aus dem Hintergrund beobachtete sie die Besucher. Ihr Werk erregte Aufmerksamkeit. Einer der Besucher fiel ihr auf, weil er eine Sonnenbrille trug – wer geht schon mit einer Sonnenbrille zu einer Ausstellung? Irgendwie kam ihr der Mann bekannt vor. Das konnte doch nicht etwa Klaus sein? Der hatte sich nie für ihr Hobby interessiert und es als kitschige Kleckserei abgetan. Als der Mann zu Franziskas Aquarell kam, nahm er die Sonnenbrille ab. Er ging so nahe an das Bild heran, dass er es fast berührte. Als

Franziska stellte sich hinter ihn um zu sehen, was ihn so faszinierte. Es war die kleine gelbe Primel. Als der Mann spürte, dass sie hinter ihm stand, drehte er sich um – es war wirklich Klaus. Er erkannte Franziska und schrie: »Du Teufelin! Du Mistweib! Du kannst es doch gar nicht wissen! Ich habe ihm den Ring doch abgenommen!« Seine Hände schossen nach vorn, legten sich um ihren Hals und Franziska wurde schwarz vor Augen.

Sie erholte sich rasch wieder von der Attacke. Nur mit dem Sprechen hatte sie noch eine Zeit lang Schwierigkeiten. Später bei ihrer polizeilichen Vernehmung erfuhr sie, dass Ausstellungsbesucher ihren Exfreund überwältigt hatten. Die Polizei nahm ihn fest und bei der Durchsuchung seiner Wohnung fand man Drogen, Geld, den Siegelring und die goldene Kette. Klaus gestand, seinen damaligen Komplizen im Streit erschlagen zu haben. Er zeigte auch, wo er die Leiche vergraben hatte. Die Polizei grub nach und fand die skelettierte Leiche genau an der Stelle, wo Franziska die Primel gemalt hatte.

Je t'aime - Kriminalhörspiel

Erhard Schmied

Rollen: Constanze (25), Rudi (25), Herr Bergmann (50)
Ort: Wemmetsweiler, Wohnung von Constanze
Zeit: 1969

(Nadel wird auf die Platte gesetzt. Knistern. Musik: Je t'aime)
RUDI: *(erstaunt)* Du hast die Platte gekauft?
CONSTANZE: Ich bin extra bis nach Neunkirchen! Ich kann einfach nicht mehr leben ohne diese Musik. *(verführerisch)* Aber ich versprech' dir, ich leg sie nur auf, wenn jemand in der Nähe ist, den ich will. *(haucht)* Küss mich!
RUDI: Ach, hör' auf ...
CONSTANZE: *(beleidigt)* Spielverderber.
(lässt von ihm ab)
RUDI: *(ernst)* Die Amerikaner haben wieder Angriffe geflogen.
CONSTANZE: *(seufzt)* Wenn das deine einzige Sorge ist ...
(Nadel wird von der Platte genommen. Musik aus)
Pack ich die Scheibe eben weg. Und zwar so lange, bis deine Amerikaner aus diesem blöden China ...
RUDI: Vietnam! Das Land heißt Vietnam!
CONSTANZE: Bis die sich verzogen haben!
RUDI: Das kann dauern. Obwohl unsere vietnamesischen Freunde alles daransetzen, die Imperialisten ...
(Telefon klingelt. Hörer wird abgenommen)
CONSTANZE: Ja, bitte?
BERGMANN: *(Telefonstimme, unsicher)* Ja, äh ... Bergmann hier.
CONSTANZE: *(erstaunt)* Herr Bergmann?

RUDI: Keine Überstunden, hörst du? Nicht schon wieder! *(Pause)* Ich geh' mal aufs Klo.

CONSTANZE: *(entnervt)* Ja, ja ...

(Schritte. Tür fällt ins Schloss)

BERGMANN: Ist wohl gerade ein bisschen ungünstig ...

CONSTANZE: Das war nur Rudi. Mein Freund.

BERGMANN: Oh ... *(Pause)* Ich wusste nicht, dass Sie liiert sind.

CONSTANZE: Ich häng das nicht an die große Glocke. Lohnt sich auch nicht bei dem Kerl.

BERGMANN: Ja ... äh ... ich will dann nicht länger stören ...

CONSTANZE: Was gibt's denn? Probleme im Büro?

BERGMANN: *(zögernd)* Das nicht ...

CONSTANZE: Nu' mal raus mit der Sprache!

BERGMANN: *(nimmt all seinen Mut zusammen)* Ich wollte fragen, ob Sie Lust hätten, mit mir essen zu gehen. *(erleichtert)* Jetzt ist es raus.

CONSTANZE: *(erstaunt)* Ich? Mit Ihnen?

BERGMANN: Ich weiß, es steht mir eigentlich nicht zu. Wo ich so viel älter bin. Und als Chef sollte man ohnehin eine gewisse Zurückhaltung ...

CONSTANZE: Es gibt immer ein erstes Mal. Gerade in Zeiten sexueller Revolution.

BERGMANN: Ich dachte eigentlich eher an ... *(hastig)* Aber nicht hier im Ort, im Rosengarten oder so was, wo uns jeder kennt! In Saarbrücken vielleicht ...

CONSTANZE: Keine Sorge. Ich wollte nur was sagen, in dem das Wort Revolution vorkommt. Rudi meint, das gehört dazu. Heutzutage. Auch in Wemmetsweiler.

(Klospülung)

BERGMANN: Aber ... Sie haben ja keine Zeit. Ein andermal ... vielleicht ...

CONSTANZE: Augenblick ... *(überlegt)* Sie wohnen doch nur um die Ecke. Wissen Sie was? Kommen Sie einfach vorbei.

BERGMANN: *(beunruhigt)* Und Ihr Freund?

CONSTANZE: Keine Sorge. Das erledige ich schon. Bis gleich.

(Hörer wird aufgelegt. Rudi kommt zurück.)

RUDI: Wir müssen los.

CONSTANZE: Wohin?

RUDI: Solidaritätskomitee. Wegen der Bombenangriffe. Es muss ein Flugblatt gemacht werden.

CONSTANZE: *(ungläubig)* Ein Flugblatt? Für Wemmetsweiler?

RUDI: Und Stennweiler und Merchweiler ...

CONSTANZE: Also, ich stell mich damit nicht auf die Illinger Straße. Das kannst du vergessen. Und jetzt lass mich in Ruhe. Ich hab Kopfschmerzen. Und schlecht ist mir auch.

RUDI: Schlecht? Ich denke, du nimmst die Pille.

CONSTANZE: Ich bin nicht schwanger, du Idiot! Ich hab einen Infekt.

RUDI: *(mault)* Geh ich eben allein.

(Schritte. Tür fällt ins Schloss)

CONSTANZE: *(zu sich, erleichtert)* Na endlich ... *(hastig)* So, und jetzt ganz schnell ... Trainingsanzug aus ... Schrank auf ... *(such, such)* ... das passt ... Klamotten an ... *(begeistert)* Wenn Rudi wüsste, was ich für'n Tempo vorlegen kann, wenn's darum geht gut auszusehen ... und fertig! ... Das reicht ja fürs Guinness Buch der Rekorde ...

(Es klingelt an der Wohnungstür)

CONSTANZE: *(ruft)* Ich komme!

(Schritte. Tür wird geöffnet)

BERGMANN: *(schüchtern)* Bin ich ... zu früh?

CONSTANZE: Nein, nein ... Oh, vielen Dank.

BERGMANN: *(verlegen)* Ich war mir nicht sicher, ob Blumen noch modern sind. Aber dann dachte ich, immer noch besser als Pralinen.

CONSTANZE: Jede Frau liebt Rosen. Auch wenn Sie keinen BH mehr trägt.

BERGMANN: Das ... das ist mir noch gar nicht aufgefallen ...

CONSTANZE: Im Büro hab ich immer was drüber. Oder wenn ich einkaufen muss. Setzen Sie sich doch.

BERGMANN: Wohin?

CONSTANZE: Auf die Matratze. Oder stört Sie das?

BERGMANN: *(nicht ganz überzeugend)* Ich sitze gerne auf dem Boden ...
(lässt sich stöhnend nieder)

CONSTANZE: Also, ich lieg' lieber drauf. Wenn ich das mal so sagen darf.

BERGMANN: In welches Restaurant darf ich Sie denn entführen?

CONSTANZE: In gar keins.

BERGMANN: *(verblüfft)* Ich dachte, wir essen zusammen.

CONSTANZE: Ich habe Rudi gesagt, ich bin krank. Da kann ich nicht vor die Tür. Stellen Sie sich vor, er sieht mich. Oder einer seiner Revoluzzerfreunde. Und dann noch mit einem anderen Kerl.

BERGMANN: Wir könnten sagen, es sei beruflich.

CONSTANZE: Mann bleibt Mann. Für Rudi jedenfalls. Ich persönlich seh' das ein bisschen differenzierter. Aber keine Bange. Ich hab' jede Menge Stixi ... und Musik ...

(Nadel wird auf die Platte gesetzt. Knistern. Musik: Je t'aime)

BERGMANN: *(entrüstet)* Fräulein Constanze!

CONSTANZE: Wahnsinn, was?

BERGMANN: Ich hätte nicht gedacht, dass Sie so etwas hören.

CONSTANZE: Dieses Kribbeln. Vom ersten Ton an.

BERGMANN: *(antwortet nicht)*

CONSTANZE: Sie sind doch nicht etwa von der altmodischen Sorte?

BERGMANN: Also, wenn Sie mein Jackett stört ... das kann ich ausziehen.
(zieht das Jackett aus)

CONSTANZE: Den Schlips können Sie auch weglassen.

BERGMANN: Natürlich.

(zieht den Schlips aus)

(beunruhigt) Sie werden doch niemandem erzählen, dass ich Sie angerufen habe? Vor allem nicht in der Firma.

CONSTANZE: Ich schweige wie ein Grab. Auf die Jugend von heute ist Verlass. Egal, was in der Zeitung steht.

BERGMANN: Ich wollte Sie schon lange fragen, ob Sie mit mir ... Aber Sie wissen ja, wie das ist ...

CONSTANZE: Ehrlich gesagt ... nein.

BERGMANN: Aber dann, letzte Woche, hab' ich diesen Beatclub gesehen. Die Moderatorin, die hat mich an Sie erinnert.

CONSTANZE: Jetzt schmeicheln Sie mir aber.

BERGMANN: Auf einmal dachte ich: Klaus, dachte ich, du musst mit der Zeit gehen. Konventionen ... Was bedeutet das schon? Leben wir nicht in einer Phase des Umbruchs? Politisch und privat? Und da Sie mich immer so angesehen haben ... Und ich Sie ...

CONSTANZE: Ich behalte grundsätzlich alle männlichen Subjekte im Auge. Besonders, wenn sie so attraktive graue Schläfen haben.

BERGMANN: Jetzt schmeicheln Sie mir.

(Es klingelt an der Wohnungstür)

(beunruhigt) Wer kann das sein?

RUDI: *(ruft aus dem Treppenhaus)* Constanze! Ich bin's!

CONSTANZE: Der hat mir gerade noch gefehlt.

(Musik aus)

BERGMANN: *(entsetzt)* Ihr Freund?

CONSTANZE: Wir sagen einfach, Sie hätten mir Akten vorbei gebracht. Fürs Wochenende.

(Schritte. Tür wird geöffnet)

CONSTANZE: Ich dachte, ihr sitzt über euerm Flugblatt.

RUDI: *(sauer)* War nur einer da. Die anderen sind beim Fußball.

Saarlandpokal. Wemmetsweiler gegen Mettlach. Das sind vielleicht Genossen ... *(Pause)* Du hast Besuch?

CONSTANZE: Das ist Herr Bergmann.

BERGMANN: *(unsicher)* Guten Abend ...

RUDI: Lass dich bloß nicht wieder bequatschen? Du machst genug Überstunden! *(irritiert)* Was hast'n du überhaupt an?

CONSTANZE: Soll ich nackt rum rennen?

RUDI: Vorhin warst du im Trainingsanzug. Jetzt stehst du da in Minirock und oben ohne.

CONSTANZE: Das ist nicht oben ohne! Das ist ein Netzshirt!

RUDI: Da trägt man aber was drunter. Normalerweise. Oder drüber. Besonders, wenn Fremde da sind.

CONSTANZE: Herr Bergmann ist kein Fremder. Den seh' ich öfter als dich.

BERGMANN: Ich glaub, ich geh dann besser ...

RUDI: *(misstrauisch)* Hier stimmt doch was nicht!

(Nadel wird auf die Platte gesetzt. Knistern. Musik: Je t'aime)

Ich hab's gewusst. *(äfft Constanze nach)* ›Ich kann nicht mehr leben ohne diese Musik. Aber ich versprech' dir, ich leg sie nur auf, wenn jemand in der Nähe ist, den ich will.‹ Schon mal gehört, den Satz?

CONSTANZE: Das sind drei Sätze, Schatz. Drei.

BERGMANN: Sie verstehen das falsch. Diese Musik lässt mich völlig kalt.

RUDI: *(aufgebracht)* Wer redet denn mit Ihnen?

(packt Bergmann am Kragen und greift nach Bergmanns herumliegender Krawatte)

BERGMANN: *(röchelt)* Lassen Sie mich los!

RUDI: In die Wohnung eines befreundeten Landes einmarschieren. Das hab ich gern.

CONSTANZE: Rudi! Was machst du?

RUDI: Ich würge ihn mit seiner Krawatte. Vielleicht bewegt ihn das zu einem geordneten Rückzug.

BERGMANN: *(röchelt)*

CONSTANZE: Er wird schon ganz rot im Gesicht!

RUDI: Wie die verbrannten Vietnamesen. Oder werden die schwarz? Ich weiß das gar nicht.

(Schlag. Rudi stöhnt auf. Fällt zu Boden)

BERGMANN: *(entsetzt)* Fräulein Constanze, was haben Sie getan?

CONSTANZE: Ich hab' Ihnen das Leben gerettet!

BERGMANN: Sie haben Ihren Freund erschlagen, mit einem Knüppel!

CONSTANZE: Das ist eine Fahnenstange. Von seiner letzten Demo. *(schluchzt)* Was hätte ich denn tun sollen?

BERGMANN: Wir müssen die Polizei rufen.

CONSTANZE: Sie meinen, ich soll ins Gefängnis?

BERGMANN: Sie haben in Notwehr gehandelt. Das werde ich bezeugen.

CONSTANZE: Und wenn Ihnen niemand glaubt? Wenn alle denken, dass Sie bloß auf mich scharf waren und Rudi aus Eifersucht ... *(zögert)* Aber dann müssten ja Sie vor Gericht ...

BERGMANN: *(entsetzt)* Ich?

CONSTANZE: Mord in Wemmetsweiler ... Hat's das eigentlich schon mal gegeben?

BERGMANN: Keine Ahnung ...

CONSTANZE: Und wenn wir so tun, als wär' gar nichts passiert?

BERGMANN: Nichts passiert?

CONSTANZE: Wir legen ihn auf die Illinger Straße. Dann sieht es nach Raubüberfall aus. Oder ein Anschlag der Imperialisten, wie Rudi immer sagt ... gesagt hat ...

BERGMANN: Das überleb ich nicht ...

CONSTANZE: Selbst wenn Sie nicht in Verdacht geraten ... Denken Sie an das Gerede. Ich könnte Ihre Tochter sein. Ich trage einen Minirock und ein Netzshirt, bei dem man alles, aber wirklich alles sieht. Ihr Ruf wär' ruiniert ...

(Klicken eines Feuerzeugs. Constanze atmet den Rauch tief ein)

BERGMANN: Es wird mich Tag und Nacht verfolgen.

CONSTANZE: *(benommen)* Man kann alles vergessen. Glauben Sie mir.

(Nadel wird auf die Platte gesetzt. Knistern. Musik: Je t'aime)

BERGMANN: Was tun Sie da?

CONSTANZE: Ich bewege mich zur Musik unserer französischen Nachbarn.

BERGMANN: Sie meinen, Sie ziehen sich aus zur Musik unserer Nachbarn.

CONSTANZE: Macht das einen Unterschied?

BERGMANN: Für mich schon.

CONSTANZE: Ich dachte, Sie wollen vergessen.

(raucht erneut) Auch einen Zug?

Sport ist Mord

Manfred Spoo

Donnerstag, 25. Juni, 14.12 Uhr

Der Eichelhäher flog unterhalb der Baumkronen quer über den Waldweg. Mit heiserem Schrei begrüßte er zwei Rentner, die sich zu früher Nachmittagsstunde auf einen Spaziergang über *Bischmisheimer Bann* begeben hatten.

»Nää, das gebd ed doch nedd!«, rief der eine der beiden erschrocken aus und der zweite kreuzte entsetzt seine Hände vor der Brust, als wollte er seinem Herzen eine Stütze geben.

Unter einem Schwarm Mücken, der in einer schwarz flimmernden, tornadogleichen Säule auf und ab tanzte, starrte den beiden Rentnern mit weit aufgerissenen Augen ein blutverkrustetes Gesicht entgegen. Aus dem verzerrten Mund krochen Aaskäfer, ringelten sich Würmer. Über Hals und Brust der Leiche liefen Tausendfüßler und Asseln. Krähen pickten um ein am Hinterkopf klaffendes, faustgroßes Loch herum.

Kommissar Kasper knurrte hinter seinem Schreibtisch bei der Kriminalpolizeiinspektion in den Telefonhörer: »Donnaweddanochemoo! Ja, wir kommen raus!« Dann rief er den jungen Kommissaranwärter, den man ihm seit vier Wochen zum Praktikum an die Seite gestellt hatte zu sich: »Leismann! Es gibt Arbeit! Leichenfund!«

Günther Deutsch lief gut gelaunt durch den duftenden Buchenwald. Er hatte sich von der Kirchstraße aus über die Witz langsam warm gelaufen, dann die Hochstraße überquert und trabte nun locker an Schützenhaus und Hundeverein vorbei hinunter in die Grumbach. Pulskontrolle: 125, prima ... weiter!

Der Läufer wandte sich im Tal auf der schmalen Asphaltstraße nach rechts und beschleunigte sein Tempo. Ab der Wegschranke am Grumbachhof, der schon lange kein Hof mehr war, aber von den *Bischmisser Rehböck* immer noch so genannt wurde, lief er im 6:30er Schnitt, also 6:30 Minuten pro Kilometer. Sein Weg führte ihn nun auf der von Regen und Frost bis ins Schotterbett hinein zerfressenen, bröckeligen, ehemaligen Waldstraße, die parallel zur Autobahn Saarbrücken — St. Ingbert verlief.

Er war seit gut einer halben Stunde unterwegs, als er den Waldparkplatz Am Stiefel erreichte und schließlich nach Sengscheid hineinlief.

Der Sengscheider Marathonmann freute sich auf die ruhigeren Wege, die sich nun gleich vor ihm öffnen und ihn auf den Birkenkopf hinauf führen würden: vorbei am Felsrelief *Hänsel-und-Gretel*, um den Bergbuckel herum zur Krummelshütte, von dort in einem langen Bogen über die Alte Straße, bis zur Spinne. Von dort würde er an Dorndorf- und Fischerhütte vorbei den Tiefeltsbach entlang ins Wieschbachtal wechseln. Dann würde er ein letztes Mal beißen müssen, denn dort führte der letzte Anstieg ihn wieder hinauf nach Bischmisheim. Günther Deutsch motivierte sich mental: »Fünf Stadtteile, fünf Brücken – ich muss Höhenmeter in die Beine kriegen ...«

Er hatte für das erste Novemberwochenende eine Startkarte zum diesjährigen New York City-Marathon ergattert und absolvierte deshalb sein Training bei jedem Wetter. »Schluss jetzt! Keine Zeit von der Verrazano-Narrows-Bridge und der Silhouette von Manhattan zu schwärmen. Hier spielt die Musik. Hab' noch 12 Kilometer vor mir ...«

Auf der von Sengscheid aus sanft abgleitenden Strecke entlang der Rinderweiden variierte der Läufer sein Tempo. In der Talsohle angekommen lief er über den kleinen Holzsteg und bog ins Singelstal ein.

»Do owwe kommsche nedd weida, Gunni! Da Manné sperrt ab!« Die Gruppe vom Bischmisheimer Saarwaldverein gestikulierte schon von weitem wild mit den Armen, als Günther ihnen entgegenkam.

Da Manné ... den kannte er ... Alljährlich in der Nacht vom 30. April auf den 1. Mai – der Hexennacht – sperrte die Freiwillige Feuerwehr die Schulstraße in *Bischmisse* komplett ab, stellte einen Rundstand auf, zapfte Bier. Dann war der feurige Manné von der Feuerwehr in seinem Element. Dann hatte er nämlich hinter dem Zapfhahn *ebbes* zu sagen! Er, der in seinem Berufsleben bei der saarländischen Bereitschaftspolizei nichts zu *verzappen* hatte, weil er auf der zweiten Stufe der Karriereleiter stecken geblieben war ...

Als Günther Deutsch die Saarwäldler passiert hatte, riefen diese ihm verärgert nach: »Gunni, heersche dann nedd? Do owwe is heit de Deiwel los!« Er schmunzelte bei dem Gedanken, dass er wohl gleich wieder einer mit Aluminiumstöcken bewaffneten Truppe vom Stamme der nordischen Walker begegnen würde. Meistens kamen die in Sechserreihen nebeneinander daher gestakst und vertikutierten mit ihren Sportgeräten den Waldweg im Einheizrhythmus.

Er erreichte auf Höhe der oberen Weggabelung das schmucke Wochenendgrundstück mit dem kleinen Teich, bog nach rechts auf das kurze Steigungsstück zu *Hänsel-und-Gretel* ein und dann war tatsächlich der Teufel los. Polizeifahrzeuge mit Blaulicht auf dem Dach versperrten ihm den Weg. Zwischen Baumstämmen flatterte weiß-grünes Absperrband mit der Aufschrift ›Polizei‹ und Polizisten der Diensthundestaffel schritten, aufgereiht wie Bauern auf einem Schachbrett, in einer lang gezogenen Reihe das Gelände ab.

Was'n hier los? Dreht der SR einen Tatort? Polizeikette? Suchtrupp?, dachte Günther, als er durch einen grimmig schauenden Polizisten aus seinem Gedankengewitter gerissen wurde:»Halt! Do geht es heute nischd weida!«

»Tach, Manné! Hanna Übung?«

»Nein, Günther! Wir üben nischd! Das doo is blutiger Ernschd!«

»Hobb, Du Schookes, loss mich do durch! Ich stör' Eure Übung nicht, ich bin im Training! Ich laaf doch immer ...«

Weiter kam Günther Deutsch nicht, denn der Herr Manné war sich seiner heutigen Aufgabe als bereitschaftspolizeiliches Waldbollwerk voll bewusst und zischelte den Läufer mit einer Bestimmtheit in der Stimme an, die keine weiteren Einlassungen zuließ:»Verzieh Dich, Du Iesegoddschla! Hopp! Sonst gebbds eine Anzeige wegen Behinderung der Polizeiarbeit! Schaff Dich sereck, hier kommsche heid nischd weida!«

»Nein, das ist wirklich kein schöner Anblick, Leismann!«, pflichtete Kommissar Kasper dem Kommissaranwärter bei, »aber wir haben so ebbes ja Gott sei Dank nicht so oft.« Dann wandte er sich dem Gerichtsmediziner zu:»Können Sie schon etwas sagen?«

»Na ja, Genaueres erst nach der Obduktion ... wir schaffen ihn erst mal zu mir auf den Tisch nach Homburg.«

»Und der Todeszeitpunkt?«

»Wie gesagt, erst nach der Obduktion ... aber nach dem Stand der Nekrose muss der hier schon einige Zeit liegen.«

»Wenn er einen Herzinfarkt hatte und umgekippt ist?«, mischte sich Kommissaranwärter Leismann ungefragt ein und wurde von Kommissar Kasper mit eisigem Blick dafür abgestraft. »Jo, und als er am Boden gelee hat, hat er sich den Stein gegriffen und sich damit hinterrücks selbst den Schädel eingeschlagen ... Donnaweddanochemoo, Leismann!«

An seinem Schreibtisch versuchte Kommissar Kasper seine Gedanken zu ordnen, das Puzzle zusammenzufügen: unbekannte männliche Leiche, etwa einsfünfundachtzig groß, vierzig bis fünfzig Jahre alt. Der Tote trug keine Ausweispapiere mit sich, keine Kreditkarten, nichts, was ihn hätte identifizieren können. Dreihundert Meter oberhalb des Tatortes, auf dem Weg nach Bischmisheim, hatten die Spurensucher von der Tatortbereitschaft aber einen bankfrischen 500-Euro-Schein gefunden. Aber Geldbeutel? Fehlanzeige! Raubmord? Menschenhandel? Drogen? Sexualdelikt?

Es gab für den Kommissar nichts herumzukaspern. Er tappte völlig im Dunkeln und konnte nur Vermutungen anstellen. Die Spurensicherung hatte rund um den Tatort, abgesehen von einem blutverschmierten Steinbrocken, keine nennenswerten Spuren gefunden. In einer Brombeerranke hatten sich zwar ein paar Textilfasern verfangen, aber dabei handelte es sich auf den ersten Blick um eine Hightechfaser, wie sie heute oft in Sportkleidung Verwendung findet: atmungsaktiv, wasserabweisend. Und bei dem Wanderbetrieb, der hier alle Tage herrschte, brachten die textilen Fussel die Ermittlungen auch nicht voran. Die genaue Untersuchung der Bekleidung des Toten stand noch aus. Offensichtlich war aber jetzt schon, dass Anzug, Schuhe und sogar die Unterwäsche aus bestem Hause stammten. Der Tote war wohl im besten Sinne des Wortes gut betucht gewesen.

Kommissar Kaspar war nervös und gereizt. Er zwang sich zur Ruhe, überdachte noch einmal die Fakten. Tatort ist *Hänsel-und-Gretel*. Und der Täter oder die Täterin muss ja irgendwie da hingekommen sein. Bestimmt nedd mitm Fallschirm in *Ennsemm* gestartet und abgesprungen ... Mann, Mann, Mann. Keine Abdrücke von Auto-, Motor- oder Fahrradreifen. Seit der Saarforst die Wege für den Holzeinschlag zu dreispurigen Highways abgeschottert hatte, gab es keine Reifenspuren mehr. Mann, Mann, Mann, und das in diesem herrlichen Stück Wald. Der muss durch die Luft *geflooh sinn,* oder er war einfach per pedes unterwegs. Bis zum Stiefelparkplatz sind es etwa vier Kilometer. *Das dääd jo ich noch pagge.* Da steht ein aufgebrochener schwarzer, aufgemotzter 3er BMW rum, vermutlich schon länger. Vielleicht besteht ja da doch ein Zusammenhang?

Kasper blätterte in der dünnen Akte und fand schnell die gesuchten Notizen und Fotos. Beim Abrücken vom Einsatzort hatten die Spurensucher den Pkw mit dem Kennzeichen F-UN 313 bemerkt und zur kriminaltechnischen Untersuchung ins Landeskriminalamt transportieren lassen. Da nahmen sie den jetzt auseinander.

»Leismann! Was macht der BMW?«, wandte sich der Kommissar an seinen Azubi.

»Ich telefoniere die saarländischen Polizeiinspektionen der Reihe nach ab. Bis jetzt liegt nirgendwo eine Diebstahlsanzeige vor.«

»Nein, Leismann! Die Halteranfrage? Erst will ich wissen, auf wen die Karre zugelassen war. Und zwar *dabbasche!* Danach fragen Sie bei der KTU nach, ob die schon irgendein Ergebnis haben! Und wenn das erledigt ist, können Sie meinetwegen weiter in der Gegend rumtelefonieren ...«

Kommissar Kaspar betrachtete die Fotos, die von dem Fahrzeug gemacht worden waren. Die Scheibe auf der Fahrerseite war eingeschlagen, Radio und Navigationsgerät herausgerissen, die Sitzpolster durch Tierkot übel verschmutzt. »Die Karre muss da länger gestanden haben, sonst wär' sie nicht von Eichhörnchen und munteren Waldvögelein als *DIXI*-Klo in Beschlag genommen und so zugeschissen worden ... Mann, Mann, Mann ...«

Kommissaranwärter Leismann räusperte sich, als er zögerlich an Kaspars Schreibtisch herantrat. »Herr Kaspar, ich bin jetzt ein Stück weiter.«

»Sie? Also, was gibt's, Leismann?«

»Die Halteranfrage hat ergeben, dass der BMW auf einen gewissen Markus Diehlmann, Hanauer Landstraße, Frankfurt am Main zugelassen ist.«

»Ja und weiter? Donnaweddanochemoo, Leismann, lassen Sie sich nedd die Würm ziehen!«

»Bei der Verkehrspolizeiinspektion Kaiserslautern ist der Wagen aufgefallen. Die haben ihn in Höhe Einsiedlerhof in einer Baustelle geblitzt. 160 km statt 60 ... da ist der wohl jetzt seinen Führerschein los!«

Kommissar Kaspar konnte sich nur mühsam beherrschen, um nicht lauthals zu lachen.

»Ja, Leismann. Wann war das?«

»Am Dienstag.«

»Mensch, Leismann! Wann?«

»Ähm, am Dienstag, 23. Juni, ähm, um 16.12 Uhr.«

»Also gut, Leismann. Ich gugg' da mal weiter und Sie ... Sie rufen jetzt die KTU beim LKA an!«

»Bin schon dabei ...«, antwortete Leismann, machte auf dem Absatz kehrt und schlich zu seinem Schreibtisch im Nebenbüro zurück.

Kaspar beugte sich wieder über die Ermittlungsakte und grummelte missmutig vor sich hin: »Der Pkw eines Herrn Markus Diehlmann aus Frankfurt steht drei Tage lang auf dem Stiefelparkplatz. Mann, Mann, Mann. Was, wenn die Karre wirklich dem Toten gehört? Wenn das Opfer wirklich der Diehlmann aus Frankfurt ist? Dann wär' ich zwar nicht viel schlauer, aber doch einen Schritt weiter, Donnaweddanochemoo!«

Der Kommissar zog seine Computertastatur näher zu sich, gab sein Passwort ein, startete den Internetbrowser und tippte anschließend den Namen Markus Diehlmann in die Maske einer Suchmaschine ein.

»Ei, gugge moo do!«

Kasper wunderte sich immer wieder aufs Neue, was man mit wenigen, zufälligen Klicks alles über einen Menschen im World Wide Web finden konnte. Auf der Internetseite, die bereitwillig Auskunft darüber gibt ›wer wen kennt‹, war Kaspar fündig geworden. Markus Diehlmann hatte wohl ab 1971 die Grundschule in Bad Homburg vor der Höhe besucht, wurde also vierundvierzig Jahre alt.

Der Kommissar surfte von Chatseiten über Businesscommunities bis zu Nachrichtensuchmaschinen. Und das Bild von Diehlmann, Jahrgang 1965, wohnhaft in Frankfurt am Main, das er sich aus den einzelnen Internetmosaiksteinchen zu einem großen Gemeinsamen zusammenfügen konnte, wurde immer klarer und deutlicher.

Markus Diehlmann hatte nach dem Abitur in Gießen Veterinärmedizin studiert, dieses Studium aber 1987 abgebrochen, um den Landesvorsitz der Jugendorganisation einer großen Volkspartei zu übernehmen. Mit den daraus resultierenden Kontakten zu Wirtschaft, Gesellschaft, Politik und Medien im Rücken hatte er 1994 eine Event- und Sportmarketing Agentur GmbH gegründet. Besondere Erfolge feierte Diehlmann in den Jahren 2001 und 2003 als Präsident des Frankfurt Lions Football & Cheerleading e.V.

Und seit 1999 war er mit einer Tochterfirma seiner GmbH insbesondere auch als Berater und Manager von American Football Spielern dicke im Geschäft.

»Cleveres Kerlchen, dieser Diehlmann«, murmelte Kaspar vor sich hin und tippte in seinen Internetbrowser die Adresszeile des Frankfurt Lions Football & Cheerleading e.V. ein. Im Pressearchiv des Vereins war Diehlmann mit etlichen Artikeln und Fotos verewigt. Und der abgelichtete Geschäftsmann hatte wirklich verdammt viel Ähnlichkeit mit der *Hänsel-und-Gretel*-Leiche. Aber was, um Himmels Willen, hatte der Frankfurter in einem saarländischen Waldstück zu suchen? Und warum und von wem ließ er sich dort im schönen Saarland den Schädel einschlagen?

Kommissaranwärter Leismann räusperte sich, als er sich verhalten an Kaspars Schreibtisch heran wagte. »Herr Kaspar, ich bin jetzt wieder ein Stück weiter.«

»Ich aach! Also, was haben Sie, Leismann?«, fragte Kaspar. Und seine Stimme klang so, als sei der geplagte Ermittler ein wenig besser aufgelegt als noch eine Stunde zuvor.

»Die Kollegen von der KTU untersuchen den BMW noch nach DNA-Spuren – das ganze Programm. Aber sie haben unter der Gummimatte hinter dem Beifahrersitz eine Ampulle gefunden!«, verkündete Leismann stolz.

»Was für eine Ampulle? *Auedrobbe* oder was? Donnaweddanochemoo, Leismann, lassen Sie sich nedd die Würm ziehen!«

»Ähm, naja, ein Milliliter ... Auf der Ampulle ist mit einem Edding handschriftlich der Vermerk ›GHT‹ angebracht. Es soll eine klare, ölige Flüssigkeit sein, wird gerade analysiert.«

»Joo ...«, grummelte Kaspar. »Danke, Leismann! Dann suchen wir mal, was das für ein GHT ist, gelle?«

»Ich bin dran ...«, flüsterte Kommissaranwärter Leismann und machte so schnell auf dem Absatz kehrt, dass er nicht mehr sah, wie Kaspar ihm kopfschüttelnd, aber milde lächelnd nachsah und sich dann wieder über seine Computertastatur beugte.

Der Kommissar tippte die drei Buchstaben GHT in eine Internetsuchmaschine ein und wartete. Kein Ergebnis, nur der Hinweis: ›Fügen Sie logische Verknüpfungen ein, ändern Sie den Suchbegriff!‹

Kaspar wechselte zu einer anderen Suchmaschine. Aber außer einem Vermerk auf *Generalisierte Hough-Transformation*, ein Verfahren zur Erkennung von Geraden oder Kreisen in einem Schwarz-Weiß-Bild, fand er auch dort nichts. Und dass es sich bei der

Flüssigkeit in der Ampulle um etwas fürs Fotolabor handeln sollte, das erschien ihm denn doch eher unwahrscheinlich.

Kaspar schlug die geballte Faust so donnernd auf den Schreibtisch, dass der Telefonhörer vom Apparat hüpfte. Er war einfach auf die ausstehenden Laborergebnisse angewiesen. Ebenso, wie auf den Obduktionsbefund des Gerichtsmediziners Dr. Schneider, dem *Schnibbler*, auf den er jetzt schon den ganzen Vormittag über wartete. Dabei hatte der ihm hoch und heilig versprochen, erste Ergebnisse auf alle Fälle spätestens gegen Mittag aufzutischen. »Donnaweddanochemoo!« Kasper griff zum Telefon und wählte die Nummer des Universitätsklinikums Homburg.

»Kriminalpolizei-Inspektion, Kaspar, gudden Tach, Herr Dr. Schneider! Ich habe hier einen Mordfall und keine Zeit mehr zum *rumhambelle*, also, wie isses? Können Sie mir was über die *Hänsel-und-Gretel*-Leiche sagen? Todesursache, Zeitpunkt …?«

»Herr Kaspar! Wie ich Ihnen bereits am Tatort sagte, sind *Os occipitale / Squama occipitalis* total zertrümmert …«

»Wer?«, rief Kommissar Kaspar krätzig in den Sprechapparat.

»Hinterhauptsbein und Obere Hinterhauptsschuppe sind zertrümmert. Die Fraktur stammt, wie meistens, von einem stumpfen Schlag, der mit großer Wucht ausgeführt wurde. Also, der Mann ist erschlagen worden, Herr Kaspar. Und zwar von hinten und eindeutig mit dem blutverschmierten Wackerstein, der hinter der Waldbank gelegen hat. Der Tote und die Fetzen von der Kopfhaut an dem *Wagges* sind nämlich beide AB Rhesus positiv. Und diese Blutgruppe haben wir ja ziemlich selten.«

»Aha, und weiter?«

»Von der Morphologie her ist mit aller …«

»Wer?«, kreischte Kaspar schrill auf.

»Ähm, jo. Einen Rückschluss darauf, ob es sich um einen Täter oder eine Täterin handelt, kann ich aus morphologischer Sicht nicht ziehen. Wenn Sie mich fragen, Herr Kaspar, hat das Opfer bei *Hänsel-und-Gretel* auf der Bank gesessen, hat dort vielleicht auf jemanden gewartet. Jemand hat ihn hinter dem Fels abgepasst und ihm dann von hinne ääna verpasst. Und zwar mit dem *Wagges unn mit Schmagges.* Sonst wären der Liquor und die Gehirnmasse nicht von der Bank bis in die Hecke gespritzt.«

»Ich frooe Sie awwa ned ...«

»Was?«

»Joo, es iss gudd. Die Kollegen von der Tatortbereitschaft haben da noch so eine Ampulle gefunden, ist noch im Labor. Genaues wääß ma nedd. Aber, Sie haben sich doch sicher sein Blut angeschaut. War da vielleicht etwas drin, was da nicht rein gehört? Drogen, oder so ebbes?«

»Fehlanzeige, Kaspar! Sein Blut ist völlig unauffällig, bisschen dickflüssig vielleicht, eventuell eine Makrozytose. Ich lass das Blutbild noch mal genau bestimmen. Sonst war er jedenfalls sauber, keine Drogen, kein Alkohol. Und schwanger war er auch nicht.«

»Ja, ja, toller Witz, Herr Doktor Schneider! *Allee Hopp!* Wann hann se dem Knecht das Licht ausgeknipst?«

»Nun ja, ich bin nicht unbedingt ein Fachmann auf dem Gebiet der Entomologischen Forensik, aber ...«

»Entomo... wer?«, donnerte Kommissar Kaspar genervt dazwischen.

»Ähm, ja, was die Besiedelung der Leiche mit Nekrophagen anbelangt, ähm, nach dem Stand der Nekrose, ähm, von der Gewebsfäule her betrachtet ... Wie gesagt, ich bin kein Fachmann auf diesem Gebiet, aber die Leiche hat da sicher eineinhalb bis zwei Tage gelegen.«

»Aha! Den kompletten Obduktionsbericht schicken Sie mir ja sicher gleich noch schriftlich?«

»Sicher doch, gleich sofort, Herr Kaspar! Ich mach aber erschd emoo Mittach, Mahlzeit!«

»Joo ... Wiederhören!«

Von wegen Mittagspause! Kasper war der Appetit vergangen. Die Erkenntnisse des *Schnibblers* machten ihn nicht wirklich reicher oder ärmer. »Donnaweddanochemoo! Die Identitätsfeststellung muss jetzt als Erstes auf den Tisch!«

Kaspar rief den Kommissaranwärter zu sich: »Der *Schnibbler* sagt, dass unsere Leiche Blutgruppe AB Rhesus positiv hat. In dem aufgebrochenen BMW hat die KTU doch garantiert ein paar Haare oder sonstige DNA-Spuren gefunden. Die sollen das jetzt mal sofort abgleichen. Sie bleiben da jetzt dran! Machen Sie mal Dampf!«

Und nach einem kurzen Blick auf seine Armbanduhr maulte der Kommissar vor sich hin: »Schon viertel nach eins! Donnaweddanochemmo, ich hann Kohldammb!« Dann stand er sehr entschlossen auf und verließ sein Büro.

Im Saarland gehen die Uhren oft anders als in anderen Teilen der Republik. Ganz besonders an Wochenenden, oder an den drei Tagen, die einem Wochenende unmittelbar folgen oder vorausgehen. Als der Kommissar die Kantine betrat, gähnte ihm allenthalben Leere entgegen. Es war Freitag. Und es war schon nach Eins.

»Unn?«, lächelte *Kantinen-Karin*, «was krieje ma dann?«

»Was hanna dann?«, fragte Kasper zurück.

»Nur warme Fleischkäsweck …«

Kasper stöhnte auf, dachte an seinen Hausarzt, an vertrauliche Gespräche über Triglyzeride und Cholesterinwerte, gab sich aber dann mit einem resignierenden »Ei, jo dann …« geschlagen.

Auf dem Rückweg von der Kantine zu seinem Schreibtisch legte Kaspar am Kaffeeautomaten einen Zwischenstopp ein. Schwarz, stark, gut. Mit einer extra Portion Zucker. Ein Euro. Während er dem Kaffee zusah, wie er Tropfen um Tropfen in den Plastikbecher schäumte, dachte Kaspar schon wieder nach, dachte an BMW und GHT.

Als er nach dem Becher griff, knickte die dünne Plastikwand ein, die braune Automatenköstlichkeit schwappte über und Kaspar verbrühte sich die Finger, fluchte »Donnaweddanochemoo!« und kippte erschrocken den Becher komplett um.

»Vor lauter BMW und THW. Quatsch, GHW. Nää, HTG! Quatsch, GHT! Mann, Mann, Mann.« Während er sich mit einem Papiertaschentuch die Kaffeereste von den Fingern wischte kam ihm eine Idee.

Heute Morgen hatte die Internetsuchmaschine ihm bei seiner Recherche mehrfach die Sätze auf den Monitor gebracht: ›Bilden Sie logische Verknüpfungen! Ändern Sie den Suchbegriff.‹

Um einen Kaffee ärmer, aber um eine Idee reicher, tippte Kommissar Kasper wechselnde Buchstabenkombinationen in die Eingabemaske ein. Schon bald erfuhr er dadurch, dass HTG die Abkürzung für die haitianische Währung Gourde ist.

»Ei, jo ... und die wird in Ampullen statt im Portemonnaie transportiert und ist flüssig, überflüssig.« Nein, das brachte nichts ein. Nächster Versuch, nächste Kombination. THG.

Kasper gingen die Augen über, als sich auf dem Monitor vor ihm die Internetseite eines Sportmediziners aufbaute und er dort las: »THG – Tetrahydrogestrinone. Designer-Droge. Wird als Dopingmittel verwendet. Fällt unter die anabolen Steroide.« Kaspar spürte wie sich sein Pulsschlag beschleunigte.

»O legg! Doping? Das könnte ja immerhin ein möglicher Hintergrund für den Mord sein!«

Hastig überflog er den Artikel und erfuhr, dass jenes THG bis 2004 nicht auf den Dopinglisten der WADA und des IOC stand, nicht stehen konnte. Denn die Substanz wurde 2003 überhaupt erst zum ersten Mal entdeckt, im Urin eines US-Sportlers bei einer A-Probe. Ein Trainer hatte der Anti-Doping Agentur der Vereinigten Staaten die Informationen zugespielt. Nur dadurch war die Sache überhaupt aufgeflogen, nur dadurch konnte der Stoff erstmals identifiziert und im Labor analysiert werden.

Kaspars Gedankengewitter entlud sich: Was, wenn der Tote tatsächlich jener Markus Diehlmann war? Was, wenn dieser Sportmanager tatsächlich etwas mit Drogen oder Doping zu tun hatte, Dopingsubstanzen selbst verteilt oder verschachert hätte? Was, wenn man ihm deshalb den Garaus gemacht hätte? Ja doch, die Buchstabendreherei war nur eine sehr gewagte Hypothese. Aber es wäre doch immerhin auch möglich, dass der handschriftlich auf dem Ampullenetikett angebrachte Vermerk GHT absichtlich, sozusagen zur Tarnung, mit umgekehrter Buchstabenfolge geschrieben worden war und in Wirklichkeit THG bedeutete?

»Leismann, was machen die Ergebnisse der KTU?«, rief er dem Kommissaranwärter im Nebenbüro durch die offen stehende Tür zu.

»Ich bin gerade dran«, kam es leise zurück.

»Hall droff! Es ist Freitag, Leismann!«

Dann griff der Kommissar kurz entschlossen selbst zum Telefon und wählte die Nummer 3020 in Saarbrücken. Als sich eine freundliche Stimme mit: »Die Universität Saarbrücken, guten Tag!« meldete, verlangte der Kommissar das Sportmedizinische Institut.

»E klääna Moment, ich gugge moo, ob doo noch ääna da iss.«

Nach kurzer Wartezeit meldete sich jemand am anderen Ende der Leitung: »Sportmedizin, Weiß.«

»Sind Sie der Doktor Weiß, der Dopingexperte? Mein Name ist Kaspar, Polizeihauptkommissar Kaspar, Kriminalpolizeiinspektion der Landespolizeidirektion. Und ich habe da mal eine Frage.«

»Ja, worum geht es denn?«

»Im Internet habe ich gelesen, dass es ein Dopingmittel namens THG geben soll. Können Sie mir etwas dazu sagen?«

»Was interessiert Sie denn da genau?«

»Na, was das für ein Medikament ist. Wer nimmt das ein oder benutzt das?«

»Hm, also es gibt ja eine unübersehbare Anzahl von Medikamenten, die für Dopingzwecke missbraucht werden. Wir erleben das ja schon bei Freizeitsportlern. Da werden 100 Milligramm Acetylsalicylsäure geschluckt ...«

»Aspirin?«, fragte Kasper ungläubig dazwischen.

»Ja, beispielsweise. Weil damit das Blut dünnflüssiger gemacht und Schmerzen unterdrückt werden. Bekommen Sie in jeder Apotheke, THG – *Tetrahydrogestrinone* aber nicht. THG ist nicht als Medikament zugelassen oder erhältlich, Herr Kommissar, ganz im Gegenteil: THG ist von spitzfindigen Chemikern im Labor ganz speziell und nur für Dopingzwecke entwickelt und zusammengebastelt worden. Es wirkt über Monate, kann aber nur direkt nach der Einnahme, etwa drei bis sieben Tage lang, nachgewiesen werden.«

»Und wo kann ich mir das Zeug besorgen? Wird das dann geschluckt oder gespritzt oder eingerieben, wie bei Pferden, oder was?«

»Nein, Herr Kaspar. Das wird unter die Zunge geträufelt. Ist ein öliges Steroid, ein paar Tropfen genügen.«

»Und wie bekommt man den Stoff?«

»Ich denke, dass Sie da eher der Fachmann sind, denn das wird genau so wie alle anderen verbotenen Substanzen oder Drogen rund um den Globus verschoben.«

»Und mit THG wachsen mir die Muskelpakete?«

»Nein, Herr Kommissar, in Kombination mit Somatotropin soll es ...«

»Soma... wer bitte?«, nuschelte Kaspar ungeduldig.

»Somatotropin, ein Wachstumshormon. Das hat eine anabole Wirkung durch erhöhte Aminosäureaufnahme und gesteigerten Fettstoffwechsel durch Freisetzung von Triglyceriden. Ist nicht nachweisbar und in Kombination damit soll THG beim Athleten eine schnellere und bessere Regeneration nach Belastungseinheiten erzielen. An THG haben typischerweise Ausdauersportler wie Radfahrer, Ruderer oder Langstreckenläufer ein Interesse.«

»Aha. Jedenfalls vielen Dank, Herr Weiß. Wiederhören.«

Der Kommissar legte den Hörer auf und ging in seinen Gedanken das Gespräch mit dem Sportmediziner und seine dazu hingekritzelten Notizen noch einmal durch.

Samstag, 27. Juni, 8.45 Uhr

Kommissar Kaspar blätterte in der Tageszeitung, las die fettgedruckte Schlagzeile *Bestialischer Mord bei ›Hänsel-und-Gretel‹* und nippte ganz und gar lustlos an seinem Kaffee. Das Wochenende mit einem ungeklärten Mordfall am Schreibtisch verbringen zu müssen, war wirklich kein Genuss. Auch im Radio hatten sie vor gut einer halben Stunde ausführlich berichtet und verkündet, dass die Polizei wohl noch im Dunkeln tappe und um sachdienliche Hinweise bitte. »Reportergesülze«, grummelte Kaspar gereizt und griff zu seinem Kaffeebecher. Dann beugte er sich von seinem Schreibtischsessel aus nach rechts zu seiner Aktentasche und entnahm ihr eine pralle Papiertüte: Spitzweck, belegt mit drei Scheiben gekochtem Schinken, Mimbacher Saftschinken mit Landhonigkruste, aus seiner Lieblingsmetzgerei.

Er griff den Wurstweck mit beiden Händen, führte ihn zum Mund, biss herzhaft zu und begann hingebungsvoll zu kauen. Da klingelte das Telefon. »Donawähanooemoo!« Kaspar kaute, schluckte zwei-, dreimal hastig und griff mit halbvollem Mund zum Hörer. »Mhhhasschbaa!«

»Wer is do?«

»Kommissar Kaspar …«, artikulierte er jetzt schon deutlicher und schluckte die Reste seines Leib- und Magenfrühstücksweck hinunter.

»Sinn Sie der Kommissar?«

»Ja, um was geht es?«

»Ei, ich hann geschdern Abend am Stammtisch mit meinen Kolleechen von da Feierwehr zusammengehuggd und über den Mord dischbutiert.«

»So, haben Sie. Wer sind Sie denn?«

»Schmeer heiße ich, Willibrord Schmeer aus Sengscheid ...«

»Ja und?«, unterbrach ihn Kaspar, »was wollen Sie mir denn sagen, Herr Schmeer?«

»Ei, dass ich das Auto, wo heut morje in da Zeitung ist, das von dem Toten, das hann ich schon öfter bei uns an der Dorndorfhütt' gesiehn.«

»Welches Auto?«

»Das von dem Frankfurter, der schwarze BMW. Fällt jo off, so ein Auto, Heckspoiler, Alurennfelgen in High Gloss Silver, Spurverbreiterung, tiefer gelegt ...«

»Und das Auto haben Sie wo gesehen?«

»Ei, an der Dorndorfhütte. Schon öfter.«

»Wann war das denn?«

»Ei, es letzte Mal so vor zwei, drei Wochen. Da haben zwei Männer bei dem Auto gestanden und sich laut gestritten.«

»Aha, und weiter!«, forderte Kaspar den Anrufer ungeduldig, aber jetzt doch neugierig geworden auf. »Was waren denn das für zwei Männer? Können Sie die beschreiben?«

»Der eine hat einen Anzug an gehabt, der andere so Sportsachen ...«

»Und die haben gestritten, oder was?«

»Joo, dääd ich emoo saan.«

»Und was haben Sie an der Dorndorfhütte gemacht?«

»Ei, nix. Ich war mit da Trixie unnaweechs.«

»Trixi ... wer?«, fauchte Kaspar ungeduldig.

»Ei, unser Collie-Dackel. Das Määde muss jo als emoo raus, do drehen mia zwei immer unsere Runde.«

»Und um was ging es bei dem Streit?«

»Ja, Du lieber Gott, das kann ich Ihnen nedd saan. Ich hann die zwei ja, wie gesagt, nur dort gesehen.«

»Gut, geben Sie mir bitte mal Ihre Telefonnummer, wenn noch etwas sein sollte, Herr Schmier, ähm, Herr Schmeer. Danke und Auf Wiederhören!«

Kaspar trank einen Schluck des inzwischen kalt gewordenen Kaffees, verzog missmutig das Gesicht, und griff sich die *Hänsel-und-Gretel*-Akte. Da war doch irgendetwas mit einem Läufer ...

»Wo hammas dann?«

Der Kommissar fand bald die kleine, handschriftlich angebrachte Randnotiz. Er ging mit der Akte in das Nebenbüro zu seinem Azubi: »So, Leismann, dann machen Sie mal Namen und Anschrift von dem Läufer ausfindig!«

Sonntag, 28. Juni, 6.30 Uhr

Günther Deutsch wurde aus dem Schlaf gerissen, als es an der Wohnungstür Sturm klingelte und gegen die Tür gepocht wurde: »Machen Sie auf! Polizei!« Günther war überrascht, als die beiden Polizisten ihn fragten, ob er der Sengscheider Marathonmann sei und ihn aufforderten, sie zur Dienststelle zu begleiten. »Nur ein paar Fragen«, war die nichtssagende Antwort der beiden Beamten, auf Günthers Nachfrage nach dem Warum und Wozu.

Kommissar Kaspar rückte seinen Stuhl zurecht, fixierte den Sportsmann: »Also, Sie sind Langstreckenläufer?«

»Ja, warum?«

»Die Fragen stelle ich! Also: Nehmen Sie Drogen?«

»Wie bitte?«

»Ich habe Sie gefragt, ob Sie Drogen nehmen!«

»Nein.«

»Keine Drogen?«

»Ich sagte doch: Nein! Wieso fragen Sie mich das? Was soll das?«

Kommissar Kaspar zog ungehalten die Augenbrauen zusammen: »Aber vielleicht nehmen Sie ja kleine Mittelchen zur Verbesserung der Ausdauerleistung?«

Günther Deutsch war sich seiner Sache absolut sicher. Wenn die Polizei irgendwelche Drogen suchte, dann hatte sie bei ihm keine Chance. Da gab es nämlich nichts! Und mit einer Mischung aus Erleichterung und Übermut entschloss er sich zu einem zaghaften, aber doch fröhlichen Grinsen: »Wenn Sie so fragen: Doch! Alkoholfreies Weizenbier ab und an nach dem Training. Und zum Frühstück ein Löffel Braunhirse. Tut den Gelenken gut, sollten Sie auch mal ...«

»Halten Sie die Klappe!«, fauchte Kaspar sein Gegenüber an, »und hören Sie mit dem arroganten Grinsen auf!«

Der Kommissar konnte es wirklich nicht ausstehen, wenn er von einem durchtrainierten Menschen angegrinst wurde. Er war sich seines Rettungsringes, den er um die Hüften trug, durchaus bewusst. Kaspar verdrängte den Gedanken an Cholesterinwerte und die Mahnungen seines Hausarztes, sich mehr zu bewegen und auf den eigenen Körper besser Acht zu geben, zwang sich, möglichst ruhig die Befragung fort zu führen.

»Warum waren Sie am Mittwoch im Wald? Mitten in der Woche?«

»Ich laufe da alle zwei bis drei Tage lang.«

»Und da ist Ihnen nichts aufgefallen?«

Günther ahnte jetzt, dass es bei diesem Verhör wohl um den Mord bei *Hänsel-und-Gretel* ging und wurde unruhig.

»Also, mir ist da nur ein Auto neben dem *SaarErlebnisland*-Schild aufgefallen.«

»Was war mit dem Auto?«

»Nix. Hat da gestanden. Mir ist nur das Nummernschild aufgefallen, ein Frankfurter mit F-UN 313. Habe mir noch gedacht, wer mit so einem Kennzeichen rum fährt, muss ein Witzbold sein. F-U-N ... Spaß ... und 313 ... die Ziffern wie bei Donald in Entenhausen.«

»Aha. Und dann?«

»Bin ich weiter gelaufen, wie immer.«

Kaspar atmete tief durch: »Wie immer? Warum laufen Sie diese und keine andere Strecke?«

»Ich habe mir die Route als Hausstrecke vermessen, um meine *Pace* zu kontrollieren. Je nachdem ob ich Grundlagenausdauer oder Schwellenlauf mache ...«

»Lassen Sie mal Ihre Trainingsweisheiten, so genau brauche ich das nicht. Ist Ihnen irgendwer bei ihrem Lauf begegnet?«

»Der Saarwaldverein und Ihr Polizeikollege, der mich dann zurückgeschickt hat.«

Kaspar blätterte in der Akte, griff in den Papierstapel und klatschte mit weit ausholender Geste vor dem Marathonmann das Foto der Leiche auf den Tisch: »Kennen Sie diesen Mann? Haben Sie den schon einmal gesehen? Haben, ähm, hatten Sie Kontakt zu dem?«

Günther erschrak. Die Fotos zeigten das blutverschmierte Gesicht eines Mannes, der ihm tatsächlich irgendwoher bekannt vorkam: »Wer ist das, was ist mit dem?«

»Das frage ich Sie!«, zischelte Kaspar. »Haben Sie sich mit ihm verabredet, um sich mit Dopingmitteln für Ihre Marathonläufe versorgen zu lassen?«

»Nein!«

»Und dann gab es Streit und Sie haben zugeschlagen, mit diesem Stein?«

Kaspar klatschte ein weiteres Foto auf den Tisch.

»Nein! Wenn ich Ihnen doch sage, ich kenne den Mann nicht! Wieso sollte ich den erschlagen haben? Ich will jetzt meinen Anwalt anrufen!«

»Das dürfen Sie! Und dann geht's ab in die Zelle! Heute ist Sonntag und morgen sehen wir weiter!«

Günther wälzte sich in der Zelle auf seiner Matratze hin und her. Gedanken wirbelten um die Wette, ihm schien fast der Kopf zu platzen. »Dieses Gesicht, dieses verdammte Gesicht. Woher kenne ich es? Wenn ich mich doch bloß erinnern könnte! Das Verhör, die Fragen des Kommissars, die Aufregung, der leere Blick, das Totengesicht. Ich muss noch einmal meine Strecke ablaufen, irgendwo ist dieser Mann mir begegnet. Ruhig bleiben, noch einmal nachdenken. Nachdenken …« Gegen Morgen schließlich fielen Günther die Augen vor Erschöpfung zu und tausend Traumfetzen trieben und hetzten ihn über seine Trainingsstrecke. Schweißnass riss Günther die Augen auf: »Da! Der Mann! Der Tote! Regen, Mann im Regen. Der spricht mich an, sucht *Hänsel-und-Gretel*. Sauwetter! Der Mann, Aktentasche unter dem Arm. Regen, Blut, Mann im Anzug. Aktentasche … vom Stiefelparkplatz gekommen, Abzweig vor der kleinen Holzbrücke verpasst. Der Tote! Regen! Die Blutwelle!« Krampfgeschüttelt und um Luft ringend musste sich Günther Deutsch würgend übergeben.

Montag, 29. Juni, 9.00 Uhr

Kommissar Kasper faltete die leere Papiertüte seiner Lieblingsmetzgerei zusammen und schmeckte mit der Zunge den letzten Krümeln seines soeben genossenen Frühstücks nach. Solchermaßen gestärkt an Leib und Seele erhob sich der Kommissar und öffnete die Tür zu seinem Dienstzimmer: »So, jetzt rein mit ihm!«

Zwei Vollzugsbeamte begleiteten Günther Deutsch zu dem Stuhl, den Kasper vor seinem Schreibtisch bereitgestellt hatte.

»Sie haben es sich also anders überlegt und wollen uns doch etwas sagen?«, begann der Kommissar die Befragung.

»Ja, es ist mir wieder eingefallen, ähm, ich habe den Mann, diesen Toten ... Ich kenne den nicht, aber der ist mir am Dienstag letzter Woche im Wald über den Weg gelaufen.«

»Soso. War der mit Ihnen vielleicht für den New York-Marathon trainieren?«, spöttelte Kaspar. »Wo war denn dieses Zusammentreffen?«

»Es war kein Zusammentreffen! Der hat mich nach dem Weg gefragt. Ich dachte noch, was läuft der bei dem Sauwetter im Wald mit Anzug und Aktentasche rum?«

»Was für eine Aktentasche?«

»Herrgottnochmal. Eine Aktentasche halt, schwarz, glaube ich.«

»Wo war das? Um wie viel Uhr war das?«

Günther überlegte kurz.

»Das muss so um fünf Uhr gewesen sein, vielleicht auch zehn vor fünf.«

»Wie kommen Sie auf diese Uhrzeit?«, fragte der Kommissar mit unbewegter Mine.

»Wir haben normalerweise dienstags immer um siebzehn Uhr eine Teamsitzung im Büro. Aber am letzten Dienstag ist die ausgefallen und ich war deshalb früher zu Hause, schon kurz nach vier. Ich hab dann meine Trainingssachen angezogen und bin gegen halb fünf losgelaufen.«

Der Kommissar blätterte das Protokoll der ersten Läuferbefragung durch. Las. Erhob sich: »Moment! Ich bin gleich wieder bei Ihnen.«

Kaspar wechselte in den Nebenraum zu Kommissaranwärter Leismann und schloss die Tür hinter sich: »Leismann, wann haben die *Pälzer* den Frankfurter auf seinem Weg in den paradiesischsten Teil der Bundesrepublik geblitzt?«

»Wie bitte?«

»Na, auf der Autobahn, Einsiedlerhof, erinnern Sie sich?«

»Moment, das hab ich gleich«, antwortete Leismann stolz. »Hier bitte schön! Um exakt 16.12 Uhr.«

»Gut. Geben wir noch dreißig Minuten drauf, dann könnte der um 16.45 Uhr auf dem Stiefelparkplatz eingerollt sein.« Kaspar wandte sich nach links zu der Stellwand, auf der Leismann eine topographische Karte im Maßstab 1:25.000 mit Stecknadeln aufgespießt und diverse verschiedenfarbige Markierungen angebracht hatte.

»Was schätzen Sie Leismann, wie lange braucht ein Fußgänger vom Stiefelparkplatz bis zu diesem Grumbachteich?«

»Da sind nicht ganz zwei Kilometer, schätze mal ...«

»Sagen wir zwanzig Minuten. Dann wäre der Frankfurter etwa 17.05 Uhr dort gewesen.«

»Dann könnte seine Aussage ja doch stimmen, oder?«

Kaum war Leismann dieser Satz über die Lippen gekommen, zuckte der Kommissaranwärter zusammen. Der Blick, den Kommissar Kaspar ihm zuwarf, war, wenn nicht tödlich, dann zumindest schwerste Körperverletzung.

»Donnaweddanochemoo, ja. Und wie weit ist es ...? Wie lange braucht man von dem Teich bis zu *Hänsel-und-Gretel*?«

Leismann legte ein Lineal über die Wanderkarte. »Na ja, hier unter der Autobahnbrücke durch, durchs Tal hoch. Das sind auch etwa zwei Kilometer. Der Weg ist ansteigend, da braucht man länger: zwanzig Minuten, fünfundzwanzig Minuten.«

»Wenn man so untrainiert ist wie Sie!«, fauchte er gereizt und wechselte wieder hinüber in sein Büro. Was er dort als Nächstes zu sagen hatte, ging ihm nur schwer über die Lippen. Der Kommissar atmete tief durch, blickte dem Marathonmann fest in die Augen.

»Sie können gehen!«

Und um nicht völlig geschlagen da zu stehen, fügte er schnell noch hinzu: »Aber Sie halten sich zu unserer Verfügung. Es könnte sein, dass wir doch noch ein paar Fragen haben.«

Kommissar Kaspar wandte sich um, schloss mit einem knappen »Ich will jetzt nicht gestört werden!« die Verbindungstür zu seinem Azubi, ging hinüber zum Fenster, blickte reglos hinaus. In diesem bitteren Moment der Niederlage wollte er einfach nur seine Ruhe haben. Die neue Situation musste erst einmal verdaut werden: Wenn die Aussagen des Sengscheider Läufers Hand und Fuß hatten, und daran gab es nicht mehr all zuviel zu zweifeln, ja, dann wäre der Frankfurter irgendwann gegen Viertel vor sechs *so um denne Dreh* tatsächlich bei *Hänsel-und-Gretel* eingetroffen und dort seinem Henker begegnet.

Leise fluchend verließ Kaspar sein Büro in Richtung Kaffeeautomat.

»Mann, Mann, Mann. Wir müssen wieder von vorne anfangen. Und jetzt suchen wir auch noch eine Aktentasche, Donnaweddanochemoo!«

Montag, 29. Juni, 10.24 Uhr

»Kollege Josef *Kaschba*! Antreten! Gudden Morjen!«

Mit breitem Grinsen betrat Erwin Schütz vom LKA Saarbrücken Kaspars Büro und trat an dessen Schreibtisch heran. Kaspar sprang auf, klatschte dem Besucher mit der Linken herzlich auf den rechten Oberarm, ergriff dabei die ihm entgegen gestreckte Hand und schüttelte diese lange und mit festem Händedruck. Die beiden Männer kannten sich seit gemeinsamen Ausbildungstagen bei der saarländischen Polizei, waren seither befreundet. Erwin Schütz wohnte in Saarlouis, jener Stadt, in der die Menschen in moselfränkischer Mundart miteinander *schwätzen* und die sich mit einer Mischung aus Stolz und Selbstüberschätzung gerne als die heimliche Hauptstadt des Saarlandes bezeichnet. Und Kaspar neckte ihn deshalb immer wieder gerne: »Ach, der Erwin, aus der un-heimlichen Hauptstadt! Unn?«

»Joo.«

»Ei, das is ja die Hauptsach'! Wir haben uns lange nicht mehr gesehen, *alta Foozer*«, spöttelte Kaspar gut gelaunt.

»Majoo, ett iss, wie ett iss. Awwa pass off: Eisch hann grad bei da Tatortbereitschaft nommo noogefroot, wejen dem Frankfurter Auto. Außer der ään Ampull hann die awwa neischd meh gefonn. Awwa, Jupp, hall Dich feschd! Dau haschd Recht gehat! Datt is datt Zeisch for Doping, datt ist tatsächlich datt THG! Genau, wie dau vermutet haschd! Loo haschde die Auswertung schriftlich! Datt wollt eisch doch nedd am Telefon saan.«

Kaspar freute sich: »Ich hab's geahnt! Ich hann's gewusst! Mei liewa Schollie ... THG-Doping.«

»Ja, Jupp, so ändern sich die Zeiten: Mia hann frehja beim Fußball als emoo enn Quetschenschnaps in da Halbzeit getronk, awwa soo Zeich? Nää. Heer zu, eisch hann noch ebbes: Datt Auto woar nedd nua off denen Markus Diehlmann aus Frankfurt zugeloss, der hat datt Auto aach selwa gefahr. Bei da KTU hamma Hoar unn Hautschuppen unnasucht. Kään Zweifel, Jupp! Mia hann eine identische DNA mit Deiner Leiche vorliegen!«

Kaspar spürte ein Gefühl von Euphorie in sich aufsteigen. Endlich konnte er mit Fakten an seinem Fall weiterarbeiten. Das *Wurschdeln* mit Wahrscheinlichkeiten war ein gutes Stück weit vorbei.

»Erwin, ich sage Dir, ich hab' das geahnt! Ich hann's im Urin gehabt! Wenn jetzt die Kollegen in Frankfurt noch Verwertbares bei der Hausdurchsuchung von dem Diehlmann finden, dann ...«

»Jupp, heer zu!«, unterbrach ihn Erwin Schütz, »ett hässliche LKA, äh ett hessische LKA ...«, er lachte kurz über seine scherzhafte Verballhornung, »Jupp, die Ergebnisse von Frankfurt sinn vor a Stonn per E-Mail bei uns im LKA aankomm. Eisch hann ett for Deisch ausgedruckt, da!«

Erwin Schütz griff in die linke Innentasche seines Sakkos, zog daraus ein paar zusammengefaltete Seiten Papier hervor und drückte sie seinem Freund Josef Kaspar in die Hand. Und noch ehe der Kommissar darauf etwas erwidern konnte, wandte sich der Freund vom LKA um: »So, unn aweila schaffen eisch meisch vom Acker. Mia telefonieren! Machet gudd!«

Mit den letzten Sätzen hatte sich Erwin Schütz in Richtung Zimmertür begeben. Als er sie von außen geschlossen hatte, hörte er durch das Türblatt ganz leise, dass sein Freund Josef Kaspar ihm bestens gelaunt nachrief: »Danke! Du ... Du *alta Foozer*!«

Montag, 29. Juni, 15.30 Uhr

Im Eilschritt betrat Kommissaranwärter Leismann das Büro von Kommissar Kaspar und verkündete mit Stolz in der Stimme: »Herr Kaspar, das LKA hat zurückgerufen! Die KTU hat sich gemeldet. In dem Auto haben sie Genmaterial gefunden, das zweifelsfrei der *Hänsel-und-Gretel*-Leiche zuzuordnen ist.«

»Siehnse, Herr Leismann!«, grinste der Kommissar, »auf die Kollegen ist eben doch Verlass. Und wissen Sie, was ich weiß?«

»Nein.«

Kaspar nahm ein paar zusammengefaltete Blatt Papier zur Hand, glättete sie mit der flach ausgestreckten Hand und trug seinem Azubi vor, was darauf geschrieben stand. »Na, dann aufgemerkt! Die Kollegen in Frankfurt haben in der Wohnung von Markus Diehlmann eine Saarlandwanderkarte gefunden. Darin ist die Dorndorfhütte mit dickem, roten Stift markiert, und dabei stehen die Daten: 10. März, 16.30 Uhr – 14. April, 17.30 Uhr – 19. Mai, 16.00 Uhr – 26. Mai, 17.00 Uhr – 9. Juni, 17.00 Uhr. Was glauben Sie, was sagt uns das?«

»Dass der Diehlmann regelmäßig hier war?«

»Genau, Leismann! Und zwar immer an einem Dienstag. Und immer in der Zeit zwischen vier und fünf Uhr nachmittags. Klar?«

»Immer dienstags. Ja, ähm, warum?«

»Der hat hier jemand mit Dopingmitteln versorgt, systematisch!«

Jetzt war Kommissar Kaspar nicht mehr zu bremsen, und er wiederholte zur Bekräftigung jede einzelne Silbe betonend: »Syste-ma-tisch-es Doping! Eine Riesensauerei!«

Zaghaft wagte Leismann ein Zwischenfrage: »Und woher wissen wir, dass der Frankfurter ein Dopingkurier war?«

»Langsam, Leismann. Zuhören. Die Frankfurter haben in der Wohnung von Diehlmann Kontoauszüge gefunden. Der Diehlmann hat seit März regelmäßig höhere Geldbeträge eingezahlt, alleine im Mai 9.000 €. Die Einzahlungen stammen vom 20. und 28. Mai. Na, dämmert's? Immer ein paar Tage nach den Daten, die auf der Karte bei der Dorndorfhütte notiert sind. Wenn der da nichts vertickt und anschließend das Geld eingezahlt hat, dann fresse ich einen Besen!«

Kommissaranwärter Leismann schaute Kommissar Kaspar staunend an und überlegte still, wie der Alte bloß an all diese Informationen herangekommen sein könnte.

»Hören Sie noch zu, Leismann?«

»Ähm, ich? Ja natürlich, Herr Kaspar!«

»Also, aufgepasst. Auf der Saarlandkarte von dem Diehlmann gibt es noch einen Eintrag und der heißt Dienstag, 23. Juni. Aber dieses Datum, das steht nicht neben der Markierung Dorndorfhütte, sondern ...«, Kaspar machte es spannend, » ... sondern das steht bei *Hänsel-und-Gretel!* Mit dickem Filzstift und zweimal unterstrichen. So, was sagen Sie jetzt?«

Leismann überlegte.

»Dienstag letzter Woche. Das war doch ... das müsste der Tag sein, an dem...«

»Genau«, unterbrach in Kaspar, «der Tag, an dem ihm der Schädel eingeschlagen wurde! Und jetzt hören wir uns mal ein bisschen in Muckibuden und Sportvereinen um.«

Mittwoch, 1. Juli, 8.20 Uhr

Am sportwissenschaftlichen Institut der Saarbrücker Universität gab es heute Morgen nur ein Thema: Bobby Meyer. Der Star der Obersaalinger Dukes war am Dienstagmorgen in seiner Wohnung im benachbarten Forbach leblos aufgefunden worden. Doktor Weiß las kopfschüttelnd den zweispaltigen Aufmacher im Sportteil der Zeitung. Nachdem Meyer vormittags nicht zum Training erschienen und auch nicht ans Telefon gegangen war, hatte ihn sein Trainer aufgesucht und gefunden.

»Ich bin tief betroffen. Noch am Samstag hat er mit vollem körperlichem Einsatz die entscheidenden Punkte für mein Team gemacht. Da war alles noch in Ordnung, er war topfit.«

Meyer, so schreibt die Zeitung weiter, habe vor kurzem noch einen Laktattest im Sportwissenschaftlichen Institut der Universität Saarbrücken gemacht, und zitiert dann den Präsidenten der Obersaarlingen-Dukes: ›Die Werte waren ausgezeichnet. Für die Dukes ist Bobbys Tod ein unersetzlicher Verlust.‹

Ein Sprecher der französischen Polizei verlautbarte der Zeitung gegenüber, es gäbe keinen Verdacht auf eine Straftat, Fremdeinwirkung oder Suizid. Die genaue Todesursache solle durch eine Obduktion, deren Ergebnisse im Laufe des heutigen Mittwoch erwartet werden, herausgefunden werden.

Sportwissenschaftler Weiß legte die Zeitung zur Seite. Er erinnerte sich ganz genau an Bobby Meyer. Dieser Sportler war ein Star, hatte in der letzten Spielzeit den Hauptanteil daran, dass die Obersaarlingen-Dukes den Aufstieg geschafft hatten. Weiß schüttelte den Kopf: Na, da werden die Spekulationen ja jetzt wohl wieder ins Kraut schießen. Plötzlicher Herztod, grippaler Infekt nicht auskuriert, zu früh trainiert, Herzmuskelentzündung oder doch das böse D-Wort?

Mittwoch, 1. Juli, 16.50 Uhr

»Jetzt hören Sie schon auf, Sie alter *Schnibbler*!«, donnerte Kaspar aufgeregt ins Telefon. »Ich verlange das doch nicht jeden Tag von Ihnen!«

»Wie bitte? Ei, das wäre ja noch schöner! Ich hab eine solche Latte an Überstunden, Kaspar!«

»Sie sollen doch nicht die Ergebnisse von den Franzosen komplett nachprüfen! Sie sollen doch nur sein Blut untersuchen, ob er sich dieses THG-Zeugs reingepfiffen hat, Donnaweddanochemoo! Es kommt dabei wirklich auf jede Stunde an! Wenn zu viel Zeit zwischen Einnahme und Analyse verstreicht, dann können wir nix finne.«

»Wieso ist der überhaupt auf dem Weg zu mir nach Homburg?«

»Na, hören Sie, der ist deutscher Staatsbürger!«

»Seit wann?«

»Seit seiner Einbürgerung vor einem Jahr! Also, machen Sie es? Kann ich bis morgen früh mit einem Ergebnis rechnen? Mensch, ich hab einen Mord aufzuklären!«

»Und ich hab Feierabend!«

Der Dauerton im Hörer verriet, dass der Rechtsmediziner in Homburg tatsächlich den Hörer aufgelegt hatte. Mit einem lauten »Dieser verdammte Quertreiber, Donnaweddanochemoo!«, knallte Kaspar ebenfalls das Telefon auf die Gabel.

Donnerstag, 2. Juli, 8.30 Uhr

Langsam wählte Kasper die Nummer des Rechtsmediziners in Homburg.

»Morje! Kaspar ist mein Name.«

»Morgen! Ich habe schon mit Ihrem Anruf gerechnet«, flötete Dr. Schneider am anderen Ende.

»Jaja. Also?«

»Sitzen Sie?«

»Ja, warum?«

»Herr Kaspar, ich hab bis heute Nacht drei Uhr gewurschdelt!«

»Hm.«

»Lieber Herr Kaspar«, zischelte Dr. Schneider und dehnte das ›lieber‹ so unendlich lang, dass es für eine Strecke von Berus über Bous bis Bagdad ausgereicht hätte. »Liiiieeeeber Herr Kaspar. Ihre Droge kann ich hier nicht aufspüren.«

Dann donnerte Dr. Schneider eine Zugabe hinterher: »Für das Zeugs sind wir labortechnisch einfach nicht ausgestattet, liiiieeeeber Herr Kaspar!«

Dr. Schneider legte eine Pause ein, Kommissar Kaspar blieb am anderen Ende stumm, konnte aber hören, wie der *Schnibbler* ganz tief durchatmete.

»Also, Kaspar, ich will Sie nicht länger auf die Folter spannen. Wir konnten bei diesem Bobby Meyer unter den Fingernägeln der rechten Hand minimale Spuren einer fremden Blutgruppe isolieren: AB Rhesus positiv.«

Kaspar zuckte zusammen, spürte, wie sein Herzschlag sich beschleunigte.

»AB Rhesus positiv?«

»Ja, aber der, den ich heute Nacht bis drei Uhr auf meinem Tisch hatte, der hat Blutgruppe 0.«

Die Stimme des Pathologen vibrierte. Schwang da Stolz in der Stimme mit?

»Kaspar, die Blutpartikelchen unter den Nägeln dieses Sport-stars stammen ganz unzweifelhaft von Ihrer *Hänsel-und-Gretel*-Leiche! Ist schon gegengeprüft!«

Donnerstag, 2. Juli, 9.08 Uhr

»Danke und Auf Wiedersehen!« Mit der richterlichen Anordnung in der Tasche verließ Kommissar Kaspar das Büro des Staats-anwaltes. Eine Stunde später nahm er in Obersaarlingen bereits Einsicht in die Buchungsunterlagen des Kreditinstitutes, das das Girokonto des ehemaligen American Football Stars Bobby Meyer führte.

Am 5., 19. und 26. Mai hatte sich Meyer jeweils Beträge zwischen 1.500 € und 4.500 € an der Kasse in bar auszahlen lassen. Kommissar Kaspar schüttelte den Kopf: »Alleine im Mai 9.000 €.«

Donnerstag, 2. Juli, 11.55 Uhr

»Leismann!«

Bester Laune erschallte der Ruf des Kommissars in Richtung des kleinen Nebenbüros.

»Leismann, ich bin zurück! Und jetzt gugge Sie mal auf die Uhr! Fünf vor Zwölf!«

Kommissar Josef Kaspar erhob sich entspannt hinter seinem Schreibtisch. Und es klang wirklich nur ein ganz klein wenig bit-ter, als er auf dem Weg in die Kantine vor sich hin brummelte:

»Zwei Leichen und kein Mordprozess. So ebbes habe ich auch noch nicht erlebt. Donnaweddanochemoo!«

Mein lieber Paul

Karin Klee

Komm her, mein Kleiner, komm her zu mir, komm auf den Arm deiner Großmutter. Lass mich dir eine Geschichte vom Leben erzählen. Eine Geschichte von der Macht der Pflanzen. Eine Geschichte vom Zubereiten. Kochen, musst du wissen, zählt zu den schönen Dingen im Leben, süßer Paulemann. Meine Morscholzer Großmutter hat mir so vieles beigebracht. In ihrer Küche habe ich Zuhören, Zuschauen und Probieren gelernt. Da ist auch meine Lust am Ausprobieren entstanden. Oma hat mir all ihr Wissen überlassen. Und so wie ich meine Oma geliebt habe, so liebe ich dich. Und das Kochen. Und die Pflanzen und Tiere. Und die Pilze. Ja, auch giftige. Keine Angst, Paulchen, meine Oma hat mir gezeigt, wie sich die Guten von den Bösen unterscheiden. Das gelingt mir bei den Pilzen besser als bei den Menschen. Im Herbst mache ich Pilzwanderungen hier im Hochwald zwischen Steinberg und Weiskirchen, die Gemeindeverwaltung ist froh darüber, und ich kann mir so etwas dazu verdienen. Noch nie ist jemand meinetwegen zu Schaden gekommen. Wenn ich mir nicht sicher bin, verzichte ich lieber, aber das kommt höchst selten vor.

Mit Pilzen kann man vielerlei anstellen. Manche von den bedenkenlos genießbaren werden in meinen Töpfen zum violetten Pfannenragout, dazu geschnittene Tomaten und grüner Blattsalat. Ein Fest auch für die Augen, jaja.

Oder ich lege sie klein gehackt in den weichen Innenteig einer Calzone, das ist ein Pizzaschlafsack, in den manche Menschen immer nur Essensreste packen, das kommt bei mir nicht in Frage. Es gibt so viele Möglichkeiten. Einige trockne ich, sie halten sich dadurch sehr lange. Wieder andere lege ich in Alkohol, damit ihre

Inhaltsstoffe auf wundersame Weise eins werden mit der Flüssigkeit, in der sie einige Zeit schwimmen dürfen.

Lass mich dir noch etwas über Pilze erzählen, Paul. Du bist kaum sechs Monate alt und mein Wissen wird dich wohl noch nicht erreichen, aber Märchen kann ich dir später immer noch erzählen.

Pilze enthalten kaum Fett, dafür ein wenig Eiweiß. Sie besitzen Vitamine und Spurenelemente, ja klar, sie sind angereichert mit Schwermetallen, auch das ist mir bekannt. Im Grunde sind Pilze nur eines: echte Genussmittel. Was in ihnen steckt, behalten sie auch auf ihrer Reise durch den menschlichen Verdauungstrakt in sich eingeschlossen. Nichts davon geben sie leicht her. Unserem Organismus gelingt es meist nicht den Chitinpanzer, der die Pilzzellen umhüllt, zu knacken. Würde sich ein Mensch nur noch von Pilzen und sonst nichts ernähren, er müsste unweigerlich verhungern.

Maden, Paulchen! Maden – und bestimmt noch einige weitere Insekten – können sich von Pilzen ernähren. Wir Menschen nicht. Aber sie machen Spaß, die Pilze. Wie alles, was interessant aussieht und sich genießen lässt. Ja, wie gebratene Tauben, edle Schokolade, dicke Zigarren, alter Wein, kaltes Bier, Ansatzschnaps und so weiter und so weiter.

Weinbrandbohnen gibt es, Rinderbraten in Rotwein, also hab ich mir gedacht, Pilze und Alkohol, das müsste doch auch gehen. Mein erstes Rezept zum Einlegen der kleinen verschlossenen Gesellen in Hochprozentigem habe ich von einer Russlanddeutschen bekommen, der ich vor Jahren für kurze Zeit die Mansarde vermietet hatte. Das Geld reichte damals hinten und vorne nicht. Ferdinand, dein Großvater und mein Ehemann, hatte zu dieser Zeit regelmäßig seinen Lohn in jede Menge Highlife mit viel Fleischeslust umgesetzt. Das ist damals einfach und vielleicht auch notwendig für ihn gewesen, Montage in Frankfurt, wer hätte ihm das verdenken sollen. Ich wollte nie wissen, was er dort nach der

Arbeit alles getrieben hat. Es genügte mir, wenn er ein Mal im Monat an einem Wochenende mit leerem Geldbeutel zu uns nach Hause in die Küche getappt kam, gebieterisch nach einer Tasse starken Kaffees verlangte und sofort den Mörderblick aufsetzte, fragte ihn einer nach dem Geld für die Familie.

Damals habe ich beschlossen, dass wir enger zusammenrücken müssen, um über die Runden zu kommen. Und da habe ich die zwei Zimmer unterm Dach für Fremde frei geräumt. Zum Glück fing in jenen Tagen der Kurbetrieb im benachbarten Weiskirchen an und da waren auch Zimmer hier in Steinberg gefragt. Das hat auch mir sehr geholfen.

Sie hieß Olga, war in Sibirien geboren und aufgewachsen und erzählte davon, wie karg und hart das Leben in ihrer einstigen Heimat gewesen sei. Ein Zustand, der sich auch nach dem Ende des real existierenden Sowjetsozialismus nicht geändert habe, deshalb sei sie nach Deutschland zurückgekehrt, in das *gelobte Land* ihrer Ahnen. Aus der Zeit der Planwirtschaft also, ach was, bestimmt aus der Zeit der Oktoberrevolution, stammte Olgas gewissermaßen spirituelles Spirituosenrezept: In eine Flasche mit einem Liter Wodka lege man drei bis fünf Hüte des *Amanita Muscaria*. Du kannst ihn leicht erkennen, Paulchen, es ist der Fliegenpilz. Er ist einer der hübschesten Vertreter seiner Zunft, dieser gewölbte Rote mit den weißen Punkten. Weiter im Rezept: Den gut verschlossenen Behälter stelle man eine Woche an einen warmen Ort und fertig ist der aufregende Trank. Die Pilze könne man in der Flasche lassen, sagte Olga aus Nowosibirsk und riet zu höchstens zwei Schnapsgläsern pro Tag.

Sie erzählte davon, dass die Menschen in den an Wodka armen Zeiten sehr genügsam gewesen seien. Da habe man sich eine Scheibe getrockneten Fliegenpilzhut auf oder unter die Zunge gelegt. Das sei eine Art Ersatzdroge gewesen, wenn nirgends Schnaps zu bekommen war. Die Wirkung soll übrigens ähnlich berauschend sein, nur nicht so heftig. Olga schärfte mir ein, im

Umgang mit diesem feurigen Schwammgewächs sehr vorsichtig zu sein. Die Pilze trügen je nach Standort andere Giftkonzentrationen in sich.

So habe sie einmal erlebt, erzählte mir Olga weiter, dass ein Mann den Hals nicht voll genug kriegen konnte und in seiner Gier nach Glücksgefühlen viel zu viel zu sich genommen habe. Er sei dafür bestraft worden: Neben den erwünschten Rauschzuständen mit Halluzinationen und dem Sich-Gut-Fühlen, habe er erst gekrampft, dann sei er ins Delirium und schließlich ins Koma gefallen. Nein, er sei nicht gestorben, sagte Olga, das sei beim Fliegenpilz fast unmöglich. Um eine tödliche Dosis zu bekommen, müsste man eine enorme Menge an stark wirkenden Pilzhüten einsetzen.

Erfreulich, nicht wahr, mein kleiner Paul! Ich habe natürlich auch dieses Rezept ausprobiert. Die Wirkung meines *Fliegenden Wodkas* ist ganz ordentlich. Er macht die Augen groß, die Ohren weit, die Stimmung heftig. Ich habe stets streng darauf geachtet, es nie damit zu übertreiben. Diese Tropfen sollen helfen und glücklich machen, sie sollen nicht schaden. Das musst du dir merken, Paul! Das ist ganz wichtig.

Dass ich irgendwann einmal anfing, den Grünen Knollenblätterpilz, *Amanita phalloides* zu trocknen, geschah aus einer Laune heraus. Nicht weil es notwendig gewesen wäre.

Ein Satz in einer Zeitschrift zum Thema ›Pilze sammeln‹ weckte mein Interesse für den hellen Giftzwerg: › ... ein einziger Knollenblätterpilz und man endet wie die große Sowjetunion oder der Turbokapitalismus amerikanischer Prägung: in innerem Verfall und Selbstauflösung ...‹ Ja, 60 Gramm davon reichen, einen Erwachsenen in die Wiege der Pilze, ja, unter die Erde zu befördern.

Erstaunlich, was die Natur alles hervorbringt. Und alles, was sie tut, die Natur, macht sie gut, denn alles hat einen Nutzen. Daran besteht kein Zweifel.

Obwohl sich Mutter Natur bei einigen Ereignissen und Kreaturen auf dieser Erde regelrecht vertut. Es muss sich dabei um einen Fehler oder ein Versehen handeln, nicht um Absicht oder gar einen Scherz, nein, nein! Ähnlich wie der liebe Gott oder Vater Staat besitzt Mutter Natur nämlich keinen Humor. Und wenn doch, dann höchstens den der rabenschwarzen Sorte.

Wie dem auch sei, mein lieber Paul, wir alle kennen die Kehrseite, die dunkle Seite der Schöpfung, mit der auch du in deinem noch in den Windeln steckenden Leben Bekanntschaft machen wirst. Früher oder später wirst du dem Unglück begegnen. Oft kann man ihm nicht einmal entfliehen, denn es zeigt selten sofort sein wahres Gesicht.

Nimm Naturkatastrophen oder den Befall der Pflanzen und Tiere durch Schädlinge oder Krankheiten. Das ist eindeutig. Schlimmer wird es, kommen Menschen ins Spiel, Menschen, die Böses tun! Ja, es gab sie, gibt sie und wird sie immer geben, Paulemann, mein Liebling, die großen Unheilbringer wie Hitler, Stalin und Co., von denen du im Laufe deines Lebens bestimmt noch hören wirst. Hoffentlich immer nur hören wirst. Obwohl ich dir gleich sagen muss, dass sie auch im Kleinen ihr Unwesen treiben, jene, die vielleicht kein Menschenleben auf dem Gewissen haben, und dennoch nichts lieber tun, als andere zu drangsalieren.

Die Natur weiß sich stets zu helfen: Auf einen grandiosen Zusammenbruch folgt die Zeit des wieder erwachenden Lebens. Die Lava beispielsweise, die durch einen Vulkanausbruch an die Oberfläche befördert wurde, ist nach dem Erkalten der fruchtbarste Boden, den du dir vorstellen kannst.

Ich glaube, genau dafür hat die Natur den Knollenblätterpilz hervorgebracht. Um die Erde besser zu machen. Um größenwahnsinnige römische Kaiser zu entmachten, um Päpste, die den Kardinälen nicht ins katholische Konzept passen, abzusetzen und um sonstige unliebsame Geschöpfe beiseite zu schaffen. Wie gesagt, es war eine Spielerei von mir, eines Tages den getrockneten

Knollenblätterpilz zusammen mit Angelikawurz, Angelikasamen, Nelken, Zimt, Melissenkraut, Beifuss, Kardamom und Koriander für zehn Tage in Weingeist zu legen. Ich habe zum Schluss noch eine abgekochte Zuckerwassermischung hinzugefügt, alles noch einmal weitere zwei Tage stehen lassen, dann wurde abgesiebt. Die kleine Flasche mit dem eingeprägten Totenkopf landete im Keller und ich hatte sie schon fast vergessen, als mich Gerti anrief, meine älteste und beste Freundin. Sie müsse mich sehen und mit mir sprechen, flüsterte sie und ihre Stimme zitterte und schien zu zerbrechen. Ich fragte nicht lange und antwortete: »Bin sofort bei dir!«

Am gleichen Tag noch berichtete Gerti mir, was ihr der Arzt einer Spezialklinik einen Morgen zuvor eröffnet hatte: ein sehr aggressiver Krebs habe sich in ihrem Körper eingenistet, es gäbe derzeit keine Therapiemöglichkeit, sie habe nur noch einen, höchstens zwei Monate zu leben. Sie sah mich bittend an: »Wirst du mir helfen, wenn es soweit ist?« Ich nickte und nahm sie in meine Arme. Ja, Paul, genauso liebevoll wie ich es bei dir immer mache.

Nach sechs Wochen war es soweit. Gerti bestand nur noch aus Krankheit, der Krebs fraß und fraß sie auf, ihr Appetit verschwand, vielleicht damit der Menschenfresser in ihr keine Nahrung mehr bekam. Gerti war ihr Leben leid geworden. »Bist du dir sicher, dass du von meinem Knollengeist trinken willst?«, hab ich sie noch einmal gefragt. »Ganz sicher, du Engel«, lautete ihre Antwort.

»Dann wirst du vorher drei Schnapsgläser vom *Fliegenden Wodka* zu dir nehmen, denn ich kenne die Wirkung meines Knollengeistes nicht.« Gerti lächelte bis zuletzt, erzählte von der Freude zu leben und dem Glück, von jemandem fast siebzig Jahre lang verstanden zu werden. Dann schlief sie ein und wurde nicht wieder wach.

Ich wartete und blieb bei ihr bis zum nächsten Morgen, dann erst rief ich ihren Sohn und den Arzt an. Wir beerdigten sie an einem Freitag.

Ja, mein Knollengeist wirkte also wahrscheinlich tödlich, aber ich bin mir bis heute nicht sicher, ob ich das gut heißen soll. Die Natur konnte also helfen, Leiden zu verkürzen: ›Der Herr lässt Arznei aus der Erde wachsen, und ein Vernünftiger verachtet sie nicht.‹, *Sirach 38, Vers 4*. Nein, keine Sorge, ich bin nicht bibelfest, dieses Zitat habe ich in einem meiner Pflanzenbücher entdeckt. Ach Paul, mein Junge, diese Erkenntnis ist sehr bitter, aber zugleich eine tiefe Beruhigung. Auch mir erscheint es nicht erstrebenswert, unter allen Umständen weiterleben zu müssen.

Nehmen wir Ferdinand, meinen Ehemann, deinen Großvater. Früher glaubte ich, gegen Ferdinand, dieses Scheusal, sei kein Kraut gewachsen. Obwohl er mir viel früher keinen Grund für einen solchen Gedanken gegeben hat. Mit seinen Eltern, einem Lehrerehepaar, kam er als Baby kurz vor Beginn des Zweiten Weltkriegs nach Morscholz. Wir haben uns in der Schule kennen gelernt. Er ist mein erster aufmerksamer Freund geworden. Als wir schließlich diese schlimmen Hungerzeiten nach dem Krieg überlebt hatten und alles immer besser wurde, blieben wir einfach zusammen. Wir bauten uns in Steinberg ein Haus und führten ein normales Leben. Die ersten Jahre lief es wirklich gut. Es lief sogar sehr gut, bis er bei dieser Firma anfing, die ihn nach Frankfurt schickte. Was dort passiert ist, habe ich nie herausfinden können. Er selbst wäre der Letzte gewesen, der darüber gesprochen hätte. Warum ich trotzdem bei ihm geblieben bin? Das frag ich mich bis heute auch manchmal. Vielleicht habe ich bis vor gar nicht allzu langer Zeit geglaubt, in jedem Ding stecke immer auch etwas Gutes, was sich eines Tages zeigen würde, wenn man nur lange genug darauf wartete.

Zu Anfang spürte ich das bei Ferdinand ganz deutlich. Er ist ein hübscher, ein stolzer Mann gewesen, dein Großvater. Schmal, hoch gewachsen, mit braunen Augen und schwarzlockigem Haar. Er besaß eine sanfte Stimme, mit der er viele Frauen betören konnte. Er sprach wie ein gebildeter Mensch, denn er ist dank seiner Eltern einer gewesen. Kein Wunder, dass ich mich verliebte. Ja, er war etwas Besonderes, dein Großvater. Aber ein wirklich guter Mensch ist er trotzdem nie gewesen, er wird es nimmermehr.

In jenen Tagen, als er noch zur Arbeit ging, richtete ich mir mein Leben und das der Kinder folgendermaßen ein: War er zuhause, biss ich die Zähne zusammen, gab stets nach und machte gute Miene zu seinen rüpelhaften Spielchen. War er weg, fühlte ich mich frei, freute mich an meiner Arbeit und konnte eine gute Mutter sein. Dann kam die Rente und mit ihr Ferdinand zurück nach Steinberg. Er schlief wieder zuhause, abgesehen von den paar Nächten pro Woche, die er in Kneipen oder in den Bordellen der Umgebung zubrachte. Zu befriedigen schien ihn das nicht, denn er war in den eigenen vier Wänden der unleidlichste Mensch, den du dir vorstellen kannst.

Vor zwei Monaten nun holte das Schicksal für ihn ganz groß aus. Die seit Jahren offenen Stellen an Füßen und Beinen entzündeten sich, die Durchblutung der Arterien dort setzte aus und diese Teile an beiden Beinen starben ab. So haben es die Mediziner erklärt und Ferdinand beide Beine amputieren müssen, damit sein Restkörper weiterleben konnte. Im Rollstuhl kam er nach Hause zurück. Dein Onkel Robert legte am gleichen Tag eine Eisenplatte über die zwei Stufen vom Gartenweg bis zur Haustür. Weil das Haus nicht behindertengerecht gebaut ist, eckt Ferdinand seither überall an. Er ist hier eingesperrt, das passt ihm gar nicht. Er kommt mit seiner Situation überhaupt nicht zurecht. Er starrt nur noch auf den laufenden Bildschirm des Fernsehgeräts, seine Finger drücken in wilder Folge die Tastatur der Fernbedienung und er schaut sich wahllos durch die vielen bunten Kanäle. Sobald er hört, dass jemand auf unser Haus zugeht, rollt er sich zur Tür, öffnet sie ungelenk und lässt sich Briefe, Zeitungen oder Werbeprospekte übergeben. Wäre das alles, es wäre mir sehr recht.

Aber dein Großvater geht noch weiter. Er lässt den Rest der Menschheit spüren, wie schwer es gerade ihn getroffen hat und wie sehr er mit sich im Unreinen ist. Ja, ich kenne das, kleiner Paul, du musst nicht weinen. Es gärt schon sehr lange in ihm. Und jetzt beherrscht es ihn 24 Stunden am Tag. Tag für Tag. Es hilft kein Reden, kein Bitten, kein Weinen, kein Schimpfen: Ferdinand zwingt jedem im Haus seinen Willen, nein, seinen Unwillen auf. Niemand kann es ihm Recht machen, am wenigsten ich.

So scheint es, wenn er mich anschweigt oder anbrüllt, wenn er alles, was mir Freude macht, ablehnt und gering schätzt, wenn ihm trotz Behinderung die Hand ausrutscht, sobald er die ständig wachsende Verbitterung und den eigenen Zorn nicht mehr ertragen kann. Trotzdem werde ich bei ihm bleiben und ihm helfen, so gut ich kann. Ich glaube, das ist eines der ehernen Gesetze des Hochwalds. Aber auch deinetwegen bleibe ich bei ihm, mein kleiner Paul, denn deine Zukunft hat gerade erst begonnen. Und für dich erweise ich deinem Opa eine Art letzten Liebesdienst.

Für meine Pilzleidenschaft hat er sich nie interessiert, mein Wissen über diese Dinge ist ihm fremd. Auch egal. Meine Ansatzbrände, meine Fruchtweine und die selbst gemachten Liköre, ja, die kennt und schätzt er. Doch immer wenn ich ihm mehr darüber erzählen wollte, hieß es: »Erspar mir die Details! Komm zur Sache!« So ein Ignorant. Aber was für ein Glück für ihn!

Morgen Abend also wird auch er den Knollenweinbrand probieren. Nicht ohne den *Fliegenden Wodka* als Aperitif. Auf die Zeit des Genusses wird dann wohl eine Zeit des Leidens folgen. Der Abschied aber wird ihm nicht schwer fallen und wehtun, deinem Großvater.

Weine nicht, Paulchen, mein Liebling!

Es wird nicht lange andauern, das quälende Sterben, das Unwohlsein, der Durchfall, das Erbrechen, die Krämpfe in den inneren Organen – nicht so lange wie die Leiden unserer Ehe. Und deshalb bringe ich ihn morgen um.

Verwandt
Lisa Huth

Sie hatten den Raum völlig abgedunkelt. Als seine Taschenlampe noch funktionierte, konnte er sehen, dass die Oberlichter mit Teerpappe überzogen waren. Irgendetwas kitzelte ihn an der Nase. Hoffentlich war es Stroh und keine Ratte. Was Sylvie wohl machte? Das letzte, was er von ihr gesehen hatte, waren ihre Pfennigabsätze, als sie in der Tür zur Schule verschwand. Er fragte sich immer, wie sie in diesen Dingern laufen konnte. Aber eigentlich war es ihm egal. Es sah einfach verdammt gut aus. Jetzt bewegte sich etwas an seinem Bein. Das war nun wirklich kein Stroh. Wie lange saß er hier schon fest? Mathieu hatte nicht die kleinste Idee, wie er aus dieser Nummer wieder herauskommen sollte.

Immer wieder zog das Bild von Serge im Hof der Burg in ihm auf. Serge neben dem Auto, ein dumpfer Knall, Serge griff sich an die linke Seite, ging in die Knie. Dann kamen sie hinter ihm her. Drängten ihn bis in diesen Schober. Erst als er sich in der hintersten Ecke verkrochen hatte, merkte er, dass es gar nicht um ihn ging. Kiste um Kiste räumten sie aus. Ihn im Stroh entdeckten sie nicht. Hinter ihnen fiel die Tür ins Schloss.

Sie ließ sich von innen nicht mehr öffnen. Seine Schulter schmerzte, so sehr hatte er sich dagegen geworfen. Seine Taschenlampe am Schlüsselbund hatte ihm auch nicht weitergeholfen einen Ausgang zu finden. Und sein Handy lag in der Schmiede auf dem Amboss.

Die Schmiede sollte vor ein paar Jahren im Luberon abgerissen werden. Er hatte sie gekauft, im Urlaub abgetragen und Stück für

Stück in Schwerdorff wieder aufgebaut. Steine und Holz, Schreinern und Bauen, das waren seine Leidenschaften. Neben Sylvie natürlich. Er zuckte zusammen. Wo war sein Vater? An ihn hatte er gar nicht mehr gedacht. Die Szene mit Serge im Burghof sah er immer wieder überdeutlich. Aber nirgendwo kam sein Vater darin vor. Hatten sie ihn auch erschossen? Aber er hatte nur zweimal diesen dumpfen Knall gehört. Beim ersten Mal war sein Vater noch bei ihnen gewesen.

Er hatte nicht gewollt, dass sein Vater mitkam. Der aber meinte, es könne ja auch alles ganz harmlos sein. So waren die drei Männer zur Burg aufgebrochen. Das Auto hatten sie fürsorglich etwas weiter weg vom Feldwirtschaftsweg geparkt, ein gutes Stück Richtung Oberesch. Die Burg lag in einer Senke an einem Weiler. Eigentlich war es längst keine Burg mehr. Nur das Eingangstor mit den Stallungen wies jeden trutzig ab, der sich ihm näherte. Dahinter versteckte sich ein *Manoir*, ein kleines Schlösschen aus dem achtzehnten Jahrhundert. Bäume und Sträucher an den Seiten verhinderten von jeher eine deutliche Sicht darauf. Schon in seiner Kindheit war es ein magischer Anziehungspunkt für alle Kinder der Dörfer ringsherum gewesen.

Der neue Besitzer aber hatte sich völlig abgeschottet. Er lebte noch keine drei Monate hier, hatte aber schon zahlreiche Arbeiten vornehmen lassen. Das wussten sie von den Handwerkern aus Bouzonville, die er herangezogen hatte. Offenbar plante er sogar, eine Mauer rund um das Anwesen ziehen zu lassen. War ja seine Sache. Aber dass er jeden Kontakt mit den Schwerdorffern mied, auch mit den Obereschern, das stieß ihnen doch auf.

Darum hatte Serge als Bürgermeister heute seinen Antrittsbesuch gemacht. Sich ein paar Tage vorher angemeldet, wie sich das gehörte. Morgens um zehn Uhr, eine anständige Zeit. Kaum war er drin, er hatte noch nicht richtig Guten Tag gesagt, war er schon wieder hinauskomplimentiert worden. Im Hof war er an mehreren Autos entlanggegangen. In einem Geländewagen sah er Holzkisten, bedeckt von einer halb verschobenen Plane. Eine Kiste war geöffnet. Was er da erblickte, ließ ihn sein Handy zücken und ein Foto machen. Wenig später starrten sie in der Schmiede darauf – Serge, sein Vater und er. »Es könnten auch Jagdwaffen sein«, hatte sein Vater gemeint. Doch Serge und er kamen zu dem Ergebnis, dass das, was sie sahen, MG's, also Maschinengewehre, sein mussten. Serge wollte die Polizei rufen, doch so eindeutig war das Handyfoto dann doch wieder nicht. Sie beschlossen, der Sache erst auf den Grund zu gehen. So hatten sie sich zu dritt vor der Burg eingefunden, und das Unglück nahm seinen Lauf.

Mathieu warf sich wieder gegen die Tür des Scheunenbodens, nur um wenigstens irgendetwas zu machen. War überhaupt noch eine Menschenseele in der Burg? Er lauschte. Etwas quietschte. Das musste das Eingangstor sein.

Sylvie klopfte das Herz bis zum Hals. Wie viele Minuten stand sie schon hier, ohne sich rühren zu können? Sie hatte das Tor unverschlossen vorgefunden. Weit und breit war kein Mensch zu sehen gewesen. Nicht Mathieu und auch nicht ihr Schwiegervater. Mehr hatten sie aus Serge nicht herausbekommen können, bevor er bewusstlos zusammengebrochen war. Ihr Mann und sein Vater seien in der Burg. Alle weg oder tot. Er sprach zu undeutlich. Ihr war nur eines klar: Mathieu war in Lebensgefahr. Wenn ihm nicht schon etwas passiert war. Ihr war schwindlig geworden, doch dann hatte sie sich zusammengerissen. Jemand musste was tun. Als erstes, eine Ambulanz für Serge. Dann die Polizei in Bouzonville. Sie ging in der Küche ihrer Mutter auf und ab. Die Schule würde erst in knapp zwei Stunden wieder beginnen. Sie hatte ›die Großen‹, letzte Klasse *Maternelle*, erste Klasse Grundschule. In der Mittagspause aßen sie und Mathieu häufig bei ihrer Mutter. Ihre Eltern hatten ihnen das große Haus unten im Dorf überlassen und sich selbst ein kleineres Haus oben auf dem Kamm gebaut, gleich neben dem Sportplatz. Das meiste in Heimarbeit und nach Feierabend, so wie fast alle im Dorf. Ein schnuckeliges kleines Häuschen, und alles lag ebenerdig. Das wollten die beiden für ihr Alter. Das Haus war kaum fertig, da war ihr Vater gestorben. Viel zu früh. Seitdem lebte ihre Mutter allein. Sie hatte sich schon immer im Dorf engagiert, als *adjointe* des Bürgermeisters, im Kirchenchor, beim Brunnenneubau und bei anderen Veranstaltungen im Dorf. Jetzt wurde es ihr Lebensinhalt. Das, und das Bekochen ihrer Kinder.

Der Himmel war wolkenverhangen. Am Nachmittag würde es Regen geben, das hatte ihr Schwiegervater vorhergesagt. Er war zuverlässiger als *Météo France*. Sie hatte das Auto vor dem Haus ihrer Mutter geparkt. Fast wäre ihr die Gestalt am Straßenrand entgangen. Es war Serge, der neben dem Sportplatz auf dem Boden lag, eine Schusswunde in der Schulter. Er machte ihr klar, dass er sich von der Burg her durch die Allee bis hierher geschleppt hatte. Irgendwie schaffte sie es, ihn zu ihrer Mutter ins Haus zu bringen.

Wie lange würde die Polizei brauchen, bis sie hier war? »*Princesse*«, sagte ihre Mutter, sie nannte sie immer *princesse*, »wir können da nichts machen.« Sylvie trommelte mit den Fingern auf die Spüle.

»Doch, *maman*, ich kann hier nicht sitzen bleiben«, hatte sie geantwortet.

Fünf Minuten später parkte sie den Wagen direkt neben dem ihres Mannes. Sie hatten offenbar dieselbe Idee gehabt: nur nicht gesehen werden. Als sie in den Hof der Burg trat, erwartete sie jede Sekunde, dass jemand sich auf sie stürzte. Was machte sie überhaupt hier? Als ob sie allein Mathieu und seinen Vater retten könnte. Alles blieb ruhig. Sie schloss das Tor, presste sich mit dem Rücken dagegen und suchte mit den Augen die Fenster des Schlösschens ab. Kein Mensch zu sehen. Sie wagte sich über den Hof. Das Haus war schräg zum Torgebäude gebaut. Die Tür stand offen. Sie spähte in den Eingang. Da lag jemand. Sylvie wagte kaum zu atmen. Tatsächlich, es war ein Mann. Er rührte sich nicht. Langsam meldete ihr Hirn Einzelheiten: eine Blutlache, eine ausgestreckte Hand, nicht weit davon eine Waffe. Ihre Starre löste sich. Mit einem Satz war sie bei der Waffe, ergriff sie und richtete sie auf den Mann. Der bewegte sich immer noch nicht. Die Waffe gab ihr Sicherheit, wenn sie auch nicht den blassesten Schimmer hatte, wie sie sie im Ernstfall bedienen musste. Wie im Film, schoss es ihr durch den Kopf, als sie den Puls des Mannes ertastete. Gleich würde er nach ihr greifen und ihr die Waffe entreißen. Doch seine Haut fühlte sich kalt an. Kein Puls. Der Mann war tot.

Maurice betete, dass seinem Sohn nichts passiert sei. Er hatte noch gesehen, dass Serge, von einem Schuss getroffen, zu Boden sank. Er hörte noch einige Wortfetzen auf Deutsch von »... wenn die Polizei kommt ...«, »... müssen sofort weg ...«, »... was ist mit ihm ...«, »... aus ihm herauspressen ...« und »... nehmt ihn mit ...«. Er war gar nicht auf die Idee gekommen, dass sie von ihm reden konnten. Wie konnten wir nur hierher kommen, dachte er entsetzt, als er selbst von einem heftigen Schlag an der rechten Schulter getroffen wurde. Seitdem war es Nacht um ihn. Auch als er wieder aufgewacht war, blieb alles schwarz. Ihm war recht schnell klar geworden, dass er im Kofferraum eines Autos lag. Sie hatten ihn wohl einfach reingeworfen ohne ihn abzusuchen, sonst hätten sie sein Handy gefunden. Es nützte ihm aber auch nichts. Die Hände waren ihm auf dem Rücken gefesselt. Warum hatten sie ihn nicht auch einfach getötet, so wie Serge? Inzwischen war das Auto zur Ruhe gekommen. Zwei Türen hatten geknallt. Auch die Türen eines anderen Wagens. Er schätzte, dass es mindestens vier, vielleicht fünf Männer waren. Oder Frauen. Ihn hatten sie im Kofferraum gelassen. Er zerrte an den Fesseln. Ihm war kalt und er musste aufs Klo. Was für eine unwürdige Situation. Serge war tot, sein Sohn möglicherweise auch. Wie lange sie ihn noch am Leben lassen würden, wusste er nicht, aber eins war ihm klar: Seine letzte Handlung vor seinem Tod würde nicht sein, dass er in die Hose pinkelte.

Sollte er rufen? Was, wenn die Verbrecher wieder zurückgekommen waren? Mathieu lauschte angestrengt. Nichts rührte sich. Wieder stand ihm das Bild von Serge vor Augen, der nach dem Schuss auf dem Boden aufschlug. Wer außer diesen Kerlen konnte schon in der Burg sein? Drei Autos hatten im Hof gestanden. Drei waren weggefahren, das hatte er genau mitbekommen. Eben hatte er gehört, wie eins über den Feldwirtschaftsweg Richtung Oberesch gefahren war. Wenn es diese Typen gewesen wären, hätten sie den Wagen mit Sicherheit in den Hof hinein gefahren, um keine Aufmerksamkeit zu erregen.

Sylvie starrte den Toten an. Er sah ihrem Schwiegervater unglaublich ähnlich. War das der Besitzer der Burg? Sie riss sich von dem Anblick los. Mathieu. War er noch irgendwo im Gebäude? Nirgendwo rührte sich etwas. Sie musste sich entscheiden: erst das *Manoir* absuchen und dann das Torgebäude. Was sie tun würde, wenn sie Mathieu nicht fand, darüber wollte sie gar nicht nachdenken.

Hunger überfiel ihn. Seit dem frühen Morgen hatte er nichts mehr gegessen. Die Dunkelheit machte ihm auch zu schaffen. Seine Gedanken wanderten unstet von einem Thema zum nächsten. Er hatte ein paar Tage frei genommen, um die Schmiede fertig herzurichten. In zwei Wochen sollte Einweihungsfest sein, mit den deutschen Freunden aus Oberesch und Fürweiler. Wenn er hier nur lebend wieder raus kam. Das Bild von Serge schoss ihm wieder durch den Kopf. Und was war mit seinem Vater? Er konnte den Gedanken nicht ertragen, dass ihm etwas passiert sein könnte. Seine Mutter war gestorben, als er zwölf Jahre alt gewesen war. Vater hatte nie wieder geheiratet, Tag für Tag in seiner Schreinerei gearbeitet und seine beiden Jungs alleine groß gezogen. Jérôme wollte von klein auf weg aus Schwerdorff. Er lebte mittlerweile in Toulouse, so dass sein Vater nur noch ihn hatte. Sie verstanden sich prima. Kein großes Getue. Beide mochten sie handwerkliche Arbeiten, schafften oft Stunden nebeneinander her, ohne ein Wort zu sprechen. Er hatte es ihm nie gesagt, aber er liebte seinen Vater.

Er musste an etwas anderes denken. Die Arbeit, die Schmiede, Fußball. Der Hunger nagte. Ihm fielen nur Szenen am Esstisch ein. Mittags aß er gemeinsam mit Sylvie bei ihrer Mutter. Heute sollte es *endives gratinées*, Chicoree mit Schinken und Béchamelsoße geben. Sein Magen knurrte. Warum hatten sie auch die Helden spielen müssen. Sein Vater hatte so recht gehabt. Jemand kam die Treppe zum Schober hoch. Jemand kam die Treppe hoch? Das konnten nur sie sein. Mathieu wich zurück. Dann hörte er das Geräusch der Absätze: ein kurzes, helles klackklack, klackklack. Er rannte zur Tür, hämmerte dagegen. »Sylvie«, schrie er, »ich bin's, hier drin!«

»Und wenn ich mir die Arme breche«, knurrte Maurice immer wieder. Und wenn ich mir die Arme breche, ich werde die Hände nach vorne bekommen. Es war kein Platz im Kofferraum, er konnte sich nicht richtig bewegen, aber nach zahllosen Versuchen schaffte er es, die Arme über die angewinkelten Beine zu schieben. Die Fesseln an den Händen waren hinderlich, doch jetzt war es ein Leichtes an sein Handy in der Jackentasche zu kommen. Im Dunkeln wählte er die 17. Die Verbindung kam nicht zustande. Er versuchte es mehrfach, doch die Polizei war nicht erreichbar. Dann eben die Nummer von zu Hause. Er drückte die Kurzwahl. Keine Verbindung. War er in einem Funkloch? Er lauschte angestrengt. Draußen hielten immer wieder Autos oder fuhren ab. Weiter weg hörte er Verkehrslärm. Der Wagen musste auf einem

Autobahnrastplatz stehen. Vielleicht waren sie gar nicht mehr in Frankreich? Was war die Notrufnummer für Deutschland? Er zermarterte sich das Hirn. 110 kam es ihm dann. Sofort wählte er die Nummer. Tatsächlich, es läutete durch. Gott sei Dank gehörte er zu der Generation, die noch Deutsch gelernt hatte. Doch was sollte er der Polizei sagen, wo er war? »Hallo?«, fing er an. »Bitte denken Sie nicht, ich sei verrückt. Ich brauche Hilfe. Ich bin Franzose. Bin gefangen in einem Auto. Gefesselt im Kofferraum.« Für einen Moment beschlich ihn die Angst, der Polizist am anderen Ende könnte ihn doch für durchgedreht halten. Er hörte ihm aber geduldig zu. Nein, er könne nicht sagen, wo er sei. Vermutlich aber an einem Autobahnrastplatz in Deutschland. Großartig. Das konnte so ziemlich überall sein. Seiner Meinung nach handele es sich um Waffenhändler. Er schilderte, was er von der Kiste mit den MGs und der Schießerei wusste. Der Polizist bat ihn um seine Handynummer, ließ sich auch die Nummern von zu Hause geben. In diesem Moment hörte Maurice, wie die Verbrecher zurückkamen. »Ich muss aufhören«, flüsterte er hastig und drückte das Gespräch weg.

Die Tür hatte ein Schnappschloss, das sich nur von außen öffnen ließ. Erleichtert umarmten sie sich. »Ich hatte schreckliche Angst«, sagte Sylvie und begann, sein Gesicht zu küssen. Plötzlich waren Hunger und Schrecken wie weggeblasen. Seine Hände machten sich selbständig, schoben ihren Rock nach oben. Sie zog ihn aus dem Halbdunkel auf der Treppe hinein in den Schober. Dass draußen die Polizei ankam, verpassten sie. Erst als Schritte die Treppe hinaufpolterten, sprangen sie auf. »Nicht schießen«, riefen sie gleichzeitig, als der Strahl einer Taschenlampe sie traf.

Wenig später fuhren sie im Minikonvoi hinter der Polizei her durch die Allee Richtung Schwerdorff. Die Bäume säumten alt und windschief die Straße. Immer wieder stoben Schwärme von Vögeln auf. Die ersten Tropfen fielen vom Himmel.

Sylvie hatte darauf bestanden, in die Schule zurückzukehren. Ihre Klasse würde pünktlich um 13.25 Uhr auf sie warten. Bis dahin waren es noch zehn Minuten. Nach Schulschluss würde sie der Polizei für alle Fragen zur Verfügung stehen. Im Übrigen sei sie ja nicht wirklich beteiligt gewesen. Mathieu würde gleich mit aufs Kommissariat fahren um seine Aussage zu machen. Serge, hatten die Polizisten ihnen erklärt, war bereits befragt worden und auf dem Weg zum Krankenhaus in Thionville. Da sie direkt zur Polizei fuhren, fand er den Anruf auf seinem Handy erst nach seiner Rückkehr in die Schmiede vor. Er wählte die Mailbox an. Hörte viel Rauschen, aber eindeutig die Stimme seines Vaters auf dem Anrufbeantworter. Er lebte. Hatte sich kurz nach eins gemeldet. Jetzt war es vier. Sofort rief Mathieu die Nummer bei der Polizei an, die sie ihm gegeben hatten. Die wussten bereits Bescheid. Erklärten ihm, dass die deutschen Kollegen dabei seien, das Handy zu orten.

Sein Vater kam erst drei Tage später wieder zurück ins Dorf. Fast wäre er mit den Verbrechern eingebuchtet worden. Sie behaupteten, er sei keineswegs ihr Opfer, sondern einer von ihnen. Da Maurice keine Papiere bei sich hatte, überprüfte die Polizei, ob er tatsächlich der Bruder des Burgbesitzers sein könnte. Setzte ihn aber schließlich in einen Zug. »Sie waren sogar so freundlich mir die Fahrt von Dresden nach Saarbrücken zu bezahlen«, erklärte er ihnen, als sie ihn am Bahnhof abholten. Sylvies Mutter hatte zur Feier des Tages eine *blanquette de veau*, ein Kalbsfleischfrikassee, gekocht. Das Lieblingsessen seines Vaters. So wie er von der Polizei erfahren hatte, stammten die Waffenhändler aus der Ukraine. Der Burgbesitzer musste Geld zurückgehalten haben, viel Geld. Sein Tod sei nicht beabsichtigt gewesen. Da sie ihn, Maurice, für den Bruder hielten, hatten sie ihn auf ihrer Flucht mitgenommen, um bei Gelegenheit aus ihm herauszupressen, wo sein vermeintlicher Bruder das Geld gebunkert hatte.

Am Nachmittag wollten sie zu Serge ins Krankenhaus fahren. Der Bürgermeister hatte viel Blut verloren. Inzwischen ging es ihm schon wieder besser. Als er mit ihm telefonierte, hatte Serge mit einer anderen Neuigkeit herausgerückt: Er hatte von der Polizei erfahren, dass die Familie des Burgbesitzers ursprünglich aus der Gegend stammte. Genauer gesagt aus Cottendorf. Weitläufig sei er vermutlich mit Mathieu und Maurice verwandt. »Sehr weitläufig. Aber irgendwer wird ja jetzt die Burg wohl erben müssen ...« Sie hatten gelacht. Doch die Idee hatte etwas für sich.

Maurice schob den Teller von sich weg. »Jeanne-Marie, das war die beste *blanquette de veau*, die ich je gegessen habe«, sagte er. Sylvies Mutter blinzelte seinem Vater zufrieden zu. Mathieu und Sylvie sahen einander an, schauten dann vom einen zur anderen. Lief da womöglich etwas, von dem sie nichts wussten?

Bachmanns letzte Fahrt

Jürgen Schimpf

Ein Blick in das Dossier genügte, und Günther Bachmann wusste Bescheid. Hier ging es um Unterschlagung. Der Bundestagsabgeordnete schnaubte vor Wut, packte seine Tasche und setzte sich ins Auto. Eigentlich hatte er an diesem Freitag nach Hause ins Saarland fahren wollen, aber das konnte er auf keinen Fall auf sich beruhen lassen. Auch nach dreißig Jahren in der Politik hatte er sich nicht mit solchen Schiebereien abgefunden. Günther Bachmann war zuständig für Subventionen und wusste seit langem, dass Kontrolle besser war als Vertrauen. Ohne lange nachzudenken, fuhr er in aller Frühe von Berlin nach Rhodes in Frankreich. Zwischendurch klemmte sich der Vierundfünfzigjährige ans Handy und verabredete sich mit Schorsch und Paul, zwei Parteikollegen in Rhodes, auf der anderen Seite der Grenze hinter Forbach, wo Paul und Schorsch schon vor Jahren gebaut und sich niedergelassen hatten. Sie saßen wie er im Bundestagsausschuss für Gesundheit, waren Ansprechpartner für die Pharmaindustrie.

»Wo bleibt er nur?«, fragte Schorsch am späten Nachmittag und schaute auf die Uhr. Paul ging nervös im Zimmer auf und ab. »Am besten wir suchen ihn. Es wird doch nichts passiert sein?« Sie beschlossen unterschiedliche Strecken abzufahren.

Eine Stunde später wurde am Ortsausgang von Rhodes ein Fußgänger auf seltsame Bremsspuren aufmerksam. Ein Auto war von der Landstraße abgekommen, war offenbar in den nahe gelegenen See gefahren. Vorsichtshalber rief er in einer nicht weit entfernten Gastwirtschaft die Polizei. Bald darauf hörte er die Sirenen in der Ferne. Die Einsatzfahrzeuge fuhren vor. Die französischen Polizeibeamten konnten nicht viel ausrichten, der See war zu tief. Sie orderten einen Taucher. Dieser entdeckte tatsächlich ein Auto. Der Fahrer säße noch drin, berichtete er. Wenig später wurde der Wagen mit einer schweren Eisenkette aus dem See gezogen.

Paul und Schorsch sahen das Blaulicht von weitem. Beide erreichten kurz nacheinander die Unfallstelle. »Du lieber Himmel, das ist doch Günthers Auto«, entfuhr es Paul. Erschüttert erkundigte er sich, ob im Wagen eine Aktentasche gefunden worden sei, erfuhr, dass nur die Jacke und ein Handy aus dem Auto geholt werden konnten.

Tage später. Die Gerichtsmedizin stellte als Todesursache Giftmord fest. Die spätere Obduktion ergab: Bachmann hatte kurz vor seinem Tod ein Stück Kuchen gegessen. Vergiftet.

Polizisten befragten die Bewohner des Ortes, ob sie etwas Ungewöhnliches beobachtet hätten, der *juge d'instruction*, der für die Untersuchung zuständige Justizbeamte, bat die Kollegen in Saarbrücken, ihm zu helfen den Reiseweg Bachmanns nachzustellen. Auf dem offiziellen Dienstweg hätte das Wochen gedauert, doch auf dem kleinen Dienstweg arbeiteten sie Hand in Hand, kamen zu dem Ergebnis, dass der Täter möglicherweise noch am Tag des Mordes in Rhodes, wenn nicht sogar unter den Schaulustigen gewesen sein musste: Ein Kneipengänger aus der Gastwirtschaft konnte sich an diesen Fußgänger erinnern, der hineingestürzt kam um die Polizei zu rufen. Der Gast konnte sogar eine auffällige Narbe an der Hand beschreiben. Der Mann, so der Wirt, habe sich später dann nicht mehr gezeigt.

Die Polizeibeamten machten sich auf den Weg zu den Grundstücken von Bachmanns politischen Freunden, um die beiden nach dem Grund von Bachmanns langer Fahrt und der verschwundenen Aktentasche zu befragen. Bei ihrer Ankunft vor Schorschs Haus wankte einer der beiden Männer aus dem Gebäude, brach zusammen. Noch bevor sie zu ihm eilen konnte, entdeckten sie einen zweiten Mann. Dieser befand sich bereits am Auto, eine Aktentasche unter dem Arm. Als einer der Polizisten Richtung Auto rannte, versuchte er zu fliehen, wurde aber gestellt. Dabei entdeckten sie auch eine auffällige Narbe an seiner Hand.

Die Polizei konfrontierte ihn mit der Zeugenaussage. Schorsch konnte nicht länger leugnen. Er habe, gab er an, seinen politischen Freund in eine Falle gelockt. Geplant sei das eigentlich nicht gewesen. Aber als Bachmann ihn anrief, dass er später käme wegen eines ellenlangen Staus, sei er auf die Idee gekommen ihm entgegen zu fahren, um sich unterwegs mit ihm zu treffen und herauszufinden, was er wisse. Dass die Unterlagen Bachmann nach Rhodes geführt hatten, sei ihm klar gewesen, nicht aber, ob Bachmann wusste, wer hinter der Unterschlagung steckte. An der Stelle gab er dann auch zu, derjenige gewesen zu sein, der die Subventionen für ein Pharmaunternehmen auf sein Konto umgeleitet hatte.

In seinem Schreibtisch bewahre er seit Jahren eine Schachtel mit Proben aus einem Chemieunternehmen auf. Giftkapseln. Diese sollten eigentlich überprüft werden. Er habe sie behalten, warum könne er nicht genau sagen. Die Polizisten, die ihn verhörten, dachten sich ihren Teil. Wahrscheinlich hatte er sie genau für solche Zwecke aufbewahrt.

Er sei Bachmann dann entgegen gefahren, habe gemeinsam mit ihm etwas gegessen. Dabei habe er ihm eine dieser Giftkapseln in den Kuchen geschoben, als der eben mal raus gewesen sei. Bei dieser Gelegenheit habe er ihm auch gleich die Aktentasche aus dem Auto geklaut. Er sei dann hinter ihm hergefahren, unsicher, ob sein Plan aufgehen würde.

Anders als erwartet, habe die Wirkung des Giftes sehr spät eingesetzt. Erst vor Rhodes kam Bachmanns Auto ins Schlingern. Er bremste mehrfach scharf ab, um dann wieder Gas zu geben, schließlich fuhr er geradewegs in den See.

Um das Ganze zu vertuschen, sei er zu seinem Kollegen gefahren, um ihm eine Suchaktion vorzuschlagen. Sie seien in getrennte Richtungen auf die Suche gegangen, er habe sein Auto in einem Waldstück versteckt und als Fußgänger die Bremsspuren entdeckt.

Sein Kollege aber habe wenig später Bachmanns Aktentasche bei ihm im Auto entdeckt und herausgefunden, dass er das Geld unterschlagen habe. Zwei Millionen Euro.

Was habe er machen sollen?, schloss der Politiker kalt und ohne Reue, sein Freund habe ihn auffliegen lassen wollen. »Darum musste auch er beseitigt werden.«

Kalte Rache?

Gerd Heger

»*Rentre, gamin!* Komm rein, Junge!«
François-Maria Lux ging der Stimme nach, nachdem er die Tür
zur Veranda vorsichtig geöffnet hatte. Der Stimme eines älteren
Herrn, erstaunlich fest. Und auch der Mann, der ihn willkommen
hieß, wirkte für seine über achtzig Jahre ziemlich gut in Form.
Eben noch hatte Roland Souffleur an der Knopforgel gesessen,
einer Mischung aus Akkordeon und elektrischer Orgel. Der junge Reporter erkannte die charakteristischen Klänge schon, als er
durch das Laub im herbstlichen Garten stapfte. Des Öfteren war
er in der letzten Zeit bei Roland Souffleur zu Besuch gewesen,
und immer hatte der ihn an diesem seltsamen Zwitterinstrument
empfangen, das Lux erst seit seinen Besuchen hier kannte.
»*Tu veux un café?*«
»*Mais oui, un renversé, bien corsé.*«
Das Trinken von starkem Milchkaffee war schon ein Ritual
zwischen ihnen geworden.
Souffleur ging langsam in die Küche, aus der schon bald ein
angenehmer Kaffeeduft ins Wohnzimmer herüberzog. Dort hatte Lux es sich auf einem der alten und schweren Polstersessel be-
quem gemacht. Souffleur brachte ein Tablett mit der typischen
Espressokanne und zwei *bols* für den Kaffee. Wenig an dem groß-
gewachsenen, hageren Lothringer ließ sein hohes Alter vermuten,
am ehesten vielleicht die von Flecken überzogenen Hände, die erstaunlich kräftig und doch feingliedrig waren. Souffleur war zu
stolz, um sich gehen zu lassen. Fast verächtlich sprach er über die
anderen Veteranen, die in der *maison de retraite* ein Beihilfeleben,
eine *vie assistée* führten. So wolle er nicht enden. Wie ein Baum

stand Roland in seinem riesigen Wohnzimmer, in dem alles Kraft und Ernst ausstrahlte. Von der rau verputzten Wand, über die mit teurem schottischem Stoff bezogenen Polstermöbel und den mit anthrazitfarbenen Backsteinen gemauerten Kamin bis hin zu den drei großen Originallandschaftsgemälden aus dem neunzehnten Jahrhundert. Sie verschafften den Wänden Ausblicke wie die gegenüberliegende große Fensterfront, hinter der sich der Garten erstreckte.

Souffleur goss die dampfende schwarze Brühe aus, nahm sich eine Tasse, nachdem er seinem Gast eine gereicht hatte, und setzte sich in einen schweren Ohrensessel am Kamin, dem jungen Mann gegenüber, der sein Enkel hätte sein können.

François-Maria Lux hatte vor zwei Jahren als Reporter in Saarbrücken angefangen, mit dem erklärten Auftrag, sich auch über die Grenze zu bewegen. Was er seitdem häufig und gerne tat. Es gelang ihm, in längeren Radioreportagen insbesondere die Zeit zwischen den Kriegen und jene nach dem zweiten, langen Krieg aufleben zu lassen. Die Zeit der Besatzungen, als das Saarland und Lothringen von keiner Grenze getrennt waren. Mit vielen Geschichten, Interviews, alten O-Tönen aus dem Archiv des Saarländischen Rundfunks und natürlich mit Musik. Über die Musik war er auch an Roland Souffleur geraten. Der ehemalige Bürgermeister von Puttelange-aux-Lacs war als Bergmann eingefahren, hatte sich aber, und das war nicht untypisch, nebenher ein Instrument beigebracht. Und spielte so schon als Jugendlicher in einem der typischen *Orchestres de Bal*, den Tanzmusikformationen, die den Takt für die einzige Freizeit der Bergleute vorgaben, am Sonntagnachmittag. In Zeiten, als kaum einer ein Auto besaß, als es keine Fernseher gab, zumindest nicht in den in langen Zeilen aneinandergeklebten Bergmannshäuschen. Das waren Zeiten, als Zeitungsmeldungen mündlich verbreitet wurden und Schallplatten Raritäten waren für die malochenden Kumpels aus dem Lothringer Kohlebecken. Der *Bal du Dimanche* war das Freizeitvergnügen, dort traf man sich, futterte, rauchte, soff, *on rigolait* – man lachte, und kloppte sich. Beim Tanzvergnügen traf man die anderen Bergleute, denen der Kohlenstaub eine Art Lidschatten unauslöschlich eingebrannt hatte. Dort traf man die mehr oder weniger verhärmten Frauen, die sich ein bisschen zurechtgemacht hatten und die Schürzen wenigstens einmal in der Woche ablegten. Dort trafen natürlich auch die Jüngeren aufeinander, die Mädchen und Jungs, die ein bisschen Schule abbekommen hatten, bevor sie ebenfalls zupacken mussten um die kinderreichen Familien über Grubenniveau zu halten. Als Kinder spielten sie, oft sich selbst überlassen, zusammen in der dreckigen Straße oder hinterm Haus. Als Pubertierende tanzten sie, eingeschüchtert oder protzig, nach dem Gottesdienst am Morgen, ein bisschen zu *Musette* oder später zum *Yéyé*, wurden von der Mutter, die versuchte, ihr Rudel zusammen zu halten, früh nach Hause gejagt. Noch etwas später fuhren sie ein bisschen auf der Vespa rum, bis sie schwanger waren – die Mädels. Einmal Kino im Monat, ein paar bunte Träume, ein schönes Kleid, eine kleine Schwangerschaft, mit Glück einen Mann dazu, und übrig blieben ein paar Gramm Hoffnung, dass zumindest die Kinder es einmal besser haben sollten.

»Wir hatten eine formidable Zeit! *Bal le dimanche, et lundi la mine.*«

Roland Souffleur bekam einen weichen Zug um die Augen, wenn er von der Vergangenheit sprach. Die Tanzorchester der Nachkriegszeit in der Grenzgegend waren etwas ganz Besonderes.

»Wir mussten ja alles können, die deutschen Schlager, *Musette* aus Frankreich, Volksmusik – *chanson tyrolienne*, Swing natürlich, gerade nach dem Krieg. Und den hatten wir auch, den Swing.«

Diese typische, grenzüberschreitende Mischung gab es nur hier. Roland erinnerte sich gerne. Geraldo konnte jodeln wie ein Alpenländer, sein Orchester trat in Lederhosen und Dirndl auf.

Die schicken Jungs im *Orchester Victor Thiel* spielten mit charakteristischem Schriftzug auf den Notenpulten und in weißen Anzügen. Sogar Stars waren vorbei gekommen, *Vico Torriani* zum Beispiel, in Stiring-Wendel. Souffleur hatte noch Fotos von den alten Plakaten.

Bei ihrem ersten Telefonat vor gut drei Monaten hatte Souffleur den Radioreporter zu einem der Erinnerungstreffen der alten Ballmusiker eingeladen. Immerhin im großen Saal des *Hôtel de Ville* von Saargemünd. Über dreihundert Leute waren gekommen und hatten getanzt. Einige der alten Herrschaften auf der Bühne mussten auf dieselbe gehoben werden. Dann aber, sich an ihren Instrumenten festhaltend, waren sie wie ausgewechselt. Und Lux hatte zum ersten Mal diesen ganz eigenen Swing erlebt. Fließend. Gleichmäßig. Schön.

»Antoine est mort.«
  Tonlos hatte Souffleur die drei Worte ausgestoßen. Lux, der meinte, sich verhört zu haben, begriff nur langsam. Erst vor drei Wochen hatte er diese andere Legende der Lothringer Tanzmusik getroffen, jetzt sollte er gestorben sein? Was der ernste, weitgereiste und ehrgeizige Souffleur fürs Akkordeon war – in den letzten dreißig Jahren wurde er europaweit für den Part des klassischen Bandoneons in Sinfoniekonzerten angefordert – das war Antoine Raleur für die Jazzgitarre. Kaum ein Swingjazzensemble, sogar aus den Familien Schmitt, Winterstein oder Reinhardt, das nicht gerne auf ihn zurückgriff. Raleur zelebrierte einen ganz eigenen Gesang auf seinen drei wundervollen E-Gitarren. Soli, die nie ausuferten, aber immer voller Ideen und Geschichten steckten. Leicht und spritzig, nie ganz ernst. Er schien genauso wenig wie Roland Souffleur trotz seines hohen Alters schon auf einer Wolke musizieren zu wollen. Lux wusste zwar, dass Raleurs Frau zwei Jahre vorher plötzlich gestorben war, doch waren diese Männer,

die schon so vieles im Leben verloren und anderes gefunden hatten, nicht aus dem Holze, sich jammernd über Schicksalsschläge zu beklagen.

»Wie ist das denn passiert?« Der Reporter konnte die Nachricht noch nicht fassen.

»›Herzversagen‹, sagt der Arzt.«

Souffleur stand auf, ging zum großen Eichentisch, griff die Zeitung, die noch aufgeschlagen da lag, und reichte sie Lux. Ein langer Nachruf erinnerte an Raleur, auf einem der alten Fotos, die ihn in seiner Glanzzeit zeigten, sah man auch den Akkordeonisten. Und Silvianna, Raleurs Frau. Eine echte Schönheit.

»Vor *Caterina Valente* hätte sie sich nicht verstecken müssen«, meinte Roland Souffleur, als er merkte, dass Lux das Foto genauer betrachtete. »Sie sang alles mit einer Leichtigkeit. Mit diesem italienischen Temperament. Wenn sie lachte, legte sich ein Glitzerschleier über den Saal. Wir waren alle in sie verliebt, Antoine hat sie gekriegt.«

Er ließ sich in seinen Sessel fallen, nahm einen Schluck Kaffee.

»Und ich ihn.«

Dass es dem stattlichen Greis ernst war, merkte Lux schon allein daran, wie belegt dessen sonst so kräftige Stimme auf einmal klang. Mehrmals musste er sich räuspern, bevor er den jungen Mann kurz anschaute und dann zu erzählen begann.

»Sie war mein Mädchen. Immer schon gewesen. Wir hatten als Kinder Haus an Haus gewohnt. Ihr Vater war zwei Jahre vor meiner Geburt aus Norditalien gekommen, um Arbeit zu finden. Hatte seine Frau nachkommen lassen. Sie bekamen einen Stall voll Kinder, Silvianna wurde drei Jahre nach mir geboren. Als sie fünf war, hatte ihr Vater einen Unfall und durfte nicht mehr einfahren. Er machte die Schule nach, arbeitete über Tage, kam in die Verwaltung. Wechselte zur Post. Und bald konnten sich die Antonionis ein richtiges Haus leisten. ›Mach's wie Silvano‹, schimpfte meine Mutter, wenn mein Vater mal besoffen nach Hause kam.

›Der hat seine Familie hier rausgeholt.‹« Roland Souffleur ließ eine lange Pause.

»*Elle était à moi.* Sie gehörte zu mir. In der Schule, im Katechismus, im Teesalon, auf dem Sportplatz, im Kino. Und beim Musik machen. Wir verswingten *Piaf,* wir vertwisteten *Trenet.* Vater Antonioni sah es erst nicht so gerne, dass seine Tochter mit den Orchestern unterwegs war. Doch Silvianna hatte sich noch nie etwas sagen lassen. Die hatte ihren eigenen Sturkopf. Und war von keinem zu bändigen, nicht mal von mir. Obwohl ...«

Souffleur lächelte. »Ich weiß auch nicht, warum ich nicht so sicher war. Das ist mir immer schon eigen gewesen. Ich bin ein Ernster und war halt noch naiv. Wir waren viele Kinder zuhause, meine Mutter eine gutmütige, blitzgescheite Frau, bei uns herrschte Leben und Treiben, mein Vater war ein lebenslustiger Mann. Warum sich Sorgen machen? Sie waren arm, und sie wollten sich nicht für die Zukunft aufsparen. Sie lebten jetzt. Und ich fiel ein bisschen aus der Art. Lernte zuviel. Kapierte noch mehr. Wollte etwas Anderes, Tieferes, natürlich Besseres. Bei uns lief das Radio, den ganzen Tag Musik, abends Geschichten, Politik, Reportagen aus der ganzen Welt. Ich lernte ein Instrument, und verlor mich darin, das Akkordeon war für mich meine ganze Welt. Ich spielte, wann immer es ging. Silvianna war oft dabei. Und nahm mich mit in ihre Familie, zu den anderen Italienern. Wenn sie Heimweh hatten, sangen sie. Mehrstimmig. Die alten Melodien aus Italien. Dann zog mich Silvi oft fort, das war ihr zu traurig. Nein, es gab keinen Grund, nicht sicher zu sein. Wir sahen uns an und nichts war unklar. Dachte ich.«

»*Il fait noir.*« Roland Souffleur wollte sich aus dem Sessel hochstemmen.

»Lass' doch«, meinte sein Gegenüber, der keinen Mucks mehr getan hatte, seit sein greiser Freund angefangen hatte, von Silvianna zu erzählen. »Ich kann das machen.« Die Dämmerung begann durch den Garten zu kriechen. Schließlich hatte sich der Oktober schon fast verabschiedet, so dass es Zeit war, Licht zu machen. FM Lux stand auf und zog am Bändchen der alten, wuchtigen Stehlampe neben Souffleurs Ohrensessel. Klickklack, und ein warmes Licht breitete sich aus.

»*Va te chercher du café!* Oder willst du lieber einen *apéro?* Zeit wäre es ja. Ich bin wirklich ein prima Gastgeber.« Souffleur zog die Augenbrauen hoch.

Und Lux setzte sich wieder hin: »Kein Problem, ich habe keinen Durst.«

Er hoffte, dass der Akkordeonspieler nicht den Faden verloren hatte.

»Er sagte es mir, nachdem wir in Saargemünd den 13. Juli gespielt hatten. Du weißt schon, die traditionellen Bälle am Vorabend des Nationalfeiertags. Silvianna war an dem Abend zuhause geblieben. ›Roland‹, er schaute mir nicht in die Augen. ›Silvi ist schwanger. Von mir.‹« Deswegen war ihr übel gewesen und sie hatte nicht mit uns gesungen. *Crois-moi, gamin,* es war kein Grubenbeben, was mich da wanken ließ. Es war fünf Uhr morgens, die Sonne war schon aufgegangen, als wir, völlig demoliert, von einer Polizeistreife aufgegriffen und in die Klinik gebracht wurden. Ich hatte ihm das Nasenbein gebrochen und zwei, drei Rippen. Ich hätte ihn umgebracht, wenn wir nicht gleich stark gewesen wären. Bei mir war auch einiges zerbrochen und nicht nur am Skelett. Kaum war ich zusammengeflickt, raste ich auf meiner Vespa zum Haus der Antonionis. Sie war doch erst zwanzig. Warum Antoine? Ihr Lachen. Unsere Touren durch die Vogesen. Weil seine Familie auch aus dem Süden gekommen war? Das Heu in den Scheunen. Die ganzen Lieder aus Amerika. Die alte Thing-Stätte von Saint Quirin, wo wir uns getroffen haben, und die Wallfahrtskapelle. Weil er nie Pläne machte? Unser Traum vom Osterfest an der Riviera. Das Aufbauen, das Verändern, das Verstehen, das Hauskaufen, das Kinderkriegen. Antoine? Wieso er?

Ihr Vater machte mir auf, ließ mich in die Küche, die Mutter kochte mir Kaffee. Ich wollte nichts, ich wollte nur Silvi sehen. Die Geschwister schauten scheu um die Ecke, verzogen sich dann, gingen zur Schule.

›*Elle est où?*‹, ich heulte fast. ›Wo ist sie?‹

›Setz' dich erst mal‹, meinte er ernst. ›Sie ist nicht zurückgekommen heute Nacht. Sie hat Briefe dagelassen. Für uns, für dich.‹«

Souffleur unterbrach seine Erzählung. Er hob den Blick und schaute den jungen Reporter, den er in den letzten Wochen schätzen gelernt hatte, direkt an. Vor zwei Wochen hatte er sich entschlossen, dass Lux es sein sollte, dem er noch mehr erzählen würde. Dinge, die er so niemandem erzählt hatte. Nur Ginette, mit der er sein Leben geteilt hatte, bevor ein feiger Krebs ihrer Liebe den Lebensdocht abgeknipst hatte. Natürlich kannte Ginette die alte Geschichte.

Dass Antoine – und nicht Roland – Silvianna geheiratet hatte, in Italien, wo sie ihr Kind bekam. Dass sie nach ein paar Jahren zurückgezogen waren, um wieder hier zu leben, wo ihrer beider Eltern und Familie waren. Dass Roland direkt im Juli desselben Jahres weggelaufen war, auf eine lange Reise gegangen mit seinem Akkordeon, erst mal direkt mit einem Flugzeug nach Buenos Aires, wo er auf den Tango traf und das Bandoneonspielen beigebracht bekam. Dass er durch den halben Kontinent wanderte, den Amazonas entlang fuhr, über die Kordilleren, durch die Wüsten von Peru und Texas, in Louisiana mit den *Cajuns* spielte, in Kuba den *Son Cubano* kennenlernte und in Mexiko die *Mariachis* begleitete. Dass auch er wieder, nach fast zehn Jahren, zurückgekommen war an die Grenze, sich beworben hatte, den Posten bekam als Direktor der Musikschule von Saargemünd und bald in die Politik einstieg als erster Bürgermeister von Puttelange, der vor seinem Amtsantritt schon etwas von der Welt gesehen hatte. Das war zu Beginn der Siebzigerjahre und vieles schien veränderbar.

Roland besuchte auch Silvianna und Antoine. Sie hatten von Saargemünd aus ein Musikerleben aufgebaut, waren oft unterwegs, reisten durch ganz Europa, mit ihrem Jazz. Das Kind blieb dann, mit seinen zwei Geschwistern, seit es in die Schule musste, bei den Großeltern.

Souffleur hingegen hatte Ginette geheiratet, die als Musiklehrerin aus der *Aquitaine* versetzt worden war ans Gymnasium von Saargemünd. Sie hatten sich getroffen, zusammen gelebt und gearbeitet, gelernt, sich zu respektieren und sich gut zu behandeln. Obwohl sie keine Kinder bekamen.

C'était une femme bien. Brave. Comme ça!, dachte Souffleur und erinnerte sich plötzlich an den immer noch still dasitzenden Reporter.

»*Allez, gamin*«, meinte er, nachdem er sich ausführlich geräuspert hatte. »*C'est la vie.* Man meint, man versinkt im Erdboden und dann dreht sich die Welt doch weiter. Wir waren Freunde – Silvianna, Antoine, ich, meine Frau Ginette. Wir besuchten uns, wir gingen aus, wir fuhren in Urlaub. Wir sahen die Kleinen groß werden. Wir waren oft zusammen, wenn einer von uns auftrat. Nur gemeinsam Musik gemacht haben wir nie mehr. Wir waren alle Vier mal entwurzelt gewesen, hatten mehr gesehen als den Kirchturm von Puttelange, und dennoch wussten wir, warum wir wieder hierher zurückkamen. Man erfährt so einiges, von den Indianern im Regenwald. Oder von den alten Hexen in Bergamo. Aber man lernt auch das eine oder andere vom *sénateur-maire* von Forbach, der so was Ähnliches war wie ein Burgherr und der mindestens so eigenständig über seine Ländereien herrschte. Oder von eurem Oskar«, grinste Souffleur. Doch dann wurde er wieder ernst.

»Als mir Antoine letzte Woche erzählte, dass die *docteurs* im Saarbrücker Krankenhaus ihm noch ein halbes Jahr geben, da dachte ich an den kleinen Vorrat Pulver, den ich noch zuhause hatte, und den ich nur einmal angerührt hatte, für Ginette, bevor es ihr zu schlecht ging. Pulver, das mir ein brasilianischer Medizinmann in der Nähe von Tabatinga mitgegeben hatte. ›Für das Ende des Lebens.‹ Ich gab's Antoine in den Kaffee. Nach einer Stunde blieb das Herz stehen. *Le cœur s'est arrêté.* Einfach so.«

Zwei Tage nach dem Treffen von FM Lux und Roland Souffleur in dessen Haus in Puttelange-aux-Lacs bekam der Radioreporter Besuch von der Polizei. Er war einer der Letzten gewesen, die den Akkordeonisten lebend gesehen hatten. Dessen Schwester war abends, nach dem Abendspaziergang, noch bei ihm gewesen, die Putzfrau hatte Souffleur am nächsten Morgen in seinem Ohrensessel gefunden. Herzversagen. Die Polizei? Eine reine Routinebefragung. Man gehe von einem natürlichen Tod aus.

Vier Tage nach dem Treffen und dem erstaunlichen Geständnis bekam FM Lux einen Brief aus Frankreich. Darin eine Visitenkarte von Roland Souffleur und ein alter Brief. Unterschrieben von Silvianna Antonioni.

»*Mon seul ami*, vielleicht ist die Gitarre leichter mitzunehmen als das Akkordeon. Vielleicht ist der Mann, der über Hunderte von Knöpfen und Tasten herrscht, und der die Kraft hat, den riesigen Blasebalg nächtelang aufzuzerren und zuzudrücken, zu groß. Vielleicht ist der andere Mann, dessen Finger filigran über die Seiten fliegen, weniger beeindruckend, aber leichter zu ertragen. Vielleicht, mein Herz, sind die Momente, in denen man sich vergisst, nicht dafür gedacht, unser Leben zu bestimmen. Vielleicht vergessen wir uns, damit sie es tun. Vielleicht sind die Seelen von uns Südländern auch nicht gemacht für die Tiefe, in die Ihr Euch in diesem mit Kohlenstaub überzogenen Land hinein grabt. Und vielleicht steht nichts fest, auch wenn es so scheint, wenn man sich in die Augen blickt. Wer die Musik kennt, weiß, dass er nichts festhalten kann. ›Je t'ai dans la peau‹, sang *Edith* und ›Je

t'appartiens‹ singt *Gilbert*. Ich singe ›Qui a changé ma chanson?‹.
Das war ich selbst. *Je t'aime*, aber anders, Silvi.«

Und auf dem Rücken der Visitenkarte entdeckte Lux diesen
kurzen Satz, in Roland Souffleurs energischer Handschrift:
»*Allez, gamin, merci d'avoir su écouter!* Ich gehe mal zu den anderen.
Und Du lebe dein Leben. Roland.«

Wer einmal raubt, dem glaubt man nicht

Karin Klee

Für Beate Bienel war der Fall so klar wie der wolkenlose Himmel über dem Holländerkopf zwischen Gehweiler und Oberlöstern an einem blauen Wintertag. »Glauben Sie mir, Herr Kommissar, ich weiß genau wie die Täter es gemacht haben. Ich ärgere mich bloß, dass ich gerade an diesem Morgen zur Ärztin nach Saarbrücken gefahren bin. Seit Jahr und Tag gehe ich zweimal täglich meinen Weg über die Felder, nur eben an diesem Morgen nicht. Wäre ich doch daheim geblieben! Ich könnte Ihre einzige und beste Zeugin sein. Aber so ein Termin zur Hautkrebsfrüherkennung ...«

Kommissar Pascal Bläs am anderen Ende der Leitung seufzte. Nein, es waren bislang zu diesem Fall kaum Spuren und schon gar keine passablen Zeugenaussagen aufgetaucht. Und etwas Besonderes war diese Sache auch nicht. Ein Banküberfall in einem Dorf im Hochwald, wer kam nur auf so eine verrückte Idee? Und warum ausgerechnet die Sparkassenfiliale in Wadrill und nicht die Zentrale in Wadern oder Merzig? Absurd das Ganze. Andererseits hatten die Diebe das Ding sauber durchgezogen. An einem sonnigen Montagmorgen war einer von zwei schwarz vermummten Räubern wie selbstverständlich in die kundenleere Bankfiliale marschiert. Eine Hand in der charakteristisch gefährlich ausgebeulten Jackentasche hatte er sich die Kasse auszahlen lassen und war mit dem Geld draußen in den Wagen seines Komplizen gestiegen, in einen am Tag zuvor nahe St. Wendel gestohlenen Golf. Die Ganoven fuhren sodann zügig Richtung Wadern davon und bogen eingangs Gehweiler in eine steile Nebenstraße mit dem merkwürdigen Namen Zum Wandermichel ab, die geradewegs zur Bruder-Klaus-Kapelle und zu zwei Steinskulpturen führte.

Ein Stück Straße des Friedens zwischen Paris und Moskau, wie die Steinbildhauer diesen Weg getauft hatten. Was die Diebe auch taten, es geschah, ohne dass sie auch nur die geringste Aufmerksamkeit erregten. Sogar die Besitzerin des Blumenladens, der sich eine Hauswand mit der Bankfiliale teilte und dessen Öffnungszeiten mit denen des Geldinstitutes identisch waren, konnte nicht den geringsten Hinweis geben. Das Duo hatte wohl in keiner Weise unerlaubt hastig oder sonst wie spektakulär agiert. Es schien genau ausbaldowert worden zu sein, dass man am Kindergarten vorbei allmorgendlich nur im Schritttempo vorwärts kam; die Kinder werden vielfach einzeln und mit eigenem Pkw gebracht. Offensichtlich hatte kein Mensch auch nur ein Auge auf diese Gauner geworfen. Verflixter Einfall, dachte Kommissar Bläs, in dieser einfältigen Gegend die Zweigstelle einer Sparkasse auszurauben. Bläs atmete hörbar ein und aus.

»Ach, ich habe mich ja nicht einmal richtig vorgestellt, gell, Herr Kommissar! Mein Name ist Beate Bienel, ich wohne schon seit vierzig Jahren in Oberlöstern, bin Schriftstellerin ... ja, schön, dass Sie das Buch kennen, war mein Erstling. Hätte sich besser verkaufen müssen, doch der Buchmarkt heutzutage, wissen Sie ... Aber reden wir nicht über meine Sorgen, sprechen wir lieber von Ihren. Es geht hier immerhin um ein Kapitalverbrechen und wie ich lese, oder besser, nicht lese, hihi, haben Sie nicht einmal den Hauch einer Spur oder eines Verdachts. Sie haben aber auch einiges versäumt, mein Lieber ... Na, weil Sie nur am Tag des Verbrechens einige Anwohner, darunter auch mein Freund Jürgen, tja, er hat mich darüber informiert, befragt haben. Dass das nicht genug ist, hätte ich Ihnen gleich sagen können. Denken Sie doch mal an all die Leute, die jeden Tag durch Wald und Flur rennen, weil sie ihr Tier, ihre Partner oder sich selbst ein wenig gängeln müssen. Seh'n Sie, und da genügt auch der eine kurze Artikel in der *Saarbrücker Zeitung* nicht. Na, ich bin eine der wenigen im Ort, die das Blatt jeden Morgen im Postkasten haben. Aber nein, die Menschen hier können lesen, nein nein, einige haben den *Trierischen Volksfreund* abonniert, doch bei den meisten reicht das Geld für eine Tageszeitung inzwischen nicht mehr. Passen Sie mal auf, Herr Kommissar, der *Wochenspiegel* und das *Amtliche Bekanntmachungsblatt der Stadt Wadern* kommen kostenlos in jedes Haus, und dazu gibt es die wunderbaren lokalen Radiosender, da habe ich übrigens zuallererst von dem Überfall erfahren! Ich bin eine große Freundin des Hörfunks, müssen Sie wissen.«

Es schlossen sich einige weitere flammende Sätze über mediale Impulse und das Für und Wider zum Leben auf dem Lande an, die der Kriminalbeamte aus Saarbrücken in stiller Einkehr hinnahm.

»Herr Kommissar, sind Sie noch dran? Gut, nun also zur Sache. Es kann natürlich sein, dass Sie jetzt denken, meine bereits Buch gewordene Phantasie sei mit mir durchgegangen. Na, weil ich Sie anrufe, ohne am Tag des Verbrechens zugegen gewesen zu sein. Und vielleicht tue ich nun wirklich jemandem sehr, sehr unrecht. Also gut. Zwei, drei Tage vor dem Verbrechen ist mir beim Spaziergang was aufgefallen. Schreiben Sie mit oder wird unser Gespräch aufgezeichnet? Fein. An jenem Freitag vor dem Überfall ist mir jemand begegnet, der sich in einer vollkommen verdächtigen Art und Weise auf dem *Oberlösterner Bann* zu schaffen gemacht hat. Es ist ein Mann auf einem Quad gewesen, Sie wissen schon, einer dieser heißen Öfen auf vier Rädern, nicht Fisch, nicht Fleisch. Das Quad, nicht der Mann. Obwohl vielleicht auch der Mann seine Macken haben muss, so wie der sich angestellt hat.«

Beate Bienel wusste detailliert zu berichten. Dass sie selber dereinst eine Bikerin gewesen sei, damals, als die meisten ihrer Freundinnen noch Röcke getragen hätten, daher wisse sie gut, wovon sie spreche und vor allem, was sie erkennen könne. »Dieser Fahrer, der ist kein Guter gewesen, der kannte sich nicht aus, weder mit dem Vehikel, noch mit unserer Gegend. Der konnte einfach nicht Motorrad fahren. Ganz einfach: der gab Gas, dass es mich aufregte. So mal den Daumen gedrückt und hoch das Drehmoment, und gleich wieder weg mit dem Tempo. Und wieder Gas und weg und Gas und weg. Verstehen Sie, was ich meine?«

Kommissar Bläs malte Kringel auf sein Notizblatt. Er freute sich auf sein freies Wochenende. Er würde in die Vogesen fahren. Mit dem Zug. Bläs nickte zustimmend.

»Tja, und dieser Typ mit schwarzgrünem Kampfdress, offenem Helm und Motorradmaske ist dann einen Tag später sogar durch Oberlöstern gegurkt, ja, gegurkt muss man sagen, und er kam dabei auch an meinem Haus vorbei. Ich habe ihm für Sekunden in die schwarz glitzernden Augen blicken müssen, viel zu schnell war er wieder weg, der mit seiner Höllenmaschine ohne Nummernschild. Und wissen Sie, was endgültig beweist, dass ich mit meinen Ahnungen richtig liege? Danach ist er nie mehr hier aufgetaucht!« Kommissar Bläs schwieg eine Weile. Sein leises »Und?« brachte Beate Bienel zum Weiterreden.

»Ei, verstehen Sie doch! Der Mann auf dem Quad ist einer der Täter gewesen! Das gestohlene Tatfahrzeug wurde bei den Oberlösterner Grabhügeln abgestellt, richtig? So, und dann sind die beiden mit dem Quad geflohen. Deshalb hat die Polizei auch keine Spuren gefunden und niemand hat was gesehen. Ich habe mir das Gelände rund um die Hügelgräber gestern angeschaut: Da gibt es genügend Plätze, ein schwarzes Quadchen unsichtbar zu machen, und nach getanem Überfall querfeldein zu fliehen. Ich bin mir fast sicher, dass es so gelaufen sein muss. Es ist bestimmt so gelaufen! Was denken Sie? Kommen Sie zur Sichtung und Sicherung der Spuren vorbei? Obwohl da jetzt nicht mehr viel zu finden sein wird. Es ist bereits ein Woche ins Land gegangen, und letzten Samstag wurden die Hecken im Privatwald zugeteilt, halb Oberlöstern ist an dem Tag mit dem Traktor angerückt. Alle Wege großspurig verfahren. Hm.«

Beate Bienel schwieg erwartungsfroh. Kommissar Bläs bedankte sich höflich, versprach, man werde sich zu gegebener Zeit kümmern und verabschiedete sich. Seine Notizen packte er in die magere Akte *Bankraub KSK MZG-Wadrill* und verschwand hastig in den Feierabend.

Gleichermaßen entspannt wie erleichtert griff Beate Bienel ein weiteres Mal zum Telefonapparat: »Hey, Friedrich, ich bin's. Wie is' es? Hast du das Quad deines Nachbarn wieder ordnungsgemäß zurückgestellt? Der muss doch demnächst aus dem Urlaub zurückkommen? Und hast du drauf geachtet, dass dich keiner gesehen hat?«

Friedrich Förster, der bekannte Krimiautor aus Wadern-Nunkirchen, knurrte entrüstet.

»Waren doch rein rhetorische Fragen, Friedrich, reg dich nicht auf. Dir allein gebühren Ehre und Ruhm, du bist fraglos der Erfahrenere von uns beiden. Trotzdem gut, dass wir das vorher ein wenig geübt haben.«

Förster räusperte sich.

»Keine Sorge, mein Alibi ist okay. Eine gewisse Beate Bienel wurde am Tattag in Saarbrücken auf Hautkrebs untersucht; in dem Trubel heutzutage fallen zwanzig Jahre Altersunterschied zwischen Mutter und Tochter nicht auf! Und Beatchen hat die vertauschten Krankenversicherungskarten ebenfalls nicht bemerkt.«

Förster lachte leise und fing an zu flüstern.

»Lass das, Friedrich! Wirf nicht mit Süßholz nach mir, das kann ich nicht leiden, dagegen bin ich allergisch. Und immun. Aber du hattest Recht, die Kripo in Saarbrücken glaubt mir kein einziges Wort. Die haben andere Sorgen, als sich um die Beobachtungen freilaufender Schreiberlinge zu kümmern.«

Friedrich Förster hakte nach.

»Nö, hab nicht zu dick aufgetragen, wo denkst du hin, wollte doch nur helfen. Ich war ganz natürlich gut, wie immer, du kennst mich doch! Klar hab ich dich aus dem Spiel gelassen, wofür hältst du mich? Stell dir vor, es hieße ›Friedrich Förster, der große Kriminalautor, bildet seine Schriftstellerkollegin Bienel zum Spürhund für die heißen Fälle im Hochwald aus‹!«

Försters sonore Stimme murmelte Anerkennendes.

»Danke, du aber auch. Du hast mich ja am Ende doch fahren lassen, das ist sehr klug gewesen. Aus dir wird nämlich nie mehr ein guter Motorradfahrer.« Beate Bienel lachte laut. »Darauf muss erst mal einer kommen! Ein Täter ruft bei der Polizei an, erzählt die Wahrheit über den Werdegang eines Verbrechens, natürlich ohne Namen zu nennen, und am Ende ist alles unglaublich schlüssig und ergo für die Ermittler schlussendlich unglaubwürdig. Eine irre Sache! Und du hast von Anfang an gesagt, dass niemand einer Schriftstellerin glauben würde. Nicht, wenn sie die Wahrheit sagt.«

Die Bienel kicherte zufrieden. »Das beste Versteck ist die Öffentlichkeit – das hat schon der alte Hans Bernhard Schiff richtig erkannt. Sollten wir irgendwann mal auffliegen, mein Lieber, dann bin natürlich ich die mit der kriminelleren Energie und du nur mein schlechter Einfluss. Oder wir beide die willenlosen Opfer unseres enormen Einfallsreichtums. Jedenfalls ist so etwas allemal besser, als irgendwo – und sei es von sich selber – abzuschreiben. Wir zwei Unschuldslämmer haben die Phantasie in die Straftat umgesetzt, das muss uns erst mal einer nachmachen! Und das Beste daran: Wir könnten das Ganze als Kurzkrimi veröffentlichen und niemand würde es für möglich halten. Bleibt jetzt bloß noch eine Frage offen: Schreibst du die Story auf oder soll ich es tun?«

Wo der Hund begraben liegt

Sven Rech

Der Nebel lag über dem Dorf wie ein schimmliges Leichentuch. Grau. Nass. Und fettig. Das war es, dachte Falko. Dieser Nebel roch wie das fettige Papier, in das der Metzger Schälrippchen einwickelte. Falko schüttelte sich. Schon die Vorstellung drehte ihm den Magen um. Die Fasern einer alten schmuddeligen Zeitung voll gesogen mit dem süßlichen Geruch von Blut und Tod und stinkender Druckerschwärze. Ekelhaft. Rasch hob er die Nase und versuchte, eine andere Witterung zu erhaschen, aber der Nebel ließ fast nichts durch. Er verschluckte Gerüche, Geräusche, Gestalten.

Auch der Alte war plötzlich im Nebel verschwunden und seither nicht mehr aufgetaucht. Falko hatte seine Spur verloren, oben bei dem großen Stein, *auf Pennel,* wie man hier sagte. Dort, wo sie die Leiche von Rex Gildo gefunden hatten. Und später die der anderen: Antoine, Otto und Katinka. Die schöne Katinka. Falko stieß einen grimmigen Laut aus und ließ sich neben dem Felsblock nieder. Er würde hier warten.

Wir anderen fanden das sinnlos. Der war doch längst über alle Berge. Außerdem hatten wir Hunger. Aber Falko wusste es besser. Der Alte war nicht weg. Aus Mosberg-Richweiler kann niemand weg. Nicht mal der Nebel.

Mit dem Nebel hatte alles begonnen. Wie in jedem Jahr hatte er eines Tages beschlossen, sich in der Senke rings um das Dorf einzunisten und monatelang zu bleiben. Kurz darauf kamen die Fremden. Niemand wusste, warum sie ausgerechnet in unser Dorf gekommen waren. Auch konnte sich niemand erklären, warum sie die baufällige alte Schule bezogen, wo es doch in der Sportplatzstraße noch genügend Bauplätze gab. So ein Fertighaus wie das der Lehrerfamilie hätten sie dort in der gleichen Zeit hochgezogen, die sie brauchten, um die Bruchbude von Schule zu renovieren. Natürlich fragte sie niemand, was sie mit dem alten Kasten vorhatten. Man fragte sie gar nichts. Brauchte man nicht. Man hatte ja Vermutungen. Aber was die Fremden tatsächlich taten, hätten wir uns in unseren kühnsten Träumen nicht ausmalen können. Fibbes, Bumbes und Wackes sahen es als erste. Sie hatten es sich zur Gewohnheit gemacht, sich frühmorgens von hinten, von der Gass her, an die Baustelle heranzupirschen, erst mal gemütlich an den Jägerzaun zu pissen und dann die Vorderseite zu inspizieren. Was sie dort sahen, stellte ihnen die Nackenhaare auf. Dann liefen sie durchs ganze Dorf und erzählten es uns allen: »Ein Hundesalon!« Wir wussten zuerst gar nicht, was sie meinten.

»Ein Friseurladen – für Hunde!«

Wir kriegten uns nicht mehr vor Lachen. Hätten wir geahnt, was noch kommen sollte, dann hätten wir mit unserem Gehechel noch etwas gewartet. Wenige Tage nach der Eröffnung des Hundesalons stolzierte nämlich ein schwarz gelockter Pudel in einem – wir konnten nicht mehr – L-o-d-e-n-m-a-n-t-e-l durchs Dorf, und statt einfach »wuff« zu machen, intonierte der Pudel ein affektiert-fröhliches »hoffa, hoffa«. Als dann noch der Besitzer des Ladens den Namen seines Schoßtiers rief, war es bei uns völlig aus. »Rex ...«, schon das ließ uns aufschreien vor Lachen. »Rex Giiillldooo!« Wir brauchten Tage, um wieder zu uns zu kommen.

Dann aber verging uns das Lachen auf einen Schlag. Denn in der Zwischenzeit hatte der parfümierte Pudel die schönste Hündin des Dorfes klargemacht. Katinka, deren braunes Irish-Setter-Haar ihre feurigen Flanken umspielte wie eine Sommerbrise einen frischen Rinderknochen. »Hoffa, hoffa!«, bellte Rex Gildo, beschnüffelte kurz ihr Hinterteil und bestieg sie in aller Öffentlichkeit mitten auf der Gass.

»Dem reiß ich den Arsch auf!«, knurrte Bruno und wir alle teilten seinen Hass.

Am nächsten Tag trug der Jäger Rex Gildo durchs Dorf, oder vielmehr das, was von ihm übrig war. Der Jäger hatte ihn oben im Wald gefunden, auf *Pennel*. Genauer: auf dem großen, grün bemoosten Felsblock, der dort unweit einer Lichtung im Wald stand. Rex Gildos Kadaver war übel zugerichtet. Im Grunde bestand er nur noch aus seinem Lodenmantel und einem Stückchen Fell mit Kopf und Beinen dran. Alle Innereien waren herausgerissen und über den ganzen Pennelstein verteilt worden. Anders gesagt: Jemand hatte Rex Gildo den Arsch aufgerissen. Wir schauten Bruno an. »Ich war das nicht«, jaulte er. »Ihr wisst doch genau, dass ich das nicht war. Keiner von uns würde so was tun!«

Da hatte er Recht. So etwas taten nur Menschen.

Nach dem grausamen Tod des Pudels durften die meisten von uns erst einmal ihren Hof nicht mehr verlassen. Nur Bumbes, der nirgendwo richtig hingehörte, konnte sich noch frei bewegen. Er fungierte zunächst als Bote, aber da er nicht der Hellste war, vergaß er das meiste von dem, was er weitergeben sollte. So verständigten wir uns durch eine Art Rufstaffel, von einem Hof zum anderen. Aus dem Hof am Fuß des Hügels – *Dunnehiwwels* – drang Brunos tief-heiserer Rottweilerbass bis zu Fibbes nach *Doowehiwwels*. Fibbes, der Spitz, gab Brunos Nachricht mit schrillem Kläffen weiter an Wolfie, den Terrier, der wiederum an den Schäferhund Olaf, dessen klares Bellen quer über die Wiesen auf die andere Dorfseite drang und dort von Falko, dem klügsten Jagdhund weit und breit, umgehend beantwortet wurde. Aus allen Ecken des Dorfes klinkten wir uns in die Diskussion ein, und dazwischen hörte man das langgezogene Jaulen der schönen Katinka, die um Rex Gildo heulte wie ein Schlosshund. Den Menschen ging das Gebell ziemlich bald auf die Nerven, aber auf die Idee, uns einfach laufen zu lassen, kamen sie natürlich nicht. Inzwischen geschah der nächste Mord.

Wieder war es der Jäger, der das Opfer fand. Und wieder war es auf *Pennel*. Das heißt, genau genommen hatte Falko den Kadaver entdeckt. Schon dreihundert Meter vor dem Wäldchen drang plötzlich ein seltsamer Geruch in seine Nase, ein Mischung aus Angst, Pisse, Blut, Tod und Parfüm. Dass es einer der Hunde aus dem Hundesalon war, wusste Falko daher noch ehe er die grausige Szenerie erblickte. Auf dem Steinblock im Wald lag rücklings, wie Snoopy auf seiner Hundehütte, ein kleiner Beagle namens Otto. Wieder war der Leib aufgerissen und die Eingeweide ringsum in die Büsche geschleudert worden.

»Als hätte jemand den armen Scheißer in wahnsinniger Wut zerpflückt ...«, ließ Falko später von Hof zu Hof durchgeben. »Wer tut so etwas bloß?« Eine wilde Diskussion begann, in die sich das entnervte Gebrüll der Menschen mischte, die vergeblich versuchten uns das Maul zu verbieten. Erst eine matte, nachdenkliche Stimme aus dem Pontius'schen Garten ließ uns verstummen.

»Vielleicht war es wahnsinnige Wut, vielleicht aber auch wilde Ekstase.«

Die Stimme gehörte Teirexi, einem pensionierten, altersschwachen Blindenhund. Durch seinen Beruf war er ziemlich herumgekommen in der Welt und war von uns allen mit Abstand der Weiseste und Gebildetste.

»Wie meinst du das?«, bellte Falko vom anderen Ende des Dorfes, ohne Umweg über die übliche Nachrichtenkette. Wir alle hielten den Atem an. Teirexis Antwort ließ lange auf sich warten und war selbst für die feinen Ohren der Wachhunde kaum zu verstehen.

»Kommt heute Abend zum alten Bunker ...«

»Okay«, bellte Falko in die Runde. »Heute Abend, wenn's dunkel wird, kommen alle zum alten Bunker. Wer sich befreit hat, hilft seinem Nachbarn. Und bis dahin: Ruhe im Karton, dann lassen sie uns vielleicht freiwillig von der Kette.«

Tatsächlich fanden wir uns wenig später fast vollzählig in dem alten Bunker am Ortsausgang ein. Alle hatten es irgendwie geschafft, von ihrem Hof unbemerkt wegzukommen. Bruno, der Rottweiler, zog den zentnerschweren Baumstamm, an den er angekettet war, hinter sich her – und die bewundernden Blicke sämtlicher Hündinnen auf sich. »Kleinigkeit«, brummte er. »Aber vielleicht kann mir nachher jemand helfen, das Ding wieder einzugraben, sonst binden sie mich demnächst noch an den Traktor ...«

Nur Katinka war nicht erschienen. Sie war der Meinung, dass einer von uns hinter den Morden steckte. »Diese Hure!«, brüllte Bruno, »der sollte man ...«

»Was?«, fuhr Falko in scharfem Ton dazwischen. »Den Arsch aufreißen?«

Bruno verstummte.

»Lasst uns anhören, was Teirexi zu sagen hat«, sagte Falko.

»In alter Zeit«, begann Teirexi, »glaubten die Menschen noch mehr als heute an höhere Mächte. Es hat wohl etwas mit ihren zu groß geratenen Gehirnen zu tun. Sie bildeten sich alle möglichen Sachen ein, zum Beispiel, dass ihnen der Himmel auf den Kopf fällt, wenn es da oben donnerte und blitzte.«

Wir lauschten halb amüsiert, halb beunruhigt. Dass die Menschen von allem, was um sie herum vorging, immer nur die Hälfte mitbekamen, war bekannt und hatte in uns allen immer wieder ungläubiges Staunen hervorgerufen. Wie konnte man bloß so kurzriechig sein? Aber dass sie die fehlende Hälfte ihrer Wahrnehmung durch absurde Vorstellungen ersetzten, konnte sie, das ahnten wir bereits, zu gefährlichen Bestien machen.

»Die Furcht vor Donner und Blitz war bald so groß, dass sie dahinter Dämonen, Geister oder Götter vermuteten, die man besänftigen musste. Die Menschen glaubten, diese höheren Wesen hätten es darauf abgesehen, sie zu töten. Also beschlossen sie, ihnen in regelmäßigen Abständen einen von ihnen zu opfern.«

»Was? Die haben einen der ihren bei Gewitter an den Baum gebunden, damit er vom Blitz erschlagen wird?«, fragte Falko kopfschüttelnd.

»Viel schlimmer: sie schlachteten ihn selbst, damit es erst gar kein Gewitter gab.«

»Unglaublich! Aber was hat das mit uns zu tun?«

»Mit der Zeit wurden die Menschen, wie soll man sagen, etwas knickriger ihren Göttern gegenüber. Der Geiz hat sicher auch etwas mit dieser absurden Hirnmasse zu tun, die sie in ihren Köpfen durch die Gegend tragen. Jedenfalls verfielen sie darauf, dass es den Göttern auch genügen könnte, etwas nicht ganz so Wertvolles zu opfern wie den eigenen Sohn oder die eigene Tochter.«

»Nämlich?«

»Uns. Ihre treuesten Begleiter. Sie opferten Hunde.«

Es dauerte eine Weile, bis sich das entrüstete Geknurre und Gebell wieder gelegt hatte.

»Ich verstehe immer noch nicht, was diese alten Geschichten mit den beiden Morden zu tun haben sollen«, sagte Falko.

»Einer ihrer Opferplätze ... war *Pennel*. Der Stein steht auf dem Donnersberg. *Donar*. So nannten sie ihren Gott, der fürs Donnern zuständig war. Dort oben, auf Donars Berg, haben sie unsere Vorfahren geschlachtet und die Eingeweide dem Donnergott zum Fraß vorgeworfen.«

»Aber das ist doch ewig her!«

»Vielleicht glauben ein paar von ihnen immer noch an diesen Kram. So was habe ich schon öfter gehört. Sie nennen es Sekte.«

»Das würde bedeuten«, sagte Falko langsam, »dass die Fremden nur in unser Dorf gezogen sind, um auf dem alten Opferstein *auf Pennel* diesen schwachsinnigen Zauber zu veranstalten?«

»Und vorher drehen sie im Hundesalon ihren Opfern noch ein paar Löckchen ins Haar!«, knurrte Bruno erbost. »Denen sollte man ...«

»Den Arsch aufreißen! Ganz deiner Meinung, Bruno!«, erwiderte Falko. »Aber noch ist nichts bewiesen. Ich finde, wir sollten uns bei denen mal genauer umsehen. Ich wollte schon immer mal mehr für mein Äußeres tun.«

Am nächsten Tag saß Falko vor der alten Schule und starrte in das Schaufenster des neuen Hundesalons. Es dauerte nicht lang, da erschienen die Fremden vor der Tür, hielten Falko einen Napf mit verführerisch duftender Hausmacher Leberwurst hin und stießen schmeichelnde Laute aus. Falko tat so, als traue er sich nicht so recht heran, und schlich mit eingezogener Rute und gesenktem Kopf auf die Fremden zu. Mit dem unterwürfigen, treudoofen Blick, den Menschen an Hunden so lieben, bedankte er sich für die Wurst, hütete sich aber, sie zu fressen. Vielleicht war sie ja vergiftet.

Die Fremden zogen sich nun ins Haus zurück und winkten von dort mit einer weiteren Wurst. Ein erstklassiger Kalbswiener, wie Falkos feine Nase sofort bemerkte. Er trat ein.

Die Fremden lockten ihn, so glaubten sie, in ihren Frisiersalon, kraulten ihn vorsichtig hinter den Ohren und fuhren mit einer Bürste durch sein Fell. Dabei redeten sie unentwegt in einer unverständlichen Sprache auf ihn ein, lächelten freundlich und tätschelten seine Flanken. Ehe er reagieren konnte, hatten sie ihn plötzlich gepackt und in eine Art Wanne gesetzt. Einer der Fremden drehte einen Hahn auf und bespritzte Falko mit Wasser, ein anderer rieb gleichzeitig eine ölige, entsetzlich stinkende Substanz in sein Fell.

Damit hatte Falko nicht gerechnet. Voller Panik versuchte

er sich dem Griff des Fremden zu entwinden, er knurrte und schnappte um sich, aber die Menschen lachten nur und drückten ihn noch fester in die Wanne.

»Wohl noch nie gebadet, was?«, ertönte hinter ihm eine wohlbekannte Stimme. Katinka. Bevor Falko etwas erwidern konnte, keuchte jemand neben ihr: »Igitt! Dein Dorfköter stinkt ja wie ein ganzer Schweinestall! *Quelle odeur!*«

Falko drehte sich um und blickte in das blasierte Gesicht eines Afghanischen Windhundes. Mit dem langen, seidigen Haar, das ihm links und rechts von den Ohren hing, sah er aus wie einer dieser dämlichen Adligen mit Allongeperücke, die Falko auf den Zinntellern im Haus des Jägers gesehen hatte.

»Was ist das denn? Ein Bettvorleger?«, fragte Falko.

»Das ist Antoine. Und bloß weil er in der Schwanzspitze mehr Kultur hat als dieses gesamte verpisste Dorf zusammen, musst du nicht über ihn herziehen!«

»Oho, diese Schwanzspitze kennst du also auch schon. Und ich hätte gewettet, Antoine wäre schwul!«

Antoine sah aus, als würde er sich im nächsten Moment auf den eingeseiften Falko stürzen, aber den Fremden wurde das Gebell langsam zu viel, und sie jagten Katinka und Antoine aus dem Raum. Auch Falko hatte genug. Er nutzte den Moment des allgemeinen Durcheinanders aus und schoss, nass und mit schäumendem Shampoo auf dem Rücken, durch die Tür ins Freie.

»Ich hab mich den ganzen Tag in Rehlosung gewälzt und trotzdem werde ich diesen Parfümgestank nicht los«, schimpfte er später, als er uns von seinem Abenteuer berichtete. »Ich glaube, Teirexi hat Recht: die Fremden waren es. Sie opfern ihre Hunde, und wahrscheinlich fressen sie sie auch noch. Vorher schmieren sie sie mit ihren ekelhaften Gewürzen ein.«

Wir waren entsetzt von seiner Schilderung und japsten aufgeregt durcheinander.

»Ihr seid noch hohler, als ich dachte!« Katinka stand am Eingang des Bunkers und schaute voller Verachtung auf uns herab: »Unser Held hier hat sich bloß vor ein bisschen Wasser und Seife gefürchtet.«

»Sag mal, hast du nicht mitbekommen, was hier läuft? Die schlachten Hunde! Der Beweis ist, dass sie in einer ganz anderen Sprache sprechen als unsere Menschen«, rief Falko.

»Ja und?«

»Sie sprechen chinesisch! Und die Chinesen fressen Hunde, das weiß doch jeder.«

Begeistert stimmten wir Falko zu. Keinem von uns wäre eine solche Beobachtung gelungen, von der Schlussfolgerung ganz zu schweigen. Aber Katinka ließ sich nicht aus der Ruhe bringen.

»Was unser Superhirn hier für Chinesisch hält, ihr Trottel, ist in Wahrheit einfach nur Hochdeutsch. Meine Lehrer zuhause sprechen nichts anderes. Und die Fremden essen, nebenbei bemerkt, überhaupt kein Fleisch.«

»Nee, nur Hausmacher Leberwurst!«, konterte Falko schon ein wenig kleinlaut.

»Das ist Wurst aus der Zeit der Kubakrise, du *Dämel*. Die alte Lehrerin hat sie damals selber eingedost und für harte Zeiten aufbewahrt. Die Fremden haben die Dosen im Keller gefunden und geben sie jetzt ihren Hunden. Sonst noch Fragen? Dann gute Nacht, Herr Meisterdetektiv!«

Zwei Tage lang blieben wir in unseren Hütten. Falkos Blamage steckte uns allen in den Knochen. Missmutig schauten wir in den Nebel hinaus und verhielten uns so still, dass die Menschen begannen, sich Sorgen über unsere Gesundheit zu machen. Einige von uns durften sogar in die Wohnungen und erfuhren dort, quasi unterm Küchentisch, was die Menschen über die Hundemorde dachten.

Offensichtlich hatten die Fremden bei der Polizei Anzeige erstattet. Sie glaubten, dass jemand aus dem Dorf ihre Hunde auf dem Gewissen hatte – aus Missgunst, Fremdenhass oder purer Zerstörungswut. Die Dörfler wiederum misstrauten den Fremden und hatten eine ähnliche Theorie entwickelt wie Teirexi. Nun sollte die Kripo den Fall untersuchen.

Als Bumbes, Fibbes und Wackes am nächsten Tag ihre übliche Runde um die alte Schule machten, stand das Polizeiauto schon vor der Tür. Aus der Schule ertönte der Klagelaut eines Menschen. Die drei sahen sich an. Sehr chinesisch hörte es sich tatsächlich nicht an. Das Polizeiauto roch verdächtig nach Blut und irgendetwas Chemischem, was entfernt an so etwas wie Blumen erinnerte. Daneben saß ein Schäferhund und machte ein dienstliches Gesicht.

»Tach, Herr Wachtmeister«, bellte Fibbes zu ihm hinüber. »Gibt's was Neues?«

»Zu schwebenden Ermittlungen kann ich keine Angaben machen.«

»Hui, habt ihr das gehört?«, machte Fibbes. »Zu schwebenden Ermittlungen kann er keine Angaben machen! Und was ist mit schwebenden Gerüchen? Mir kommt's vor, als hättet ihr eine Leiche im Auto, was, Schimanski? Habt ihr einen über den Haufen gefahren oder im ehrlichen Kampf getötet?«

»Der war schon tot«, knurrte der Polizeihund und biss sich im nächsten Moment auf die Lefzen.

»So, der war schon tot ... Ich wette, ihr habt ihn da oben auf dem Berg gefunden, in dem kleinen Wäldchen, auf dem großen Felsblock. Und komplett ausgeweidet, hab ich recht?«

»Darüber darf ich ...«

»Ja, schon klar. Wer war's denn diesmal?«

»So ein feiner Pinkel mit langen Haaren, stank zehn Kilometer gegen den Wind nach Veilchen. Widerlich.«

»Antoine«, entfuhr es Bumbes.

»Was wisst ihr über die Sache?«, blaffte der Polizeihund sie an.

»Tut mir leid«, kläffte Fibbes zurück, »zu schwebenden Ermittlungen dürfen wir keine Angaben machen.« Und sie stoben davon.

»Fassen wir zusammen«, sagte Falko, der sein Selbstvertrauen zurück gewonnen hatte. »Wir waren's nicht, und die Fremden waren es auch nicht. Die Frage ist: Wer war's dann?«

Keiner von uns wusste die Antwort. Daher warteten wir gespannt, welchen Gedanken Falko als nächstes spinnen würde.

»Rex Gildo, Otto, Antoine. Alle Opfer stanken furchtbar nach Parfüm. Vielleicht kann jemand den Geruch nicht ausstehen.«

»Damit wären wir wieder alle verdächtig, schätze ich.« Über Brunos Bemerkung mussten wir alle lachen und darüber entspannte sich die Atmosphäre ein wenig. Gemeinsam spekulierten wir drauflos. Die fremden Hunde zerfleischten sich selbst untereinander und tarnten das Ganze als Ritualmord. Möglich. Oder es gab den Donnergott tatsächlich, und jetzt holte er sich seine Opfer selbst, bis man wieder an ihn glaubte. Quatsch. Auf der Schule lag ein Fluch, und jeder, der sich in ihr aufhielt, war des Todes. Blödsinn.

»Vielleicht aber auch nicht«, sagte Falko. »Alle Opfer lebten in der Schule. Irgendwie hängt sie mit den Morden zusammen. Wir sollten uns dort noch mal umsehen, diesmal aber heimlich.«

In dem Moment, als oben an der Treppe die Tür zuschlug, wusste Katinka, dass sie verloren hatte. Aus dem Keller würde sie nicht mehr lebend herauskommen. Aber sie würde kämpfen, bis zum Schluss. Dem Mörder Bisse und Wunden beibringen, die ihn verraten würden. Nein, kampflos würde sie nicht in den Tod gehen. Wenn ihr nur nicht so übel wäre. Sie spürte, wie sie von Minute zu Minute schwächer wurde. Sie würde sich für einen Moment ausruhen, nur ganz kurz den Kopf auf die Pfoten legen, die Augen schließen ...

Da stand er plötzlich vor ihr. Und im selben Moment wurde Katinka alles klar, das ganze Rätsel war mit einem Mal gelöst. Und sie konnte kein Glied mehr rühren, sie spürte kaum noch, wie er sie hochhob und sich ihren schlaffen Körper auf die Schultern legt, um sie die Treppe hoch zu tragen. Sie musste die anderen warnen. Aber wie?

»Gottverfluchte Töle, jetzt muss die auch noch pissen!« Das war das Letzte, was Katinka in dieser Welt hören sollte.

In die Schule einzudringen war leichter, als wir gedacht hatten. Noch in derselben Nacht hatten wir uns auf den Weg gemacht und fanden die hintere Tür sperrangelweit offen. Von den Fremden und ihren Hunden keine Spur. »Aus dem Staub gemacht«, brummte Bruno und verzog angeekelt die Schnauze, als er an den Shampooflaschen roch. »Ich wette, sie waren es doch. Wahrscheinlich machen sie jetzt die restlichen Pinscher auf einmal kalt.«

Das ehemalige Klassenzimmer der Dorfschule war zu einer Art Gemeinschaftshütte für das Salonrudel ausgebaut: sechs komfortable Hundekörbe mit flauschigen Decken, überall Näpfe voller Frolic, Hundekuchen und der Kubakrisen-Dosenwurst der verstorbenen Lehrerin.

»Keiner rührt etwas an!«, zischte Falko. »Wer weiß, ob das Zeug nicht vergiftet ist oder K.o.-Tropfen enthält. Immerhin hat der Mörder einen ausgewachsenen Afghanen überwältigt, offenbar ohne Gegenwehr.«

»Oh, echt? Ich hab schon zwei Näpfe von dieser Wurst gefressen, Chef. Tut mir leid ... Ich krieg so was halt nicht so oft ...« Bumbes war völlig zerknirscht.

»So eine Katzenscheiße«, fluchte Falko. »Los, bringt ihn hier raus und lasst ihn nicht allein heute Nacht! Ich bleibe hier und warte ab, was passiert.«

Keiner gab es offen zu, aber eigentlich waren wir alle froh, aus dem dunklen, stickigen Haus wieder raus zu dürfen.

Falko blieb allein zurück. Ziellos wanderte er von einem Zimmer ins nächste, ohne zu wissen, wonach er eigentlich suchen sollte. Er schnüffelte an den Wurstresten, die Bumbes übrig gelassen hatte, konnte aber nichts Ungewöhnliches daran feststellen. In der Küche fand er tatsächlich nur Salat und Körnerfutter, die Fremden schienen wirklich kein Fleisch zu essen. Auch irgendwelche Hinweise auf finstere Bräuche und Rituale suchte er vergeblich. Vielleicht im Keller?

Die Tür zur Treppe war unverschlossen, als Falko die Klinke herunterdrückte, sprang sie nach hinten auf, und Falko stürzte nach innen und purzelte die steilen Stiegen hinunter. Zu seiner Überraschung fiel er auf etwas Weiches, überwältigend Wohlriechendes, das kurz aufjaulte und ihn dann mit der klangvollsten Stimme, die er je gehört hatte, ansprach: »Sieh an, unser Schnüffler. Kannst du nicht anklopfen?«

Obwohl Falko in der Dunkelheit fast nichts sehen konnte, wusste er, dass er gerade auf der schönsten Hündin lag, die ihm je in seinem Hundeleben begegnen würde. Er spürte die Geschmeidigkeit ihres perfekten Körpers unter sich, und der wilde Duft, der von ihr ausging, raubte ihm schier die Sinne. Halbherzig versuchte die Schöne, sich unter seiner Last hervorzuwinden, aber Falko merkte, wie sehr auch ihr die unverhoffte Innigkeit gefiel. Sanft biss er ihr in den Nacken und spürte ihr Schaudern, spürte sein Verlangen.

»Das Tolle an euch Dorfkötern ist, dass ihr im richtigen Moment einfach ganz rüde sein könnt ...«, seufzte sie und gab sich ihm hin.

Bumbes war die Dosenwurst aus der Kubakrise gar nicht bekommen. Schon kurz nachdem wir die alte Schule verlassen hatten, klagte er über ein Unwohlsein, dann ein Ziehen im Magen, wenig später über echte Schmerzen und kurz darauf lag er apathisch in der Ecke und wimmerte leise vor sich hin. Fibbes wusste keinen Ausweg mehr. Er musste irgendwie seinen alten Herrn davon überzeugen, dass Bumbes zu einem Tierarzt musste. Bloß wie? Bumbes war in den Augen der Menschen nichts als ein herumstreunender Straßenköter für den sich niemand zuständig fühlte. Egal. Erst mal musste er den Alten wecken, der Rest würde sich finden. Fibbes begann aufgeregt zu bellen und zu winseln, und nach etlichen Flüchen und Steinwürfen kam der Alte endlich aus dem Haus. Es dauerte noch etwas, bis er endlich begriff. Dann aber wandte er sich voller Fürsorge dem fast bewusstlosen Bumbes zu, roch an seinem Fang, schaute in die blicklosen Augen und schien dann zu wissen, was er zu tun hatte. Fibbes war erleichtert. Der Alte lud sich den kraftlosen Hund auf die Schultern und trug ihn ins Haus.

Langsam erwachte Falko aus seinem Liebesrausch. Vor Erschöpfung hechelnd ließ er ab von dieser Göttin und schon spürte er neues Verlangen in sich wachsen. Auch sie war offenbar noch lange nicht am Ende. Wild und stark und schön wie eine Wölfin war sie, aber nun leckte sie zärtlich Falkos Schnauze und raunte: »Machen wir mal, ne Pause, mein schöner Held! Und bevor wir weitermachen, musst du bitte noch schnell mal die Welt retten ...«

»Wer bist du?«, fragte Falko.

»Ich bin das Bondgirl in diesem Film, wenn du so willst. Meine Menschen nennen mich Bellalaika, weil ich aus Russland komme. Meine Großmutter stammte noch direkt von den Wölfen ab ...«

Bellalaika war schon als Welpe zu den Fremden gekommen, die sie sehr gut behandelten, erzählte sie. Von Bellalaika erfuhr Falko, dass die Fremden ihre Hunde über alles liebten, sie hegten und pflegten und zu Wettbewerben mit ihnen fuhren, wo sie stets die ersten Preise mit ihnen abräumten. In unser Dorf waren sie gekommen, weil ihnen das große Schulgebäude und das Gelände drum herum für ihre Hunde ideal erschienen. Nach Antoines Tod aber hatten sie hastig die übrig gebliebenen Hunde ins Auto gepackt, um sie woanders in Sicherheit zu bringen. Bellalaika wollte nicht fliehen. Sie wollte den Tod ihrer Freunde rächen und dem Mörder den Garaus machen. Darum hatte sie sich versteckt, bis das Auto außer Hörweite war und war dann ins Haus zurückgelaufen. Im Keller hatte sie Geräusche gehört. Jemand war dabei, die Dosenwurst aus den Regalen in einen großen Sack zu füllen. Mit wütendem Gebell hatte sie sich auf den Eindringling gestürzt, aber der hatte ihr den Sack mit den Dosen um die Ohren gehauen, dass ihr alle Sinne vergingen. Sie war erst wieder zu sich gekommen, als Falko durch die nachgebende Kellertür auf sie herabgesegelt kam.

»Das heißt, du hast den Typ nicht gesehen?«

»Leider nein. Nur gerochen. Und das war ziemlich seltsam. Er roch gar nicht wie ein Mensch, sondern ziemlich stark nach Hund. Eigentlich ziemlich genau wie diese Katinka.«

Katinka! Entsetzt hob Falko den Kopf und begann im Keller umher zu schnüffeln. Schon bald fand er ihre Duftmarke.

»Hier! Hier hat sie hingepinkelt. Leider ist die Nachricht nicht ganz vollständig ... Der Diener ... Welcher Diener? Hier sind noch ein paar Tropfen ...«

Falko schnüffelte intensiv. Dann sah er seine Freundin nachdenklich an.

»Bellalaika, weißt du, was ich glaube? Es geht nicht um die Hunde. Es geht um die Wurst!«

In vier getrennten Rudeln rannten, hetzten, flogen wir *auf Pennel* zu. Jedes aus einer anderen Richtung, um den Mörder zu umzingeln und Katinka zu befreien. Wir kamen zu spät. Ihr schöner Irish-Setter-Leib lag ausgeweidet wie die der anderen auf dem Opferstein. Voller Schmerz, Trauer und ohnmächtiger Wut standen wir stumm vor ihrem Leichnam.

Falko fasste sich schließlich und näherte sich dem toten Körper. Er beschnüffelte ihre Schnauze und betrachtete voller Abscheu den geöffneten Leib.

»Er hat etwas gesucht«, knurrte er schließlich. »Er hat sie regelrecht durchwühlt. Katinka und die drei anderen. Er muss geglaubt haben, dass sie etwas verschluckt hatten. Und alle hatten sie von dieser Dosenwurst aus der Schule gefressen. Es ist etwas in der Wurst. Etwas, das er haben will. Darum bringt er die Hunde um. Er hat mitbekommen, dass die Hunde in der Schule mit der Wurst aus der Kubakrise gefüttert werden. Vermutlich hat er die Näpfe mit irgendeinem K.o.-Zeug präpariert, so dass er die Hunde nur einzusammeln brauchte. Dann hat er sie hierher gebracht, vielleicht, um den Verdacht auf die Fremden zu lenken. Die Dörfler haben natürlich sofort an eine Art Sekte geglaubt.«

»Haben wir ja auch«, brummte Bruno schuldbewusst. »Aber wer ist es denn nun? Dem reiß ich so was von den Arsch auf ...«

»Katinka hat nur ein paar Tropfen Duft hinterlassen können. Darin ist von einem ›Diener‹ die Rede. Sagt das irgendjemandem etwas?«

Niemand kannte jemanden mit diesem Namen.

»Es ist kein Name«, japste eine schwache Stimme vom Waldrand her. Völlig außer Atem kam der alte Teirexi angehumpelt. »Es ist kein Name, es ist ein Beruf. Er ist so gut wie ausgestorben. In der Stadt gab es früher viele Diener, bei uns im Dorf nur einen ...«

»... den Schuldiener«, ergänzte Fibbes, der Spitz, und erbleichte unter seinem weißen Haar. »Mein alter Herr. Und er hat Bumbes.«

»Los!«, bellte Falko. Und wir rannten.

Die Sache war Bumbes furchtbar peinlich. Schon jahrelang hatte er keine Menschenwohnung mehr betreten und dann musste ihm so was passieren. Der Alte hatte ihn so fürsorglich die Treppe hoch getragen und sogar bis in die gute Stube geschleppt. Er hatte ihn mitten auf dem Teppich abgesetzt, hatte irgendetwas gemurmelt wie: »Bin gleich wieder da, und dann hast du's überstanden«, und war in die Küche gelaufen. Und da passierte es. Bumbes konnte es nicht mehr halten. Eine nicht enden wollende Wurst drängte sich aus seinem Leib, während gleichzeitig etwas entsetzlich Scharfes ihm das Hinterteil zu zerschneiden schien. Vor Schmerz drehte sich Bumbes im Kreis und setzte so, mitten in diesem schönen, sauberen Menschenzimmer, den größten Hundehaufen seines Lebens auf den Teppich. Was für eine Scheiße!

Wenigstens fühlte er sich nicht mehr so benommen wie eben, aber zum Weglaufen war er einfach zu schwach und zu müde. Und außerdem tat sein Hintern weh. Irgendwas musste er verschluckt haben, was ihm buchstäblich den Arsch aufgerissen hatte.

Schon kam der Alte zurück. In der Hand ein großes Schlachtermesser. Bumbes konnte sich gar nicht erinnern, dass irgendwo im Dorf zurzeit geschlachtet wurde. Jetzt sah der Alte die Bescherung auf dem Teppich. Bumbes blickte so schuldbewusst, wie er nur konnte. Der Alte sah den Haufen an, dann den Hund – und lachte. Bumbes verstand gar nichts mehr. Der Alte war ganz aus dem Häuschen, rief: »Braver Hund, gut gemacht, was für ein schöner Haufen«, und kniete nieder, um mit bloßen Händen in der Kacke zu wühlen. Kurz darauf zog er ein verschmiertes Stück Glas, das aussah wie eine Murmel mit vielen Ecken und Kanten aus der Scheiße. Der Alte freute sich wie ein Schneekönig. Er küsste den verdutzten Bumbes auf die Schnauze und rannte aus dem Zimmer. Und Bumbes fiel in Ohnmacht.

Ergriffen und erleichtert lauschten wir Bumbes' Abenteuer. Er begriff noch immer nicht, dass sein Darm ihm gerade das Leben gerettet hatte, und wir beschlossen, ihm die Sache erst später zu erklären. Die zackige Glasmurmel, die Bumbes den Arsch aufgerissen hatte, war offenbar ein Diamant. Teirexi hatte von solchen gläsernen Steinen gehört, die den Menschen aus irgendeinem Grund so wertvoll erschienen. Den Rest konnten wir uns halbwegs zusammenreimen. Der Alte hatte offenbar zur Zeit der Kubakrise seinen wertvollsten Besitz in Sicherheit bringen wollen und hatte ihn unbemerkt in eine Dose Wurst gedrückt, während die alte Lehrerin ihre Vorräte für den dritten Weltkrieg herstellte. Vielleicht hatte er die Sache ganz vergessen bis er eines Tages mitbekam, dass die Hunde der Fremden mit der Wurst gefüttert wurden. Da beschloss er zu handeln.

»Zu morden!«, verbesserte Falko und ging hinaus in den Nebel, um auf den Alten zu warten. »Der ist doch längst über alle Berge!«, sagten wir. Aber Falko wusste es besser. Der Alte war nicht weg. Niemand kam aus Mosberg-Richweiler weg. Nicht einmal der Nebel.

Das Mainzweiler Knie

Renate Wanninger

Er fuhr über die B 41 von Neunkirchen nach Ottweiler. Hier musste er gleich rechts abbiegen, um nach Mainzweiler zu kommen. Sein Kollege hatte ihm gesagt, dass er die erste Straße nehmen müsste, dann an der Schule vorbei und immer geradeaus. Albert kannte sich noch nicht richtig aus. Er war neu bei der Polizei in Neunkirchen, hatte vor zwei Monaten den Arbeitsplatz gewechselt. Eigentlich kam er aus Duisburg und hatte dort in Mordfällen ermitteln müssen. Hier in dieser ländlichen Gegend war es ruhig. Wenn es mal eine ordentliche Schlägerei gab, dann freuten sich die Kollegen sogar. Vor etwa einer Woche hatte er sich darüber lustig gemacht und wahrscheinlich war das der Grund, weshalb man ihn heute nach Mainzweiler geschickt hatte. In diesem kleinen Dorf beschwerten sich ein paar Leute, dass es bei ihnen spuke. Eine weiße Frau würde hier nachts herumirren und alles durcheinander bringen.

Er seufzte. Genau das wünschte man sich als Kriminalkommissar: ein paar Durchgeknallte, die an Geister glaubten und damit auch noch die Polizei belästigten. Albert seufzte. Er nahm sich vor, das alles positiv zu sehen. So konnte er wenigstens seinen Kollegen, die ihm derzeit nicht sonderlich gut gesonnen waren, für ein paar Tage entkommen. Außerdem konnte er dabei noch die nähere Umgebung kennen lernen. Also weiter. Hier verlief die Straße in eine Haarnadelkurve und führte weiter nach Illingen. Er aber fuhr gerade aus Richtung Mainzweiler, nach wenigen Augenblicken konnte er das Dorf schon sehen.

Man hatte ihm gesagt, dass die Mainzweiler ein ganz *kloares* Völkchen seien. Mit diesem Ausdruck konnte er zuerst nichts anfangen, hatte es sich aber erklären lassen. Nette Leute eben, die gerne lachten, etwas Eigenes an sich hatten und die keine Gelegenheit ausließen zu feiern.

Er bog rechts ab und fuhr die Hauptstraße entlang. Links war ein Gasthaus zu sehen, dann kam eine Bäckerei, die alte Schule. Das war's. Immerhin, er konnte sich wenigstens gleich was Süßes gönnen. Ein Kaffeestückchen – wie man hier sagte. Am Ende des Dorfes musste es doch irgendwo sein. Hier sollte er links abbiegen, am Friedhof vorbei fahren und dann den Hof sehen, den Fleißtalhof. Seltsamer Name für einen Bauernhof. Und der Bauer hieß Nelke. Herbert Nelke war der Vorsitzende des Bauernverbandes, ein relativ bekannter und anerkannter Mann. Er hatte im vergangenen Jahr mit seinen Milchstreikaktionen noch großes Medieninteresse genossen. Er hatte dafür gesorgt, dass seine Kollegen ihre Milch zu den Arbeitsagenturen brachten und sie dort unter den Arbeitslosen verteilten. Sie wollten mehr Geld für ihr Produkt haben, dessen Preis durch die Discounter gedrückt wurde. Sie hatten Erfolg, auch durch den Rückhalt seitens der Bevölkerung. Die Discounter gaben nach und der Milchpreis stieg an. Jedoch nur bis das Medienecho verebbt war, jetzt war der Preis fast wieder da, wo er vor einem Jahr gewesen war.

Darum musste er sich jetzt nicht kümmern. Es wunderte ihn nur, dass ausgerechnet solch ein Mann bei der Polizei anrief, um eine ›weiße Frau‹ zu melden. Er würde sich gleich mit ihm unterhalten müssen.

Der Hof war groß, es liefen ein paar Hühner herum, ein Hund lag in der Sonne, nicht weit von einer Katze entfernt, die sich auf dem Rücken liegend die Sonne auf den Bauch scheinen ließ. Idylle pur, dachte er. Hinten im großen Stall stand die Tür weit offen, die Kühe standen offensichtlich auf der Weide, denn der Stall war leer. Albert stieg also aus und ging Richtung Stall. Den Hund schien es nicht zu interessieren, er döste weiter. Die Katze war aufmerksamer, hatte den Gast entdeckt und beobachtete ihn, lief dann auf ihn zu und strich um seine Beine, sie wollte wohl gestreichelt werden. Er bückte sich, um ihr den Gefallen zu tun, als jemand brüllte: »Wenn Sie vermeiden wollen, dass Sie mit dem ein oder anderen Floh nach Hause gehen, dann lassen Sie die Minka lieber in Ruhe, die ist grad voll davon!«

Er richtete sich auf und sah einen Mann in der Tür des Stalls stehen, der ihn offen und freundlich ansah.

»Guten Tag, Scheller mein Name, Albert Scheller. Ich komm von der Polizei in Neunkirchen, hatten Sie dort angerufen?«

»Nein, das war der Chef, ich hab mit der ›weißen Frau‹ nix zu tun«, sagte der freundliche Kerl. Grinsend fügte er hinzu: »Die Frauen scheinen es mehr mit dem Chef zu haben, zumindest die weißen.« Er lachte noch einmal verschmitzt und streckte seine Hand aus. »Ich bin Fred Naumann, ich arbeite ab und zu für die Nelkes. Sonst sind die aber ganz normal und ich hab hier noch nie Gespenster gesehen.«

»Na ja, ich rechne auch nicht damit, dass ich welche finden werde, wenn ich ehrlich bin. Aber wir müssen der Sache hier ja nachgehen, nicht dass noch jemand einen Herzkasper wegen der Gespenster erleidet. Wo finde ich denn ihren Chef?«

»Der müsste im Büro sein, macht mal wieder Verbandsarbeit, obwohl hier beim Vieh mehr als genug Arbeit wäre. Da würde er sich besser mal drum kümmern, aber da knipsen ja keine Fotografen und mit Stallausmisten kommt er auch nicht in die Zeitung oder ins Fernsehen.«

»Na, Sie scheinen ja keine hohe Meinung von ihrem Chef zu haben. Kann sich ein Bauer das denn überhaupt erlauben, nicht mehr selbst im Stall zu arbeiten?«

»Nö, eigentlich nicht, aber der Nelke verlässt sich da voll und ganz auf seinen Junior. Der ist ein ordentlicher Kerl, der wird mal ein guter Bauer. Dem stinkt es nicht, sich selbst in den Stall zu stellen.«

»Was erzählst du denn schon wieder, Fred? Du sollst nicht so über den Chef reden, das weißt du doch.«

»Ja, ja, und du hast deine Ohren immer da, wo sie nicht hingehören«, grinste Fred und strich dem jungen Mann mit der Hand über die blonden, etwas struppigen Haare. »Herr Kommissar, das ist er, der Junior hier auf dem Fleißtalhof. Der ist der eigentliche Bauer hier.«

Der junge Blonde guckte erschrocken, streckte Albert Scheller seine dreckige Hand entgegen, zog sie aber schnell wieder zurück, um sie an der Hose abzuwischen und dann wieder auszustrecken. »Guten Tag, ich bin Jonas Nelke.« Scheller lachte und meinte, dass er zwar aus der Stadt komme, aber nicht gegen Dreck allergisch sei.

»Was suchen sie denn bei uns auf dem Hof? Es ist doch nichts passiert?«

»Hat Ihr Vater Ihnen denn nicht von der ›weißen Frau‹ erzählt? Er hat sich heute Morgen an unsere Dienststelle gewandt und war ziemlich beunruhigt.«

»Ach so, nee, darüber redet der nicht so gerne mit mir. Er weiß, dass ich ihm diese Geschichte nicht abnehme. Er redet ja schon seit Tagen immer nur von dieser Frau. Alles Quatsch, der soll mal lieber vom Schnaps weg bleiben, verträgt ihn anscheinend nicht mehr so gut. Und dass er damit jetzt sogar die Polizei belästigt hat, ist ja oberpeinlich. Am besten bring' ich Sie gleich zu ihm, damit will ich nix zu tun haben.«

Er zeigte in Richtung Haus und ging schon mal voraus. Fred rief er im Gehen zu: »Mach den Schweinestall noch zu, den hab ich noch nicht fertig ausgemistet, das kannst du auch gerne übernehmen.«

Die Nelkes hatten ein schönes, helles Haus. Große Fenster sorgten in allen Räumen für viel Tageslicht, so dass man auch an tristen und verregneten Tagen das Licht nicht anschalten musste.

Jonas nahm im Flur gleich die erste Tür links. Er blieb an der Tür stehen, um Kommissar Scheller durchzulassen. Mit Blick auf seinen Vater meinte er: »Meinst du nicht, dass es bald reicht? Jetzt machst du damit auch noch die Polizei verrückt. Musst aufpassen, dass die dich nicht für durchgedreht halten.«

»Scheller, ich bin von der Polizei in Neunkirchen«, trat Scheller Werner Nelke gegenüber. »Halt dich da raus«, konnte dieser seinem Sohn noch hinterher rufen, als der schon wieder zur Tür raus war. »Guten Tag, Werner Nelke, setzen Sie sich doch. Trinken Sie Kaffee? Meine Frau hat mir gerade eine frische Kanne gebracht. Den brauch' ich zurzeit, kann ja die halbe Nacht nicht schlafen. Immer wieder dieses Lied und dann die ›weiße Frau‹, bald halten mich alle für verrückt. Aber ich bin's nicht. Ich hab noch alle Tassen im Schrank, ich bilde mir das nicht ein. Es ist alles ganz seltsam.«

»Erzählen sie mal der Reihe nach. Ihr Sohn sagte, sie haben die Frau schon seit Tagen beobachtet? Nicht nur in der vergangenen Nacht?«

»Nee, das geht schon seit bestimmt vier Wochen so. Irgendwann hör ich Musik, nicht laut, aber laut genug um wach zu werden. Und wenn ich mal wach bin, dann kann ich nicht mehr einschlafen, das konnte ich noch nie. Ja, und dann geh ich meistens ins Arbeitszimmer, damit ich meine Frau nicht auch noch wecke. Die muss viel schaffen tagsüber und braucht ihren Schlaf. Ja, und dann steh ich hier oft am Fenster und gucke ein bisschen über das Land. Da hab ich sie gesehen, die ›weiße Frau‹. Keine hier aus dem Dorf. Die da kenne ich nicht, sieht irgendwie fremd und künstlich aus, bewegt sich ganz anders als normal und …«

Hier hörte er auf zu erzählen und goss seinem Gegenüber, der anfangs kurz genickt hatte, eine Tasse Kaffee ein. Nelke guckte nervös in Schellers Gesicht: »Ich weiß, das klingt alles sehr verrückt, aber ich habe sie schon über den See schweben sehen. Sie ist nicht geschwommen, aufrecht über den See ist sie.«

Er hatte die letzten Worte fast geflüstert, denn er wollte offensichtlich nicht von anderen gehört werden. Er nippte an seinem heißen Kaffee.

»Sie müssen mal die Marta fragen, die kennt sie noch oder weiß zumindest einiges über sie. Soll 'ne Magd gewesen sein, verstoßen und so. Ich will mit dem Weiberzeugs nix zu tun haben und das hier geht mir einfach zu weit, verstehen Sie? Sie müssen mir helfen, sonst halten mich noch alle für total durchgeknallt.«

Nelke guckte Scheller mit großen, erwartungsvollen Augen an. Scheller wurde verlegen, wusste nicht so recht, ob er diesem Mann glaube sollte.

»Vielleicht hat sich da ja auch jemand einen Scherz mit Ihnen erlaubt, Herr Nelke. Das könnte doch auch sein, oder?«

Nelke schüttelte den Kopf. »Ich hab sie schon bestimmt sechs- oder siebenmal gesehen, immer nachts, wenn ich wach werde. Wer sollte denn wissen, wann ich wach werde. Und wenn sie nachts immer am See wäre, dann hätten sie auch schon andere gesehen. Der Jonas war in der vergangenen Woche mit seinen Kumpels am See, die haben da gefeiert, Bier getrunken und so. Da kam sie nicht. Klar, dass mich die Jungs verhöhnt haben. Ich hätte besser keinem was davon erzählt. Aber als ich mit der Marta geredet hatte, hat die's im ganzen Dorf rumerzählt, war bei der *Butsch* und hat's jedem erzählt, der es wissen wollte und den anderen auch ... 'tschuldigung, Sie wissen ja nicht, was die *Butsch* ist, gell. Das ist unser Tante-Emma-Laden, der heißt hier so.«

Scheller hatte seinen Kaffee ausgetrunken und fragte, wo er diese Marta denn finden könnte. Nelke erklärte es ihm und er fuhr direkt ins Gasthaus Zur Eiche, bestellte sich auch hier wieder einen Kaffee und gönnte sich ein Stück Kuchen dazu. Nelke hatte gesagt, dass Marta täglich hier mithalf, weil die Wirtin ihre Tochter wäre. Und tatsächlich, er wurde von einer Frau an die achtzig bedient, mit weißem Haar, das streng zu einem Knoten zurückgebunden war. Ansonsten war Marta klein und etwas rundlich, mit rosa Backen und kleinen, gutmütigen Augen. Eine Oma, wie man sie jedem Enkelkind nur wünschen kann. Er sprach sie direkt an, lud sie zum Kaffee ein und ließ sie erzählen.

»Nein, Herr Kommissar, die weiße Rosa hab ich nicht selbst gekannt, meine Mutter hat mir viel von ihr erzählt. Sie hat sie noch gekannt. War ein armes Ding, der Vater früh gestorben, die Mutter wusste nicht recht, wie sie ihr Kind satt kriegen sollte und schickte Rosa schon mit zwölf oder dreizehn Jahren zum Fleißtalhof schaffen. Das Kind war so versorgt, und was sie darüber hinaus noch brauchten, dafür hat die Mutter dann für die Leute im Dorf genäht und gestickt. Bis sie nicht mehr richtig gesehen hat. Das war, als die Rosa dann so vierzehn war und mehr arbeiten musste. Morgens um vier war die schon beim Bauern, mit der Schule war's lange vorbei, und geschafft hat die bis abends spät. Und dann war der Jungbauer hinter ihr her. Hat ihr ein Kind gemacht und wollte nix mehr von ihr wissen. Was aber keiner gewusst hatte, der Alte war auch hinter dem Mädchen her gewesen. Den hat sie aber nicht rangelassen, war ja verrückt nach seinem Sohn, dem Drecksack. Der Alte war dann so wütend, dass er sie vom Hof gejagt hat, die Arme. Ihrer Mutter hat es das Herz gebrochen. Aber nicht, weil Rosa ein Kind bekam, sondern weil sie einfach gegangen ist. Man hat erzählt, dass sie monatelang im Wald gehaust hat, hat sich wohl von Beeren ernährt. Das Kind hat sie alleine gekriegt und ist dabei verblutet. Der Jäger hat sie gefunden, da war's zu spät – für sie und fürs Kind. Sind beide tot zur Mutter ins Dorf gebracht worden. Die ist durchgedreht, hat den Bauern und den ganzen Hof verflucht. Wollte von dem Tag an mit keinem im Dorf mehr was zu tun haben, hat immer nur alleine und singend in ihrem Garten gesessen, war kaum noch Haut und Knochen. So hab ich sie dann Jahre später als Kind kennen gelernt. Wir Kinder fanden sie immer lustig, wie man als Kind so ist. Eine alte Frau, die nicht redet, nur singend im Garten rumgeht oder sitzt. Auch im Winter. Da war sie sogar später im

Nachthemd immer draußen, barfuß, mit langen offenen Haaren und hat gesungen. Arme Frau, hatte nicht viel Schönes in ihrem Leben. Wenn Sie mich fragen, liegt ihr Fluch von ihr immer noch auf dem Fleißtalhof. Der Nelke hätte den nicht kaufen sollen. Das hat er jetzt davon.«

Scheller fragte:»Und Sie glauben allen Ernstes, dass ... dass der Geist dieser Frau heute da in der Gegend spukt?«

»Herr Kommissar, wenn so was einer Frau passiert, dann wird sie das über ihren Tod hinaus nicht vergessen, glauben sie mir!«

Marta stand auf, holte die Kanne und goss ihrem Gast noch einmal nach. Scheller wusste, dass er die nächsten Nächte wohl hier sein musste und brauchte sich nicht über zuviel Kaffee zu ärgern. An Schlaf war eh nicht zu denken. Er nahm sich ein Zimmer in der ›Eiche‹.

Nachts um kurz nach zwei hörte Scheller Gekicher. Schlaftrunken ging er ans Fenster. Er hatte sich den Wecker auf drei Uhr gestellt, hätte also sowieso nicht lange schlafen können. Draußen sah er ein Pärchen. Eng umschlungen hielt der Junge das Mädchen, das rumalberte und verlegen kicherte. War das nicht ...? Klar, das war doch Jonas. Hübsches Mädel hatte er sich da ausgeguckt. Ob sein Vater davon wusste? Egal. Scheller zog sich an, ging ins Bad und schlich dann auf die Straße. Die beiden waren weg. Er lief zum See, zum Fleißtalhof und dann wieder zurück ins Gasthaus. Es war niemand zu sehen, das ganze Dorf schien im Tiefschlaf, so wie es sein sollte. So ein Quatsch mit diesem Spuk.

Am nächsten Morgen machte die Tochter von Marta ihm das Frühstück. Sie war gut gelaunt, stellt im singend die Brötchen, Käse, Eier, Butter und Kaffee auf den Tisch und wünschte ihm einen guten Appetit.

»Na, haben sie heute Nacht was gesehen, Herr Scheller? War die Rosa wieder da? Oder war's ihre Mutter? Ich glaub ja, dass die

Rosa mindestens genauso viel Grund hätte wie ihre Mutter, dem Bauern zu erscheinen, oder? Auch das Lied, das sie einem immer ins Ohr singt, passt besser zu Rosa.«

»Und welches Lied ist das?«

»Na, hat Nelke ihnen das nicht gesagt? Er erzählt doch immer, dass er geweckt wird von diesem uralten Schinken ›Ich hab dein Knie geseh'n, das durfte nie geschehn' ...‹ und so weiter. Kennt hier mittlerweile jedes Kind. Er wird auch das ein oder andere Mal damit gefoppt. Kein Wunder, ist ja auch 'ne seltsame Geschichte. Und die Männer, die haben für so was ja gar kein Verständnis, können sich gar nicht vorstellen, wie man an so was glauben kann. Aber die Frauen, die sind da anders.«

Julia, die Tochter der Wirtin, war reingekommen, grüßte freundlich und nahm sich hinter der Theke ein Glas Sprudel. Ihre Mutter ging zu ihr und erzählte, wer der Mann sei und was er suche. Julia guckte erschrocken, tat so als hätte sie es eilig und ging wieder. War das nicht das Mädchen mit dem er Jonas gestern Nacht gesehen hatte?

»Sie isst morgens nie mehr, hat Angst um ihre Figur«, erklärte ihre Mutter kopfschüttelnd, »als ob die zu dick wäre. Aber so sind sie, die jungen Dinger.« Scheller wollte wissen, wo Julia hinging und folgte ihr. Das Frühstück hatte er auf die Rechnung schreiben lassen. Draußen angekommen, guckte er nach links, nach rechts, sah aber niemanden. Sie hatte es wohl eilig gehabt.

Am Abend, als Scheller gerade fertig gegessen hatte und sich ein Glas Wein genehmigte, ging die Tür zum Gasthaus auf und eine Gruppe Jugendlicher kam herein. Sie setzten sich an einen Ecktisch, lachten, erzählten und hatten ihren Spaß. Dann hörte Scheller die Worte »Rosa« und »weiße Frau«, »der Nelke ist so doof ...«, und die Mädchen fingen an zu singen »Ich hab Dein Knie geseh'n ...«.

Dass diese jungen Leute das Lied überhaupt kannten, wunderte Scheller. Das Geplapper verstummte, als Werner Nelke herein kam. Er setzte sich zu Scheller und bestellte ein Bier.

»Letzte Nacht war sie nicht da, ich hab aber das Lied gehört. Es war da, ich wurde wach und dann ... es war nichts zu sehen am See. Wenigstens konnte ich später wieder einschlafen. Das macht mich alles noch ganz fertig. Schau'n Sie sich diese jungen Leute da an, die tuscheln und lachen über mich.«

Er schien verzweifelt zu sein. Scheller wunderte das nicht. Er konnte sich ziemlich gut in andere Menschen hineinversetzen, was ihm in seinem Job sehr zu Gute kam. Mit seinem jetzigen Gegenüber hätte er lieber nicht tauschen wollen. Er guckte auf seine Armbanduhr, gleich zweiundzwanzig Uhr. Eigentlich spät genug für jemanden, der schon um zwei Uhr nachts aufgestanden war. Okay, er war ja noch mal eingeschlafen, aber trotzdem, die paar Stunden aus der Mitte der Nacht schienen ihm zu fehlen.

Jonas kam zur Tür herein, er steuerte gerade auf die Gruppe von Jugendlichen zu, schien seinen Vater nicht einmal zu bemerken. Er setzte sich hin und der junge Mann, der ihm gegenüber saß, sagte etwas zu ihm, was Scheller aber nicht verstehen konnte. Daraufhin drehte Jonas sich um, schaute rüber zu ihrem Tisch und nickte ein kurzes »Guten Abend« in ihre Richtung. Werner Nelke konnte das nicht sehen, er saß mit dem Rücken zu seinem Sohn.

Ob Jonas sich für seinen Vater schämt? Ich hätte mich früher geschämt, wenn mein Vater sich so verhalten hätte, dachte Scheller. Werner Nelke starrte vor sich hin, schien nichts mehr wahrzunehmen. Er hatte Ränder unter den Augen, und man sah ihm an, dass er litt.

Scheller verabschiedete sich bei Nelke und ging schlafen. Er wollte in der kommenden Nacht wieder aufstehen und sich das Dorf mal genauer ansehen.

Es war um kurz vor drei als Scheller wieder vor dem Wecker aufwachte. Er hörte ein Lied. Nein, das konnte doch nicht sein, jetzt hörte er auch schon dieses Lied: »Ich hab dein Knie geseh'n, das durfte nie gescheh'n. Nun kann ich die verstehen, die immer sagen, du bist wunderschön.«

Woher kam diese Musik? Er ging zum Fenster, alles dunkel und ruhig. Er ging ins Bad, zog sich an und schlich wieder hinunter. Unten im Schankraum brannte noch Licht. Er guckte rein, aber niemand war da. Er ging raus auf die Straße. Die Nacht war kühl, aber nicht unangenehm. Er lief Richtung Fleißtalhof. Hier in Mainzweiler brannte nur jede zweite Lampe um diese Zeit, aus Spargründen, wie es hieß. Außerdem hatte man komplett auf das orange Licht umgestellt, das angeblich weiter strahlen und weniger Strom verbrauchen sollte. Scheller hatte schon einiges über das Dorf erfahren, denn er war ja mittags in dieser *Butsch* gewesen und hatte mit den Leuten über dies und das geredet. Auch über die ›weiße Frau‹. Alle wussten Bescheid, alle kannten die alte Geschichte, aber die Wirtin hatte recht, nur die Frauen schenkten dieser Version Glauben, die Männer winkten ab, grinsten und wirkten teilweise sogar arrogant, wenn jemand mit ihnen über ein solches Thema reden wollte.

Er war am See angekommen, alles schien still zu sein. Von hier aus konnte man den Fleißtalhof sehen, aber auch dort war alles dunkel. Er setzte sich auf einen Baumstumpf und guckte auf den See, der knappe fünf Meter vor ihm lag. Der Mond und ein paar Sterne spiegelten sich darin. Er hing seinen Gedanken nach und wusste nicht, wie lange er schon da saß, als es plötzlich ein Stück weiter im Wald knackte. Dann hörte er es ganz deutlich. Da sang doch jemand, oder besser gesagt, da summte doch jemand. Er kannte das Lied, hatte es seit zwei Tagen häufiger gehört, und es hatte ihn selbst auch schon als Ohrwurm verfolgt.

»Ich hab Dein Knie geseh'n ...«

Scheller blieb ruhig sitzen, schaute aber angestrengt in die Richtung aus der das Lied kam und versuchte irgendetwas zu erkennen. Er traute seinen Augen nicht, als er Jonas erkannte. Der

Junior vom Fleißtalhof. Was um alles in der Welt hatte der hier zu suchen? Jonas hatte etwas in der Hand, das er immer wieder umwickelte. Jetzt erkannte er es, es war ein Stück Leine, eine Leine, die aus dem Wasser kam und die er aufwickelte.

»Jonas?«

Stille. Die Gestalt blieb wie angewurzelt stehen.

»Jonas? Bist du das?«

Scheller richtete sich auf und ging auf Jonas zu. Der stand stocksteif da und starrte Scheller nur an.

»Was suchst Du hier?«, fragte Scheller. Aber Jonas starrte ihn weiter nur an. Nach einer halben Ewigkeit fragte er fast tonlos: »Und jetzt?«

»Jetzt erzählst Du mir, was Du hier tust. Und was mit der ›weißen Frau‹ ist. Danach sehen wir weiter.«

Jonas senkte den Kopf, alles Leben schien aus ihm zu weichen, er sackte buchstäblich in sich zusammen.

»Er sollte auch mal Angst haben, sollte mal zum Gespött der Leute werden. Immer war er der Große und zu mir sagte er, dass ich zu nix tauge. Ich würde immer nur im Dreck spielen, mit mir sei nix los. Die Drecksarbeit sollten doch andere machen, sagte er, ein Nelke hätte das nicht nötig. Ich sollte lieber in die Schule gehen. Ich wollte aber nicht in die Schule, fand's langweilig. Ich fühl mich halt im Stall viel wohler. Da hat er sich über meine schlechten Noten lustig gemacht. Aber ich hab gewusst, wovor er Angst hat. Der hat immer nur den Starken gespielt.«

Jonas hatte sehr langsam und stockend angefangen zu erzählen, aber jetzt stand er da und es sprudelte nur noch so aus ihm heraus. Das war ein Junge, der von seinem Vater gedemütigt worden war - mehr nicht, dachte Scheller. Ein Junge, der keinem was Böses tut, der sich nie getraut hat, sich zu wehren. Der sich auch in der Pubertät nicht gegen seinen Vater auflehnen konnte, der andere Mittel und Wege gesucht hatte, um sich abzunabeln. Scheller setzte sich mit ihm an den See. Jonas erzählte weiter und statt des ermittelnden Beamten saß Scheller irgendwann privat da. Er kannte das, hatte auch oft und viel mit seinem Vater gestritten und war nie wirklich von ihm anerkannt worden. Nicht mal als er Kommissar geworden war, geheiratet hatte und Vater von zwei Kindern geworden war. Na ja, das war lange her, und er hatte sich ja von seiner Familie getrennt. Von der einen und von der anderen. Deshalb war er ins Saarland gegangen, er wollte hier ein neues Leben anfangen.

Irgendwie hatte er das Gefühl, in Jonas einen jungen Seelenverwandten gefunden zu haben, einen, der ihm ähnlich war. Die beiden Männer, der junge Blonde und der etwas ältere mit nicht mehr ganz so dichtem Haar, saßen zusammen, redeten und guckten lange über den See. An der Schnur hatte Jonas die Puppe mit dem weißen Kleid festgemacht und sie manchmal auf einem schwimmenden Untersatz über den See gezogen.

Die Musik, die seinen Vater geweckt hatte, war aus einem kleinen Lautsprecher unter dem Bett gekommen. Jonas hatte ihn mit Hilfe eines Kabels unter der Fußleiste mit der Anlage in seinem Zimmer verbunden. Er hatte gewusst, dass seine Mutter von dieser Lautstärke nie aufgewacht wäre. Denn sie arbeitete viel und hart auf dem Hof. Immer in der frischen Luft, fiel sie abends todmüde ins Bett. Also konnte er so seinen Vater aus den Federn treiben, der immer, wenn er nicht schlafen konnte, ins Arbeitszimmer wanderte. Soviel Respekt brachte er seiner Frau entgegen. Er wusste, dass sie es war, die mit Jonas den Hof am Laufen hielt, er selbst hatte ›das Schaffen nicht erfunden‹, wie die Leute hier auf dem Dorf sagten.

Es wurde langsam hell, als Scheller Jonas sagte, dass er ihn jetzt heimbringen müsse. Jonas schaute ihn fragend an.

»Versuch irgendwie mit deinem Vater klar zu kommen oder lass seine Sprüche nicht mehr an dich ran. Er wird irgendwann aufhören so mit dir umzugehen, du wirst sehen.«

»Werden Sie es ihm sagen?«

»Komm mit.«

Die beiden schritten nebeneinander den kleinen Hügel hoch, keiner sagte etwas.

»Sie können stolz sein auf ihren Sohn«, sagte Scheller, als Frau Nelke die beiden sah. »Er hat sich selbst auf die Suche nach der ›weißen Frau‹ gemacht, um seinem Vater zu helfen. Soviel Mut hätte nicht jeder gehabt. Und er hat diese Sachen hier gefunden, die er mir gleich gebracht hat. Eine Puppe und ein Seil. Ich schlage vor, wir vergessen das Ganze. Wäre peinlich für ihren Mann, wenn raus kommen würde, dass er sich vor einer Puppe gefürchtet hat und dass sein Sohn mehr Mumm in den Knochen hat als sein Vater.«

Jonas schaute ungläubig.

»Danke Jonas. Wärst ein guter Polizist geworden. Ich glaube, das ist jetzt erledigt. Egal, wer sich diesen Scherz erlaubt hat, er hat ja jetzt keine Utensilien mehr und weiß, dass keiner mehr Angst haben wird. Ich werde zurück nach Neunkirchen fahren und meinen Bericht schreiben.«

Bevor Frau Nelke sich wieder gefasst hatte und den Kommissar zum Frühstück hätte einladen können, war der schon leichten Fußes vom Hof verschwunden. Er fühlte sich gut. In der ›Eiche‹ ließ er sich ein ausgiebiges Frühstück bereiten, genoss es und freute sich darauf, zurück zu seinen Kollegen zu kommen. Irgendwie hatte die Arbeit auf dem Land auch ihren Reiz. Nachdem er seine Tasche gepackt hatte, setzte er sich ins Auto und schaltete das Radio ein, als er gerade aus Mainzweiler rausfuhr.

»SR 3 Saarlandwelle – hören was ein Land fühlt.« Bei diesem Slogan musste er grinsen, schaute links ins Tal auf den See, sah den Fleißtalhof und weiße Nebelschwaden über dem See. Komisch, man hätte glauben können, die sähen aus wie eine Frau. Und im Radio lief:

»Ich hab Dein Knie geseh'n, das durfte nie ...«

Romeo und Julia auf den Golanhöhen

Silvia Hudalla

»Oh Gott, schau, Peter ...«

»Sind sie ...?«

»Ja, ich glaub.«

»Sehen aus, als ob sie schlafen.«

»Das wollten sie vielleicht, zusammen, in Ruhe.«

»Aber es gehört sich nicht, dass sie zusammen sind ... Denkst du, dass sie ...? Wie ist das passiert?«

»Könnt Ihr euch erinnern, seltsamerweise hatten wir doch zur selben Zeit im letzten Sommer das Fest. Alle wurden immer schriller, ordinärer und sextoller. Dies und jenseits des Berges. Es war Vollmond. Er war kein ... herrje, was sag ich euch denn. Er war nicht der, wie ihr ihn haben wolltet. Er war der Anführer, groß, stark, aber nicht mit 'ner großen Klappe, keiner, der dicke Arme machte. An dem Abend wurde es mal wieder zu viel, ihr wurdet ihm zu viel und da ist er zu einem seiner Lieblingsplätze gegangen, oben auf den Golanhöhen*. Die Befürchtung, dort doch jemand zu treffen, die konnte er schon nach ein paar Schritten wegwischen. Die, die es in diesen Nächten wie üblich mit der Treue nicht so genau nahmen, die scheuten den Weg auf den Berg, weil es ihnen so pressiert. Trieben es gleich im nächsten Gebüsch oder hinter einem Baum. Leichtfüßig strebte er den Berg hinan, tänzelte über die Geröllhalde und setzte mit Eleganz über den Bach, der ihn von seinem Ziel trennte, sein Fell glänzte im Mondenschein. Wenn er gewusst hätte, was ihm droben widerfahren würde, dann hätte er wahrscheinlich versucht, ein

Lied anzustimmen, obwohl seine Kumpels ihm das immer mit Boxhieben oder dem Schwitzkasten vergolten.

Auf der anderen Seite des Berges hatte jemand die gleiche Idee. Sie verließ das Vereinshaus, huschte an der *Feurigen Elisabeth* vorbei, dem roten Feuerwehrauto, der Vollmond beleuchtete ein herrliches Bild, eine bleiche Schönheit auf vier Pfoten vor blitzrotem Hintergrund. Für sie war der Anstieg etwas beschwerlicher, zierlich wie Julia war. So eine richtige *petite princesse* und so wurde sie auch im ganzen Bohnental genannt.

Behutsam setzte sie ihren Weg fort, kletterte über Erdaufschüttungen, umrundete die knietiefen Wasserlöcher, die der letzte große Sturm hinterlassen hatte. Der hatte durchaus sein Gutes gehabt, jetzt wurde endlich die Straße rüber nach Altland gemacht. Auf der anderen Seite. Tief sog sie die würzige Nachtluft ein, ihr zartes Miau klang wie ein Seufzer, ja die andere Seite, den Jungs würde es leichter fallen ihre alte Fehde wieder aufzunehmen. Sie schüttelte den Kopf. Oh, diese ... diese Schwachköpfe, Holzköpfe. Wegen einer uralten Geschichte bekriegten sie sich nun seit Generationen, die Lindscheider und die Altländer. Eigentlich wusste keiner mehr so recht, worum es damals gegangen war. Es wurde so allerlei gemunkelt, einer von der Backes-Sippe soll dem Scherersch' Luvis den Hof gemacht haben und sie dann sitzen gelassen haben, als was unterwegs war. Andere waren sicher, dass es um ein besonders mäusereiches Revier gegangen war und die Marxe und die Amese sich darüber verfeindet hatten.

Der alte Lindscheider Kater, der es noch gewusst hatte, war vor Jahren gestorben und selbst sein Tod hatte wieder das Feuer in der Gerüchteküche munter flackern lassen. Rheumatisch war er gewesen, auf einem Auge blind, herrisch blickte er mit dem anderen, stolz. Sein Widersacher zog nämlich nach ihrem letzten Kampf ein Bein nach und sein linkes Ohr sah wie ein Blumenkohl aus. Selbst die Altländer hatten ihn seither verspottet, weil er sich von einem Lindscheider derart vermöbeln lassen hatte. Der alte Lindscheider im Übrigen, der war ganz einfach an Herzversagen gestorben, aber oben auf der Grenze zur Gemarkung Altland. Daher das Brodeln in besagter Küche.

In Gedanken verloren hatte Julia unmerklich die Anhöhe erklommen. Bizarr ragten die Überbleibsel des ehemaligen Munitionsdepots in den mondlichtgetränkten Himmel. Es war als wenn *Richard Serra* sich die Golanhöhen erkoren hätte.

Aber dieser Schatten, das war doch ... Himmel, er sah aus wie ... Das konnte nicht sein. Sie merkte, dass ihr die Zähne klapperten. Da half es auch nicht, wenn sie sich ins Gebüsch zurückzog.

Romeo stutzte. Da war doch jemand, ein ganz zartes Klappern war zu hören und es war eindeutig nicht die Fahnenstange. Lautlos näherte er sich und schmunzelte. Wer so hell war von Kopf bis Fuß, der hätte sich auch in einer weniger lichten Nacht in dieser Hecke nicht verstecken können. Die anderen Büsche, die waren der zarten, kleinen Prinzessin einfach zu stachelig, der Schlehdorn, der Ginster, die Brombeeren. Leise schnalzte Romeo und dann geschah das Wunder: Ein Altländer und eine Lindscheiderin fanden zueinander.«

Peter stockte ...

»He, du kannst doch jetzt nicht einfach aufhören.«

Nur einer murrte, er war der größte Klotzkopp von Lindscheid.

»Ach, hör doch auf mit dem Quatsch und überhaupt, woher willst du denn das alles wissen?«

»Beruhig dich, ich hab das alles unterm Küchenfenster von Graffs gehört.«

»Wie?«

»Na ja, ihr wisst doch, der Arnold, der alte Graff, der kann doch nicht mehr so raus. Elisabeth hat ihn besucht, wir Lindscheider lassen ja keinen hängen, selbst die *Beigepletschten* – für die, die es nicht wissen, das sind Zugereiste – werden nach sechs oder gar schon fünf Jahren liebevoll in unserer Runde aufgenommen.«

»Nur, kein Altländer nicht«, knurrte der Klotzkopp.

»Halt die Klappe! Weiter, Peter.«

»Na ja und die Elisabeth ...«

»Das Feuerwehrauto?«

»Nein, Dummkopf, nach ihr ist es benannt.«

»Ihr wisst ja, unsere Frau Ortsvorsteherin hat ja Augen und Ohren überall und ihr Herz. Sie ist der Sache nachgegangen und jetzt kommt das Feuerwehrauto tatsächlich ins Spiel. Eines späten Abends ist sie von einem Besuch bei der Handauflegerin zurückgekommen und da hat sie Geräusche gehört in der *Feurigen Elisabeth*, in unserem Feuerwehrauto. Leise, aber leidenschaftlich. Ganz kurz hat sie geguckt. Was für ein schönes Paar, dachte sie bewundernd und dann durchzuckte es sie, wie gefährlich, mitten im Dorf und wie aussichtslos.«

»Warum aussichtslos?«

»Dir muss man aber auch alles dreimal erklären: Wegen der Fehde zwischen den Altländern und den Lindscheidern. Jetzt kapiert?«

»Jo.«

»Erzähl weiter.«

»Also. Irgendwie haben sich aber Romeo und Julia mitten in Lindscheid sicherer gefühlt als oben auf der Höhe. Elisabeth liest dem alten Graf auch immer aus der Zeitung vor und da stand vor ein paar Tagen drin, dass in der *Feurigen Elisabeth* Fingerabdrücke gefunden worden sind.«

»Von wem?«

»Es ist so unglaublich, ich trau gar nicht es zu sagen. Von der Frau, dieser Raubmörderin, die seit Jahren in ganz Deutschland und in den Grenzregionen gesucht wird. Sie hat wohl mal in der

Elisabeth übernachtet und weil sie schon so lange nicht mehr getötet hatte, waren Romeo und Julia fällig.«

Ein Ohren betäubender Palaver erhob sich, dann erschöpfte Stille und da hinein maunzte ausgerechnet der Holzkopp:

»Gott sei Dank, ein Mensch. Die Friedensverhandlungen mit den Altländer Katzen können fortgesetzt werden.«

Die Golanhöhen sind ein Höhenzug, der Lindscheid von Altland trennt und im Volksmund so genannt wird.

Die Mütze am Brunnen

Bärbel Jung

Mit Kleinottweiler habe ich eigentlich gar nichts am Hut, dort kann man nur wohnen oder durchfahren. Doch seit meine beste Freundin dorthin gezogen ist, lerne ich den Ort besser kennen. Als sie mal krank war, ging ich öfter mit ihrem Hund spazieren, einem kohlrabenschwarzen, temperamentvollen Labradorwelpen.

Wenn man mit einem Hund unterwegs ist, lernt man leicht Leute kennen. Der Hund wird bewundert und schon ist man in einem Gespräch. Deshalb hat es mich ein bisschen überrascht, als wir nach einem langen Spaziergang an den Brunnen kamen und ich nicht auf den Hund angesprochen wurde, sondern hörte: »Ihr Hut gefällt mir.« Ich drehte mich um. Da saß ein Mann mittleren Alters auf dem Brunnenrand, und in der Hand hielt er eine pinkfarbene Micky Maus-Mütze.

»Ihre Kopfbedeckung ist ja auch ganz flott«, sagte ich.

Der Mann lächelte. »Die Mütze gehört nicht mir, die habe ich hier am Brunnen gefunden. Wollen Sie eine Geschichte hören?«

Der Hund war schon etwas müde und auch mir konnte eine Rast nicht schaden. Also setzte ich mich auf eine Bank und der Mann begann zu erzählen.

Es war vor ungefähr zwanzig Jahren. Wie immer am Vatertag zog ich mit meinen Kumpels zum üblichen Besäufnis am Jägersburger Weiher. An dem Tag sollte ich auf meinen kleinen Vetter aufpassen, also nahm ich ihn einfach mit. Michi trug seine Micky Maus-Mütze, die er heiß und innig liebte. Am liebsten hätte er sie noch im Bett aufbehalten. Er war erst acht und fand das Ganze ziemlich aufregend. Zwischendurch nuckelte er auch mal an einer Bierflasche, aber ich passte auf, dass er keinen Schnaps trank. Jedenfalls waren wir bester Stimmung und ziemlich müde, als wir uns am Abend auf den Heimweg machten. Unterwegs fing einer an Schauerschichten zu erzählen, von Gespenstern, Kobolden und Elfen, die kleine Kinder klauten.

Die Straße von Jägersburg nach Kleinottweiler geht durch den Wald. Es war schon dunkel und windstill, doch als wir kurz vor Kleinottweiler waren, kam plötzlich ein Windstoß und ein großer Baum schwankte heftig im Wind, die Äste knackten. Das war zuviel für Michi. Schon bei den Geschichten hatte er sich gegruselt, jetzt geriet er in Panik und schrie: »Sie wollen mich holen! Sie wollen mich holen!«, und rannte auf Kleinottweiler zu, als sei der Teufel hinter ihm her. Natürlich konnte ich ihn nicht allein lassen und lief ihm nach.

Erst hier am Brunnen holte ich ihn ein. Es dauerte eine Weile, bis er sich beruhigte. Mir fielen so langsam die Augen zu, schließlich war es ein langer Tag gewesen mit Bier und Schnaps und am Ende noch die Rennerei. Auch Michi schlief fast ein. Als mein Kopf nach vorn sackte, hörte ich noch, wie er rief: »Meine Mütze, ich habe meine Mütze verloren!« Dann schlief ich ein.

Am nächsten Morgen wachte ich verkatert auf und Michi war verschwunden. Er war auch nicht zuhause. Ich suchte ganz Kleinottweiler ab und auch die Straße bis Jägersburg und zurück, vielleicht war er wirklich bis zu dem Baum zurückgelaufen. Aber Michi fand ich nicht.

Die Polizei startete eine riesige Suchaktion mit Hubschraubern und Hundestaffeln. Der ganze Wald wurde durchkämmt und im Jägersburger Weiher Taucher eingesetzt. Doch von Michi gab es keine Spur. Schließlich vermutete man, dass er auf der Suche nach seiner Mütze von einem Auto mitgenommen und entführt worden war.

Seither komme ich, so oft ich kann hierher zum Brunnen. Es war alles meine Schuld, hätte ich ihn nicht mitgenommen, hätten wir nur keine Schauergeschichten erzählt, wäre ich nur nicht eingeschlafen ... Und als ich heute zum Brunnen kam, lag die Mütze auf dem Rand. Es ist Michis Micky Maus-Mütze.

In dem Moment jaulte der kleine Labrador und fing an, an der Leine zu ziehen. Vermutlich hatte er Hunger und wollte nachhause. Ich bückte mich, um ihn zu streicheln und hörte nur noch hinter mir: »Jetzt bringe ich Michi seine Mütze zurück.« Als ich wieder hoch sah, war der Mann weg.

Doch ich habe ihn wieder gesehen – zwei Tage später war in der Zeitung sein Foto auf einer Todesanzeige.

Frühjahrsputz

Karin Mayer

Sie konnte es riechen. Sie fühlte es in allen Gliedern. Der Frühling lag in der Luft. Zum ersten Mal seit einem Jahr spürte Else wieder Leben in sich. Ein Jahr lang hatte sie getrauert, gelitten und gezweifelt. Jetzt war es so, als ob sie das Leben nicht länger ausschließen konnte. Es musste an der Luft liegen. Da war eine Frische, belebend und reinigend zugleich. Die Narzissen und Tulpen streckten ihre Köpfe der Sonne entgegen, die ersten Blätter waren an den Sträuchern zu sehen. Die Vögel zwitscherten. Genauso war es auch an dem Tag gewesen, als Johann verunglückte. Autounfall auf der L 278 zwischen der Grube Velsen und Dorf im Warndt. Er war auf dem Weg nach Hause, nach Karlsbrunn. Nach dem Unfall hatte Else erwartet, dass ihr die Jahreszeit, die sie so liebte, für immer verdorben war.

Doch jetzt kam der Frühling und Else liebte ihn wie eh und je. Er weckte ihre Lebensgeister und zwang sie wie jedes Jahr die Ärmel hochzukrempeln, die Schränke auszuräumen und den Besen zu schwingen. Etwas war so geblieben, wie es immer war. Der Frühling forderte sein Recht: Frühjahrsputz. Else wusste, es würde ein langer Tag für sie werden, denn Frühjahrputz war ihre Spezialität. Staubsaugerbeutel, Gummihandschuhe, Putzlappen, Scheuermilch, Allzweckreiniger und Essig für die hartnäckigen Kalkablagerungen, alles lag bereit. Jetzt würde sie aufräumen mit den alten Geschichten, Schluss machen mit der ewigen Trauer und dem Selbstmitleid. Else strich das weiße Haar aus der Stirn, nahm die Kittelschürze vom Haken. Sie räumte das Frühstücksgeschirr in die Spülmaschine und legte los. Der Wohnzimmerteppich wurde mit Reinigungsschaum eingesprüht, die Möbel poliert, die guten Kristallgläser wurden gespült und in Reih und Glied wieder in die Vitrine gestellt.

Bei der Arbeit kamen die Gedanken von ganz allein: In den ersten Tagen nach dem Unglück hatte das ganze Dorf an ihrer Seite gestanden. Schließlich war Johann ein wichtiger Mann in allen Vereinen gewesen: im Sportverein Karlsbrunn, im Verein zur Förderung der Naherholung in Karlsbrunn und Mitorganisator des berühmten Wildsaufestes. Halb Karlsbrunn hatte also an Elses Seite gestanden nach dem plötzlichen Tod ihres Mannes, der ganze Ort war zur Beerdigung erschienen. Und alle, alle hatte sie freigehalten nach der Trauerfeier im Warndthotel Waibel. Schließlich konnte sie damals noch nicht wissen, wie es um ihre Finanzen stand.

Gegen halb elf wischte Else sich den Schweiß von der Stirn. Sie spürte eine erste Genugtuung. Kein Stäubchen war übrig. Genauso war es damals mit dem Geld gewesen, damals nach Johanns Tod. Nichts, keinen Cent, keine Münze hatte er ihr hinterlassen. Schon die Rechnung der Beerdigung konnte sie kaum bezahlen. Außer ihrer Witwenrente war ihr nichts geblieben, und die hätte ihr die Bank am liebsten noch gepfändet. Dumm war sie gewesen. Ganz schön dumm. Unbändige Wut stieg in ihr hoch, als sie daran dachte. Umso entschlossener rollte sie jetzt den Teppich aus der Diele auf, schleppte ihn nach draußen in den Garten, um ihn über der Teppichstange zu bearbeiten. Der Zorn verlieh Else erstaunliche Kräfte. Johann hatte sie betrogen. Vielleicht ein Leben lang. Hatte sie allein zurückgelassen. Mit einem Berg Schulden. Wie gelähmt war sie seither gewesen.

Aber damit ist jetzt Schluss, dachte Else und versetzte dem Teppich einen letzten kräftigen Hieb. Jetzt würde sie Johann rausschmeißen. Sie würde ihm alles heimzahlen, auch wenn er es nicht mehr fühlen konnte.

Sie ging ins Schlafzimmer und öffnete Johanns Kleiderschrank. Da hingen sie noch, die guten Anzüge und Hemden. Allesamt

Spuren des Verräters. Johann hatte keines seiner Versprechen gehalten.

»Mach dir keine Gedanken«, hatte er oft gesagt, «ich habe gut für dich gesorgt. Alles ist geregelt.« So hatte Johann sie oft beruhigt, wenn sie wieder darüber nachgedacht hatte, ob sie vielleicht doch noch eine Rentenversicherung für sich, fürs Alter abschließen sollte.

»Nein«, hatte Johann geantwortet. »Wir haben Geld genug für einen langen Lebensabend. Den können wir in Saus und Braus verleben. Verlass dich auf mich.«

Umso bitterer war das Erwachen. Seine Firma, eine Unternehmensberatung – pleite. Die privaten Konten – leer geräumt. Und nicht nur das: die Bank, das Finanzamt, die Krankenversicherung, alle wollten Geld. Und zwar von Else, die nichts zu bieten hatte. Das Haus in Karlsbrunn gehörte inzwischen der Bank. Else konnte nur mit Mühe die Miete bezahlen. Auch das ging nur, weil sich bisher kein Käufer gefunden hatte. Jeden Cent musste sie seither zweimal umdrehen. Sogar beim Essen musste sie sparen, kaufte von allem nur das Billigste und hegte einen riesigen Groll. Selbst die Lebensversicherung ihres Mannes wollte nicht bezahlen, weil ja schließlich in dem verbrannten Auto keine Leiche zu finden gewesen sein sollte. »Pfff«, entfuhr es Else. »Wo hätte er denn sonst sein sollen?« Johann war tot, mausetot und sie konnte sehen, wo sie blieb. »Kleinlicher Versicherungstrick«, schimpfte sie vor sich hin.

Kein Mann, kein Geld, kein Haus. Und dann waren eben auch die Freunde immer weniger geworden. Die Geschichte machte im Dorf schnell die Runde. Der Sportverein Karlsbrunn hatte einen wichtigen Sponsor verloren, die Witwe konnte nicht mehr zahlen. Was? Das Finanzamt schon wieder zu Besuch? Jetzt auch noch der Gerichtsvollzieher? Das wurde ja langsam peinlich ...

Else zog sich immer mehr zurück. Außer der Nachbarin Mathilde und Johanns bestem Freund Rudolf ließ sich keiner mehr bei ihr blicken. Wobei, Rudolf kam in letzter Zeit auch immer seltener. Na ja, schließlich hatte Rudolf noch immer sein Juweliergeschäft in Saarbrücken. Ein wichtiger Mann sozusagen. Doch nach Johanns Tod hatte er noch regelmäßig mit Blumen vor der Tür gestanden. Fast schon ein bisschen lästig waren die seltsamen Fragen, die Rudolf mitbrachte.

›Hat Johann nicht eine kleine Nachricht für mich hinterlassen?‹ und ›Ist dir nichts aufgefallen, das ihm nicht gehört hat?‹

Einmal hatten sie den ganzen Nachmittag Johanns Bücherschrank durchstöbert. Rudolf war sich sicher gewesen, dass er Johann kurz vor seinem Tod *Bekenntnisse des Hochstaplers Felix Krull* ausgeliehen hatte. Das Buch war nicht aufgetaucht. Else hatte am Ende das Gefühl gehabt, Rudolf ging es nur darum, den Schrank zu durchsuchen. Zugegebenermaßen eine seltsame Idee. Deshalb hatte sie auch nichts erwähnt. Else hatte selbstverständlich die Gelegenheit genutzt und jedes Buch gründlich abgestaubt. Das war das einzige Ergebnis der Aktion, denn Johann hatte sein ganzes Leben lang kein Buch von Thomas Mann in die Hand genommen.

Der einzige Vorteil: Sie brauchte sich heute beim Frühjahrsputz nicht auch noch über den Bücherschrank herzumachen. Jetzt war der Kleiderschrank dran.

Aus Johanns Schrank strömte ihr sein Geruch entgegen. Else sog unwillkürlich die Luft ein. Dann betrachtete sie die Reihe der Anzüge – grau, blau, schwarz, braun. Die Hemden, weiß bis hellblau, gestreift, auf gar keinen Fall kariert. So war Johann gewesen. Immer auf das Äußere bedacht, immer daran interessiert, den Schein und den Rahmen zu wahren.

»Hat ziemlich gut funktioniert, Johann«, sagte sie halblaut vor sich hin. Dann griff sie den ersten Anzug, fand Kleingeld, Stifte und Visitenkarten in den Taschen. Sie arbeitete schnell, fand noch einen Hausschlüssel, noch mehr Visitenkarten und eine Telefonnummer. Von Manuela.

»Hätte ich mir ja gleich denken können«, schnaubte Else. Seltsame Nummer, dachte sie und setzte sich aufs Bett. Das war eindeutig Johanns Handschrift. Auf einem kleinen, quadratischen Notizzettel hatte er feinsäuberlich die Nummer aufgeschrieben. »Als ob er sicher gehen wollte, dass es auch ein Fremder lesen kann«, dachte Else. Manuela also. Auch egal, ging es ihr durch den Kopf. Else legte den Zettel mit der Telefonnummer auf den Nachttisch und arbeitete weiter. Die Unterwäsche, Pullover und die Sportkleidung wanderten in große Müllsäcke. Der Schrank war leer, jetzt kam der Putzlappen zum Einsatz. Entschlossen wischte Else die Fachböden ab, auf den obersten kam sie nur mit Mühe. Sie nahm den Handfeger und stellte sich auf die Zehenspitzen.

»Ma-nu-e-la«, schimpfte Else noch einmal vor sich hin. Wütend fuhr sie mit dem Handfeger in das Schrankfach und knallte mit voller Wucht gegen die Rückwand. Ein Brett löste sich krachend und fiel um. Else zog vor Schreck die Schultern hoch, blinzelte und wollte ihren Augen nicht trauen. Geld. Der Schrank hatte einen doppelten Boden, dahinter lag Geld. 500-Euro-Scheine, ein Bündel über dem anderen. So etwas hatte Else noch nie gesehen.

»Das kann doch wohl nicht wahr sein«, hauchte Else und zog ohne lange zu überlegen einen Stuhl an den Schrank. Sie kletterte hoch und war sprachlos. Sollte Johann doch Wort gehalten haben?

In diesem Moment klingelte es an der Haustür. Else fuhr zusammen. Das musste Mathilde sein. Die Gute kam ungelegen. Sie war nett, aber neugierig. Else warf einen Blick auf das Geld. Kurz entschlossen stopfte sie die gebündelten Scheine in eine Plastiktüte und ließ sie unterm Bett verschwinden.

»Else«, rief Mathilde schon.

»Ich komme«, antwortete Else vorsichtshalber, denn Mathilde klopfte schon gegen die Haustür.

»Else, ich habe gebacken. Willst du nicht rüberkommen und ein Stück Rhabarberkuchen essen?«, platzte Mathilde ins Haus.

»Das geht nicht«, wehrte Else ab, »ich bin mitten im Frühjahrsputz. Alles geht drunter und drüber, das siehst du doch.«

»Ach, lass doch mal sehen«, zwitscherte Mathilde und drängte sich an Else vorbei. Sie stürmte durch die Küche ins Wohnzimmer und von dort in Richtung Schlafzimmer.

»Das finde ich gut, dass du endlich Johanns Sachen ausräumst«, staunte Mathilde. »Ich dachte schon, du willst bis ans Ende deiner Tage mit dem alten Krempel leben.« Mathilde war sichtlich beeindruckt und setzte sich aufs Bett. Else wurde heiß und kalt. Die Plastiktüte mit dem Geld war nicht völlig unter dem Bett verschwunden. Der Absatz von Mathildes Schuh stand jetzt genau in der Trageschlaufe. Wenn Mathilde unvorsichtig aufstand, würde die Tüte herausgezogen.

»Ach, gönn dir doch mal eine Pause«, bestimmte Mathilde. »Hast du überhaupt schon etwas gegessen?«, fragte sie besorgt.

»Gut, ich komme mit«, stöhnte Else resigniert. »Nur eines musst du mir versprechen. Nächstes Mal kommst du zu mir zum Kuchen essen«, sagte Else und setzte sich neben Mathilde aufs Bett.

»Gerne«, sagte Mathilde geschmeichelt. »Kommst du gleich nach? Wir könnten doch nachher eine Runde durch den Forstgarten am Jagdschloss drehen.«

»Abgemacht. Nur sei vorsichtig, du könntest hier über diese Tüte stolpern.« Else bückte sich und zog die Geldtüte unter Mathildes Schuh hervor.

»Also bis gleich«, antwortete Mathilde. Kurz darauf fiel die Haustür ins Schloss.

Elses Herz klopfte vor Aufregung. Das war gerade noch mal gut gegangen. Denn so viel war sicher: von dem Geld durfte keiner etwas erfahren, sonst war es futsch. Schließlich hatten Johanns Gläubiger sie ein ganzes Jahr lang tyrannisiert. Keinen

Cent sollten sie davon bekommen. Nur wohin damit? Else kletterte noch einmal auf den Stuhl. Vielleicht war das Schrankfach noch zu gebrauchen. Doch was war das? In der hintersten Ecke des oberen Schrankfaches lag ein kleines Papiertütchen. Else griff danach, öffnete das Tütchen und wäre vor Erstaunen fast vom Stuhl gestürzt. Brillianten – das erkannte sie sofort, schließlich hatte sie viel Zeit mit Rudolf verbracht und der war schließlich Juwelier. Da lag ein Tütchen voller geschliffener Diamanten in Johanns Kleiderschrank. War das etwa die Art, wie Johann fürs Alter vorgesorgt hatte? Warum zum Teufel hatte er ihr nie auch nur ein Sterbenswörtchen davon verraten?

»Ging ja nicht«, antwortete Else laut, »dann wäre ja rausgekommen, dass der saubere Unternehmer nur windige Geschäfte macht.« Ihre Welt hätte das ganz schön erschüttert. Sie hielt die Edelsteine in der Hand. Dann fiel ihr Rudolf ein. War das der Grund, warum Rudolf sie über Monate besucht hatte?

»Dieser Windhund«, schimpfte Else, »von wegen Freundschaft, dem ging es ums Geld. Genau wie allen anderen.« Else war erschüttert. Schließlich war sie vierzig Jahre lang die brave Ehefrau gewesen, die die meiste Zeit zuhause saß und immer auf den rechtschaffenen Geschäftsmann gewartet hatte.

In der Küche schüttete Else das Papiertütchen aus. Vorsichtig bestaunte sie die glitzernden Steine. Jeder war so groß wie ihr kleiner Fingernagel. Sie zählte die Edelsteine und ihr blieb fast die Luft weg. Es waren fünfzig Stück. Sie hatte keine Ahnung, aber das musste einiges wert sein.

Jetzt musste es schnell gehen. Mit einer Handbewegung sammelte sie die Steine ein und ließ sie an der Tischkante in ihre Handfläche rieseln.

Bei mir sucht ohnehin keiner mehr was, dachte Else und ging gut gelaunt zu Mathilde ins Nachbarhaus.

Der Rhabarberkuchen war wie immer. Wunderbar. Mathilde und Else verbrachten einen gemütlichen Nachmittag. Auffällig war nur: Else war selten gut gelaunt. Sie blickte optimistisch in die Zukunft und schwärmte Mathilde von ihrem Frühjahrsputz vor. Wie eine innere Reinigung sei das gewesen, sie habe das Gefühl, sie könne jetzt ein neues Leben anfangen. Mathilde war begeistert und schlug vor, so bald wie möglich eine Reise zu machen. Sie würde Else einladen in ihr Haus auf Mallorca. »Nur, wenn ich mir den Flug leisten kann«, wandte Else bescheiden ein.

Jetzt war sie wieder zuhause. Es wurde schon dunkel. Sie setzte sich im Schlafzimmer auf das Bett. Vor ihr standen Kleidersäcke. Die Schranktüren waren noch immer geöffnet. Auf dem Nachttisch lagen die Visitenkarten und die Münzen, die sie in Johanns Anzügen gefunden hatte. Auch der Zettel mit Manuelas Nummer. Ohne lange nachzudenken, setzte sie sich aufs Bett, griff zum Telefonhörer und wählte die Nummer. Es klingelte lange. Dann meldete sich eine Männerstimme:

»Hello?« Der deutsche Akzent war nicht zu überhören.

»Oh Entschuldigung, ich bin falsch verbunden«, antwortete Else gedankenverloren auf Deutsch.

»Else? Bist du es?«, kam es vorsichtig aus der Leitung. Im Hintergrund hörte sie Stimmen. Klang nach einer Bar. Eine Frau lachte.

»Else«, rief der Mann noch mal ins Telefon. Die Stimme klang vertraut.

»Johann?«, fragte Else zaghaft. Dann wurde ihr schwarz vor Augen.

Als Else wieder zu sich kam, lag sie auf ihrem Bett, die Beine baumelten auf den Boden. Der Telefonhörer lag neben ihr auf dem Kissen.

»Else, Else so melde dich. Was ist denn los? Du sagst ja gar nichts. Sprich mit mir. Ich kann dir alles erklären.«

Else stöhnte und räusperte sich. Es stimmte also tatsächlich. Sie war mit ihrem toten Mann am Telefon verbunden.

»Johann, bist du es wirklich? Wir haben dich vor einem Jahr begraben. Wie ist das möglich?«

»Endlich rufst du an. Ich warte seit einem Jahr auf deinen Anruf. Ich habe dir doch die Nummer in meine Anzugtasche gesteckt. Ich habe sie sonst niemandem gegeben.«

»Ich habe deine Sachen bis heute nicht angerührt. Außerdem wusste ich nicht, dass man mit Toten telefonieren kann.«

»Tut mir leid. Ich konnte dich nicht einweihen. Sonst wäre doch alles aufgeflogen. Hör zu. Du kaufst dir ein Flugticket nach Florida. Orlando oder Miami, das ist egal. Bring alles mit. Das Geld, die Steine …«

»Und was ist mit Manuela?«

»Das war eigentlich nur ein Trick, damit du mich anrufst. Außerdem hör mir auf mit diesen jungen Frauen. Das ist mir viel zu anstrengend. Ich will mit dir zusammenleben.«

»Und was ist jetzt mit Manuela?«

»Die ist längst weg. Hat mein Geld durchgebracht und ist mit einem Surflehrer nach Kalifornien gegangen.«

Kann ich verstehen, dachte Else und verglich im Geiste einen braun gebrannten muskulösen Surfer mit dem rundlichen Johann. Laut sagte sie: »Ich will aber nicht nach Florida. Wollte ich noch nie. Das ist ein riesiges Seniorenheim.«

»Du musst unbedingt kommen. Ich konnte nicht so viel Geld mitnehmen. Jetzt arbeite ich vormittags im Supermarkt und nachmittags in einer Strandbar. Ich bin pleite.«

»War ich auch. Bis heute«, bemerkte Else trocken, »ist ziemlich unangenehm.«

»Else, ohne dich bin ich verloren. Ich habe doch auch für dich gespart. Habe ich dir nicht immer gesagt, ich habe für unseren Lebensabend gesorgt?«

»Ich muss erst drüber nachdenken.«

Else notierte noch seine Adresse, dann legte sie den Hörer auf.

Am nächsten Morgen fühlte sich Else wie gerädert. Sie hatte kaum geschlafen. Das lag nicht nur an dem Schock, den ihr Johanns Wiedergeburt verursacht hatte. Das Geld und die Steine hatten ihr keine Ruhe gelassen. In der Nacht war sie wieder aufgestanden und hatte weitergearbeitet. Jetzt war alles fertig. Das Haus war blitzblank. Es roch frisch nach Zitrone und Essigreiniger. Die Kleiderschränke waren verschlossen. Die Kleidersäcke mit den Anzügen standen im Keller. Die Besten hatte sie in ein großes Paket verschnürt. Wie zufällig waren ein paar kleine Glitzersteine in die Anzugtaschen gerutscht. Das Paket wollte sie so bald wie möglich zur Post bringen. Es ging an eine Adresse in Florida.

Else ging in die Küche, trank eine Tasse Kaffee. Die Lebensgeister klopften leise bei ihr an. Nach dem Frühstück griff sie zum Telefon und sagte in den Hörer: »Ich habe es mir überlegt. Ich komme mit. Du kannst zwei Flüge buchen. Nach Mallorca.«

Knistern im Gebälk –
Mord in der Gasmaschinenzentrale

Anke Schaefer

Er beugte sich über sie und konnte es nicht glauben. Er hielt seine
Wange über ihren Mund, über ihre Nase, er strich ihr die Haare
aus der hohen Stirn. Sie atmete nicht. Ihn dagegen durchfuhr
plötzlich die Luft wie von selbst und aus seiner Kehle stieg ein
tiefer Seufzer. Und dann begann er vor sich hin zu murmeln. Angela, sagte er, Angela. Hörst du mich? Wo bist du? Bist du das
hier? Ich glaub es nicht. Bist du tot? Warum? Sie reagierte nicht.
Hoch oben, über ihnen beiden, knisterte es im Gebälk der alten
Gasmaschinenhalle. Es war kalt. Sehr kalt. Vielleicht einer der
kältesten Tage dieses Winters. Das Jahr war noch sehr jung. Noch
keine drei Tage alt. Er kniete auf dem Steinboden und hatte seine Stirn jetzt auf ihren Bauch gelegt. Er weinte nicht. Er spürte
die Kälte nicht. Er spürte gar nichts. Er murmelte. Angela. Vor
drei Tagen hatte er sie zuletzt gesehen. Silvester. Sie hatten mit
Orangensaft auf das neue Jahr angestoßen, und sie hatte einen
seltsamen Schimmer in den Augen gehabt. Sie hatten gelacht, sie
hatten sich alles Gute gewünscht, aber da war dieser Schimmer
in ihren Augen. Jetzt, wo er hier kniete, seinen Kopf auf ihrem
Bauch, kam ihm dieser Schimmer wieder in den Sinn. Er hatte sie
nicht darauf angesprochen. Er hatte ihn dennoch deutlich wahrgenommen. Warum hatte er nichts gesagt? Es war ihm schon so
oft in seinem Leben passiert, dass er die Zeichen zwar gesehen
hatte, dass er gespürt hatte, was in der Luft lag, ihm aber der Mut
fehlte, darauf zu reagieren. Und diesmal schien es, als habe sein
Nichtreagieren zu ihrem Tod geführt. Er richtete den Oberkörper wieder auf. Er konnte es nicht glauben. Nahm ihre kalten

Finger in seine beiden Hände und versuchte, sie zu wärmen. Erfolglos. Sie wurden nicht warm, und sie rührte sich nicht. Ihr roter Anorak passte genau zu der roten Spange, die in ihrem braunen Haar steckte und zu den roten Fellstiefeln an ihren Füßen. Sie war fünfzehn. Zu jung, um zu sterben. Sein Herz zog sich zusammen. Das hier durfte nicht sein. Er hielt ihre kalte Hand und geriet in etwas, was war wie eine Trance. Es stiegen Bilder in ihm auf, von denen er nicht wusste, woher sie kamen. Er war ganz weit weg und gleichzeitig genau hier. Jetzt sah er diese Gasmaschinenhalle, wie sie ausgesehen haben musste, als sie noch neu war. So kurz nach 1904, denn das war das Jahr, in der man sie erbaut hatte. Eine sehr schöne Halle. Angela, murmelte er, wusstest du, wie schön sie war? Er kannte die Antwort. Sie wusste es. Sie mochte erst fünfzehn sein, aber sie hatte ein Gespür für die Schönheit von Bauwerken. Sie hatte ihn oft erstaunt. Sie wirkte manchmal so alt. Da kam sie zum Beispiel mit Fotos vom *Guggenheim Museum* in Bilbao an und erklärte ihm die Geheimnisse, die der Architekt *Frank Gehry* da hinein gebaut hatte. Es war klar, sie würde selbst Architektin werden, daran gab es keinen Zweifel, für niemanden. Aber jetzt war sie tot. Das durfte nicht sein. Wie konnte das sein? Etwas in ihm atmete tief, er regte sich nicht. Er überließ sich der Bilderflut in seinem Kopf.

Weit über hundert Meter ist die Heinitzer Gasmaschinenhalle lang, jetzt flog er im Geiste vorbei. Langsam. Er kann die zwanzig Achsen zählen, die hoch oben jeweils durch gegossene Türmchen markiert werden. Die Fenster nehmen fast die ganze Wand ein, sind oben abgerundet. Dazu die Sprossen: Jugendstil. Jetzt ist er plötzlich drin, blickt nach oben, ohne den Kopf zu heben, sieht das kunstvolle Stahlskelett unter dem Dach. Angela, das hier ist ein architektonischer Schatz, murmelt er, und wieder kennt er ihre Antwort. Natürlich!, würde sie sagen, mit leichter Verwunderung in der Stimme, wieso musste das noch mal betont werden, natürlich. Es war eine Gasmaschinenzentrale, und es war ein Kleinod. So etwas konnte es geben. Jetzt sieht er auch die majestätischen Dynamos, die hier Strom aus Kokereigas erzeugt haben. Dies war das erste Großkraftwerk des Saarbergbaus. Lang ist's her.

Wieder knackte es leise im Gebälk, wieder wurde er sich der kalten Hand bewusst, die in seiner lag und sich nicht rührte. Heute waren die Maschinen längst alle weg. Sie beide, Angela und er, befanden sich völlig allein hier, in der Kälte, alles war leer, alles war verlassen. Die Zukunft? Unsicher. Gab es eine? Zukunft. Die Maschinen mochten weg sein, aber die Halle hatte die hundertfünf Jahre, die sie jetzt schon stand, ganz gut überstanden. Der Jugendstil war noch zu entziffern, die Struktur des Gebäudes noch da. Die Halle war nicht tot. Tot war nur dieses Mädchen. Wirklich? Er wollte es nicht glauben. Wieder legte er seine Stirn auf ihren Bauch. Was wollte mir der Schimmer in deinen Augen sagen? Fragte er, leise, bittend. Dieser Schimmer. Silvester. Keine Antwort. Dafür wieder eine neue Bilderflut in seinem Kopf.

Er sieht alles von oben, als säße er im Gebälk. Er blickt hinunter auf zwei Männer, die in der Halle stehen, so wie sie jetzt ist. Sie unterhalten sich. Leise. Er weiß nicht, wer das ist, aber er hört, was sie sagen. Wir kaufen dem Eigentümerkonzern dieses nutzlose Monster ab, sagt der eine, der mit den grauen Haaren, im Anzug, den Aktenkoffer hat er neben sich auf den betonierten Boden gestellt. Wir bieten 500 000 Euro, und Sie machen das mit dem Denkmalschutz klar.

Der andere schüttelt den Kopf. Er trägt seine Haare zu einem schmalen Zopf geflochten, der hängt ihm, auch grau, über den Jackettkragen bis zwischen die Schulterblätter hinunter. Sie wissen so gut wie ich, sagt der Zopfträger, dass dieses Grundstück mehr wert ist.

Schon möglich, sagt der andere, aber die Erde hier ist kontaminiert. Das Öl, der Teer, das muss aus dem Boden. Das heißt, es ist unklar, was es uns kosten wird, die Genehmigung zu erhalten, um hier Wohnhäuser drauf zu bauen. Wenn Sie uns helfen, sind 30 000 für Sie drin. Das ist mein letztes Wort.

Der Mann mit dem Zopf schweigt. In der Stille durchfährt es ihn, während er das alles beobachtet, wie ein Blitz. Er hat diesen Zopfträger schon mal gesehen, es ist ein Bürokrat aus dem Denkmalschutzamt. Dann muss der andere einer von der Wohngut AG sein, die diese Halle schon lange kaufen, abreißen und das Grundstück neu bebauen will. Bislang war das Begehren abgewiesen worden, weil das alte Kraftwerk noch unter Bergaufsicht und außerdem unter Denkmalschutz steht. Die beiden Männer schweigen. Es ist, als stünde die Zeit still. Dann hebt der Denkmalschützer den Blick, sieht seinem Gesprächspartner direkt in die Augen und sagt schneidend, forsch: 40 000 für mich.

Der andere guckt gerade zurück, zögert kurz, dann nickt er. Aber dafür machen Sie das dann auch im Ministerium für uns klar, und zwar ohne Umschweife.

Der Zopfträger nickt seinerseits. Das geht klar, sagt er. Der Minister hat schon mehrfach deutlich gemacht, dass er sich mit diesem sperrigen Denkmal nicht länger rumschlagen will. Wir entlassen die Halle aus der Bergaufsicht, und wir finden einen Dreh, wie wir den Denkmalschutz umgehen können.

Da vergingen die Bilder, und plötzlich spürte er zum ersten Mal in all ihrer Wucht die Januarkälte in dieser Halle und seine schmerzenden Knie. Er zitterte. Hob den Kopf. Das konnte nicht sein. Es konnte alles nicht sein. 540 000 Euro, davon 40 000 zur Bestechung des Denkmalschützers. Aber was hat das alles mit dir zu tun? Fragte er leise, bittend, den reglosen Körper. Jetzt spürte er die Tränen. Sie stiegen ihm heiß in die Augen und fielen in dicken Tropfen auf Angelas roten Anorak. Sie hinterließen dunkle Flecken und er starrte auf das entstehende Muster. Bis es verschwamm. Er machte die Augen wieder zu. Saß ganz still. Ganz still. Er sagte es nicht laut, aber mit aller Inbrunst, derer er fähig war, sagte er im Geiste: Bitte, Angela, sag mir, was das alles mit dir zu tun hat!

Stille. Keine Antwort. Nur die Kälte. Nur das Knacken im Gebälk. Er rührte sich nicht. Er wartete. Er wartete auf die Antwort. Aber es blieb still. In der Halle, in seinem Kopf. Angela wohnte nicht weit von hier, in Heinitz, mit den Eltern, in der Grubenstraße. Vielleicht, dachte er, sollte ich sie aufheben und nach Hause bringen. Er wusste, dass er das früher oder später tun musste. Aber etwas in ihm sträubte sich. Es war, als wäre diese Zeit, die sie hier gemeinsam verbrachten, eine Zeit, die außerhalb der Zeit stand. Als könnte er das Rätsel, das hier vor ihm lag, nur dann lösen, wenn er wartete, bis es sich ihm offenbarte. Seine Knie schmerzten jetzt so, dass er sich anders hinsetzte. Neben sie. Er nahm ihren Kopf in seinen Schoß. Er strich ihr über die Haare, fuhr mit den Fingerspitzen über die rote Spange. Er schloss die Augen wieder. Er war bereit, so lange zu warten, bis irgendetwas passierte. Und es passierte tatsächlich. Er sah neue Bilder.

Wieder guckt er von oben. Eben ist es ihm nicht aufgefallen, und auch die beiden Männer haben es nicht bemerkt. Da leuchtet der rote Anorak, draußen, vor der Tür. Man sieht ihn nur manchmal, durch den Türspalt. Angela. Sie steht hinter der dünnen, offenen Stahltür und lauscht. Sie kennt jeden Quadratmeter dieses Geländes, sie kennt die alte Halle wie eine gute Freundin. Sie liebt sie. Kokereigasmaschinenzentrale. Wie oft hat sie sich dieses Wort auf der Zunge zergehen lassen. Er hat sie damit aufgezogen. Du und deine Kokereigasmaschinenzentrale. Und sie hat ihm dann erklärt, warum sie sie so mag. Wegen der kleinen Türmchen. Und der großen, oben abgerundeten Fenster. Guck mal, wie viel Licht da rein fällt, hatte sie ihm oft gesagt, und er sie darauf von der

Seite angeguckt und gedacht, das kann nicht sein. Eine Fünfzehnjährige. Jetzt sieht er sie lauschen. Die beiden Männer schließen den Deal, und sie hört alles mit. Dann sieht er sie, wie sie im Türrahmen steht, kurz auf den Boden guckt, kurz einatmet und dann losgeht, auf die beiden Männer zu. Die hören etwas und drehen sich gleichzeitig um. Starren das Mädchen in dem roten Anorak an. Das jetzt weiter auf sie zukommt. Mit festen Schritten, ohne Zögern. Die beiden Männer, regungslos. Als könnten sie es nicht fassen. Es ist ja auch schwer zu fassen. Wo kommt dieses schmale Mädchen her? So plötzlich? An diesem einsamen Wintertag, an dem das Jahr noch so jung ist. Kurz vor den beiden Männern bleibt sie stehen. Sie richtet ihren Blick fest auf den Denkmalschützer. Diese Kokereigasmaschinenzentrale steht unter Denkmalschutz, faucht sie, und Sie sind doch Denkmalschützer. Sie betont jede Silbe. Aber woher weiß sie das, denkt er, von oben, aus dem Gebälk. Ich habe Sie vor Weihnachten im Fernsehen gesehen, sagt sie, wie um ihm das zu erklären. Sie haben die grässliche Firma verteidigt, die die alte Post kaputt macht, um ein Hotel daraus zu machen. Der Zopfträger sagt immer noch nichts. Er kann es ganz offenbar nach wie vor nicht glauben, dass dieses Mädchen wie aus dem Nichts auftaucht, tatsächlich hier steht und ihm in diesen Worten diese Vorwürfe macht. Diese Halle war das erste Großkraftwerk des Saarbergbaus, fährt sie fort. Es ist lange her, aber sie hat lange überlebt, und man könnte etwas aus ihr machen. Sie fixiert die Augen des Zopfträgers. Eine unbestimmte Macht geht von ihr aus. Aber Sie verkaufen sie an jemanden, der diese Halle abreißen wird! Sie schützen die Denkmale nicht, Sie zerstören sie!

Das ist zuviel. Das kann der Zopfträger nicht auf sich sitzen lassen. Er hebt die Hand und schlägt zu. Er, oben im Gebälk, kriegt keine Luft. Er will etwas tun und kann nicht. Er sieht wie in Zeitlupe, dass der Schlag ihrem Körper einen Schub gibt, der sie ein paar Meter weit durch die Luft trägt und sie dann gegen ein

Geländer schleudert. Ihr Kopf prallt auf das Eisen, ein schrecklicher, nie gehörter Ton durchfährt die Halle und hallt lange nach. Dann liegt sie reglos unter dem Geländer. Die beiden Männer stehen unter Schock. Sie verharren ebenso bewegungslos wie der Körper des Mädchens. Irgendwann gucken sie sich an. Der Mann mit der Aktentasche zuckt heftig die Schultern, als müsse er ein Gewicht abwerfen, dann geht er zu Angela hin. Er hebt sie auf und legt sie ein paar Meter weiter behutsam auf den Beton. Dann geht der Käufer zurück zu seiner Aktentasche, nickt dem Denkmalschützer zu, und beide gehen sie in ihren grauen Anzügen aus der Halle, machen die Stahltür von außen zu. Stille. Stille.

Er spürte, wie er wieder in seinen Körper, wieder unten auf den Boden zurückkehrte. Er spürte das Gewicht ihres Kopfes in seinem Schoß. Er richtete ihren Oberkörper ein bisschen auf und tastete vorsichtig über ihren Hinterkopf. Da war die Wunde. Sie war nicht groß. Aber genau an der Schädelbasis. Jetzt flossen seine Tränen in Strömen. Es war, als könne er es erst jetzt glauben, als würde er es erst jetzt ernst nehmen, dass es wahr war. Sie war tot. Das Jahr war drei Tage alt. Eben noch war Silvester. Sie hatte etwas geahnt. Sonst hätte sie nicht diesen Schimmer in den Augen gehabt. Vielleicht hatte sie ihr Schicksal gekannt. Er traute ihr viel zu. Auch das. Aber er konnte es nicht akzeptieren. Wegen einer alten Halle. Wegen eines bestechlichen Denkmalschützers. Das war doch kein Grund zu sterben. Er schluchzte. Heulte. Bis die Tränen versiegten. Dann saß er wieder still.

Was willst du jetzt tun? Fragt eine Stimme. Es war ihre Stimme. Es wunderte ihn nicht. Nichts wunderte ihn mehr. Ich weiß es nicht. Sagte er es oder dachte er es nur? Ich weiß es nicht. Wie kann ich beweisen, was ich weiß? Es knackte im Gebälk. Oben, über ihnen beiden, im Gebälk dieser Unglückshalle. Sie ist keine

Unglückshalle, sagt ihre Stimme. Nein? Fragt er. Und wie würdest du eine Halle bezeichnen, in der ein Mädchen stirbt, das nicht nur meine liebste Freundin war, sondern auch unzählige Menschen mit ihren Gebäuden hätte bezaubern können? Später, als Architektin?

Mach dir keine Sorgen, nichts ist verloren, sagt sie. Ich komme wieder.

Das tröstet ihn nicht. Du kommst wieder? Wie werde ich dich erkennen?, fragt er. An dem Schimmer natürlich, antwortet sie. An dem Schimmer. Ja. Und wie kann ich beweisen, was ich weiß? Das musst du nicht, sagt sie, er wird sich selbst überführen. Bring mich nach Hause, bitte.

Und da stand er auf, nahm behutsam ihren schmalen, leichten Körper hoch und trug sie quer durch die Halle, der Tür entgegen. Wie eine Feder lag sie in seinen Armen, so tot und vielleicht doch so lebendig.

Heidisch Gebei

Marietta Schröder

Max lief durch die nachtdunklen Straßen. »Annie!«, rief er. »Annie!« In der Ferne sah er am Straßenrand ein Kreuz. Unter dem Kreuz eine Gestalt. »Annie!« Er beugte sich über sie. Sank auf den Asphalt. »Annie«, flüsterte er. Er bettete ihren Kopf in seinen Schoß. »Annie, deine Haare. Was ist passiert?«

It came to me in a dream ... Letztes Jahr in Chicago habe ich geträumt ... ich gehe einen staubigen Weg entlang. Er windet sich zwischen Äckern und Wiesen. Ich komme in ein Dorf. Nur ein paar vereinzelte Häuser. Eine Kapelle. Ich komme an eine Hütte. Ich mache die Tür auf. Ich gehe in den Flur, den Flur entlang, am Ende des Flurs – ein Zimmer. In dem Zimmer sitzt eine alte Frau. Sie schaut mich an. Sie steht auf. Nimmt mich bei der Hand und führt mich eine steile Stiege hoch bis unter das Dach. Dort steht ein Bett. Eine Staffelei mit einem Gemälde und eine Truhe. Von der Truhe geht ein eigenartiges Licht aus. Die alte Frau schaut mich an und sagt:

»*Es war ein selig stundt, dho gott geborn wohr. Gott der her Jesu Christ worde ahn daß heilig frome Creutz geschlagen. Also wahr alß daß ist, so standt bluth, dho du bist.*«

Aber ich verstehe sie nicht. Die alte Frau lässt meine Hand los und deutet auf die Truhe. Ich gehe auf die Truhe zu. Ich hebe den Deckel. Flammen schlagen mir entgegen und ich schreie und schreie und meine Haare, meine roten Locken werden von den Flammen erfasst und ich stehe in Flammen und schreie und schreie ...

Und dann wache ich auf.

And I have this dream over and over. Immer wieder und wieder.

Mein Name ist Annie Smith. Ich wohne in Chicago. Und eines Tages bekomme ich einen Brief. Von Lawrence & Sons, einer Anwaltskanzlei. Ich wundere mich. Ich reiße den Brief auf. Es ist ein Testament. Ich habe ein Haus geerbt. Von einer Großtante mütterlicherseits. Ich habe sie nie kennengelernt. Sie war die Schwester meiner Großmutter. Ihr Name wurde immer nur geraunt, ganz leise. Sie war wohl ein bisschen *strange*, etwas wunderlich, hieß es. Und jetzt habe ich ihr Haus geerbt. Es liegt außerhalb Chicagos. In den *Suburbs*. Der Umschlag enthält einen Schlüssel. Ich nehme die *El** und fahre zu dem Haus.

Es ist ein schöner Frühlingstag. Ich musste ein paar Mal umsteigen. Aber jetzt stehe ich vor dem kleinen, verwitterten Steinhäuschen. Rosen ranken sich um die Eingangstür. Das Holz der Tür ist von Sonne, Wind und Regen gezeichnet. In der Mitte: eine geschliffene Glasscheibe, in die ein Zeichen eingelassen ist. Es erinnert mich an ein Wappen, wie man es von europäischen Adelshäusern kennt. *Very strange.* Sonderbar.

Ich stecke den Schlüssel ins Schloss, hole tief Luft und drücke die Klinke runter. Vor mir liegt ein schmaler Flur. Rechts ist eine Tür. Ich gehe hindurch. Die Küche. Ein Holzofen. Wie bei meiner *grandma*. Ein Küchenschrank mit Häkelgardinen an den Scheiben. Ein Tisch. Zwei Stühle. Und ein blank geschrubbter Holzfußboden. Ich gehe zurück in den Flur. Gehe weiter. Am Ende des Flurs ein Zimmer. Es kommt mir seltsam vertraut vor. Am Fenster ein Ohrensessel. Schränke mit Holzschnitzereien. Ich betrachte sie. Auch da dieses Wappen. Und Bücher. Ein Regal voller alter Bücher.

Ich gehe noch einmal in den Flur und öffne eine Tür. Eine steile Stiege führt nach oben. Ein Lufthauch trägt einen Geruch von Kräutern in meine Nase. Ich steige nach oben. Und schreie auf.

Das Zimmer. Das Zimmer aus meinen Träumen. Ein Bett. Eine Staffelei. Und jetzt kann ich auch das Bild darauf erkennen. Eine Burg inmitten von Wäldern, Äckern und Wiesen. Quer durch den Raum ist ein Seil gespannt und daran hängen Kräuter zum Trocknen. Ich kenne die Kräuter nicht, aber sie verströmen einen schweren, aromatischen Geruch. Ich schiebe sie ein wenig zur Seite und sehe die Truhe. Zögernd gehe ich darauf zu. In den Sonnenstrahlen, die durch das Giebelfenster dringen, tanzen golden die Staubteilchen. Ich starre die Truhe an. Nein, von dieser Truhe geht kein Licht aus. Ich gehe in die Hocke. Die Truhe ist aus Holz. Ich hebe langsam den Deckel, bereit jederzeit zurückzuspringen.

Bücher. Und Papiere. Staubtrocken. Ich greife zögernd hinein und nehme einen Stapel heraus.

Ich lege ihn auf den Fußboden in die Sonnenflecken und versuche die Papiere zu entziffern. Ich kann noch ein bisschen Deutsch von meiner *grandma* und am College hatte ich auch ein Semester *German Studies* belegt, aber die Schrift sieht so anders aus. Ich kann gar nichts lesen. Ich beschließe, die Papiere mitzunehmen und in die Bibliothek zu gehen. *We'll see.* Mal sehen, ob man mir da helfen kann.

I am so tired. Bin ich müde. Ich bin von Chicago nach New York geflogen und von da weiter nach Frankfurt. Dort hab ich den Zug nach Saarbrücken genommen. Und jetzt stehe ich bei Gipsy Tours und habe mir einen Wohnwagen gemietet. Er ist wunderschön. Sieht aus wie ein Zirkuswagen. Überall Verzierungen und *charms*, Amulette. Und ganz bunt. Aber diese Nacht werde ich erst mal auf dem Stellplatz verbringen, und morgen geht es weiter nach Nancy in die *Archives départementales.*

Ich habe traumhaft geschlafen. In meinem *little wagon.* Wie in Tausendundeiner Nacht. Die Perlenschnüre haben leise eine Melodie geklimpert.

In der Bibliothek in Chicago konnten sie mir sagen, dass das alte Dokumente waren, die sich auf den Familienstammbaum einer Familie in *good old Germany* bezogen. In einer Gegend *Saraviae*. Von einer Frau Annele Schmidt, die in die USA ausgewandert sei. Aber es gäbe noch Unterlagen, die im Archiv in Nancy lägen. Irgendwelche Gerichtsprotokolle. Und da hätte es auch ein Schloss gegeben. In den Unterlagen, die ich in der Truhe gefunden hatte, waren auch Zeichnungen von diesem Wappen. Das war das Wappen derer von Warsberg. Dort gäbe es ein Schloss.

Wow! Vielleicht waren meine Vorfahren ja Burgherren. Ich sehe mich schon in einem Raum voller Ritterrüstungen und einem Kamin, in dem Wildschweine auf einem Spieß gebraten werden. Und das Schloss oder die Burg sei in einem Ort namens Huisbach. Das geht aus einer Liste hervor in der verzeichnet ist, was die Bauern als *Zehnten* an die Lehnsherren abzugeben hatten:

»Die Herren von Warsberg beziehen an Schafft jährlich 31 Fass Korn und Hafer, von jeder Feuerstelle 5 Albus und das besthaupt, außerdem noch 33 Eier jährlich und bei Verkäufen den Dritten Pfennig ...«

Vom Ackerland:

»Rodt-, Schiffel und Wildland so in den Jahren wan es angebaut wird, gleich dem Morgen ersterer Classis in Anschlag kommt.«

Dem Wieswachstum: *»Ist der Zentner Heu p. 18 alb capit. angeschlagen. Davon der Zehendt, wo solcher gegeben wird, abgezogen worden ist.«*

Well, whatever that meant. Ich habe es nicht wirklich verstanden, nur soviel, dass man anscheinend schon immer Steuern zahlen musste. Damals an einen Lehnsherren.

Aber jetzt mache ich mich erst mal auf den Weg nach Nancy. Ich habe vorher angerufen und ein *nice, young man* wartet auf mich, um mir die Dokumente zu zeigen und auch zu übersetzen. Max heißt er. Er schreibt gerade seine Doktorarbeit und recherchiert dort. Wir gehen ins Archiv und setzen uns an einen Tisch. Er hat

die Unterlagen schon rausgesucht und zeigt sie mir. Es ist wie schon bei den Dokumenten in der Truhe. Ich kann nicht mal die Schrift lesen. Ich bitte ihn, mir einfach alles vorzulesen. Er schaut mich an und fragt: »*Are you sure, you want to hear this?*«
»Natürlich will ich es wissen. Deshalb bin ich ja hergekommen. Keine Sorge, ich bin *tough*.«

Protokoll aus der *Daemonolatria*:
»*Als des Langhanns Nicolaea an Geheg des Waldes hergieng / vermerckte sie mitten am hellen Tage / auff dem nechsten acker einen Tantz von Männern und Weibern / und weil diesselben auff eine besondere Weise und hinterrücks tantzten/kahm es ihr frembd fur / stundt derhalben still / da ward sie gewahr / daß etliche in dem Reygen waren / so Geiß und Kuhfüsse hatten ... Als sie dieses ersage / erschrack sie und rieffe Jesu überlaut ... von Herzen an ... da verlohre sich der gantze Tanz und verschwand ... mittels erhub sich ein solcher Wind umb sie her / daß sie schwerlich Athem schöpfen möchte ...*«

»Max. Stop! Stop!«, sage ich. »*What's this?* Worum geht es denn hier überhaupt. Ich verstehe gar nichts.«
»Das ist das Protokoll von einem Hexenprozess.«
»*You mean they really existed?* Die hat es wirklich gegeben?«
»Aber natürlich.«
»Okay. Dann sag mir einfach was drin steht.«
»Also. Diese Nicole, die hat einen Hexentanz gesehen. Und hat die Teilnehmer erkannt und ›besagt‹. Darunter war auch diese Annele, auf die die Unterlagen, die Sie dabei haben, hinweisen. Nicole hat auch noch ein paar andere Leute ›besagt‹ und damit den Prozess ins Rollen gebracht. Die Leute wurden einem peinlichen Verhör unterzogen, dabei wurden auch Hexenproben gemacht. Zum Beispiel die Wasserprobe oder die Nadelprobe, da wurde in das Hexenmal, also einen Leberfleck – angeblich war das das Zeichen, womit der Teufel seine Anhänger markierte – eine

Nadel gestochen, und wenn das nicht blutete oder weh tat, war das ein Indiz und wenn sie nicht gestanden, wurden sie gefoltert. Nach der *Constituto Criminalis Carolina* gab es drei Grade der Tortur: die Daumenschraube, die Streckbank und die Leiter. Wenn die Menschen unter der Folter nicht gestanden, war das aber kein Beweis, dass sie keine Hexen waren. Es gab nur einen Aufschub bis zum nächsten Prozess. Eine Wiederholung der Folter war nach der *Carolina* verboten. Die Fortsetzung der Tortur jedoch übliche Gerichtspraxis. Und diese Annele konnte fliehen. Was sehr ungewöhnlich war. Zwischen zwei Gerichtsterminen war ihr die Flucht gelungen, und anscheinend ist sie bzw. ihre Nachkommen in die USA ausgewandert. Und diese Annele kommt aus diesem Ort Huisbach. Der heißt jetzt Hausbach. Sind Sie sicher, dass sie da noch hinwollen?«

»*Well*, jetzt erst recht.«

Ich gebe Max meine Handynummer, speichere seine und sage: »*Let's stay in touch*.« Das nimmt er anscheinend wörtlich, denn er behält meine Hand länger in der seinen, als unbedingt nötig. Aber für so etwas habe ich jetzt keine Zeit. Ich steige in meinen Zigeunerwagen und mache mich auf den Weg.

So *tough* wie ich mich Max gegenüber gegeben habe, ist mir gar nicht zumute. Eigentlich eher etwas mulmig. Aber wie ich so durch die Gegend fahre, die Sonne scheint, links und rechts liegen Äcker, Felder und Wiesen, wird mir doch zunehmend leichter ums Herz. Schließlich komme ich an dem Ortsschild *Hausbach* vorbei.

»*There we are!*« Das wäre geschafft. Jetzt muss ich nur noch einen Platz finden, wo ich meinen Gispybus abstellen konnte. So klein, wie der Ort war, gibt es da bestimmt keinen Campingplatz. Aber vielleicht auf einer Wiese ...? Ich halte an. Auf dem Fußweg geht eine Frau mit Kinderwagen. Ich kurbele das Fenster runter.

»Hi. *Excuse me*. Entschuldigen Sie ...«

»Jesses, Mare und Josef, a Zigeinersche!«

Die Frau macht abrupt kehrt und geht in die entgegengesetzte Richtung. Sie rennt fast.

Ich fahre langsam durch den Ort. Schließlich biege ich rechts ab. *Alte Losheimer Straße* steht da. Links geht es einen Baum bestanden Hügel hinauf. Aber rechts davon ist ein Wiesenstück. Ganz eben. Da stelle ich meinen *gipsy wagon* ab.

Ich beschließe zu Fuß zurück in den Ort zu gehen.

Die Sonne scheint und die kleinen Häuschen wirken freundlich und idyllisch. Eine Frau lehnt am Fenster. Ich sage »Hi!« und winke ihr zu. Erschrocken fährt sie zurück, schlägt das Fenster zu und zieht die Vorhänge vor. Na, dann eben nicht.

An einem Haus hängt ein Schild. Frisör Schneidinger. Ich beschließe hineinzugehen. Wo kommt man besser ins Gespräch als beim Frisör? Ich stoße die Tür auf und gehe ein paar Stufen hinunter.

Drei Frauen sitzen unter der Trockenhaube und bei einer dreht der Frisör gerade Lockenwickler auf. Ich grüße: »Hi!« Alle Köpfe drehen sich zu mir herum. Das Gespräch verstummt.

Ich sage: »*Haircut?*«

Der Frisör nickt und macht eine Kopfbewegung auf einen freien Stuhl. Ich setzte mich und warte bis ich an der Reihe bin. Das dauert auch nicht lange.

»Bitte *only the* Spitzen schneiden, *please.*«

Der Frisör nickt und fängt an meine Haare mit einem Stielkamm zu kämmen und die Strähnen zu trennen. Er rutscht mit dem Kamm ab und der Stil sticht ins Muttermal an meinem Halsansatz.

»*Sorry*«, sagt der Frisör, »tut mir leid.«

»Das macht nichts. *It's okay.* Tut nicht weh. *It doesn't even bleed. See.*«

Hinter mir, die Frauen, tuscheln. »Habt ihr gesehen, kein einziger Tropfen Blut. Und dabei war das voll ins Muttermal.«

Ich plaudere einfach munter drauflos, dass meine *ancestors* von hier kommen und dass ich da draußen mit meinem Wohnwagen parke. Ich beschreibe den Weg. Der Frisör sagt: »Das muss beim *Heidisch Gebei* sein, wo Sie stehen.« »*Heidisch Gebei?*«, frage ich. *Sounds funny.* Lustig. Er erklärt mir, dass da Ruinenreste sind. »*From the castle? The* Schloss?« Nein, das Schloss gäbe es nicht mehr. Von *the Romans.* »Wow!«, sage ich. Dann bin ich fertig und gehe zu meinem Wohnwagen zurück. Ich schlafe sehr gut in dieser Nacht.

Am nächsten Tag klopft der Frisör an meine Tür. Er sagt, er sei auch der Bürgermeister. Ich könne da nicht stehen bleiben. Man hätte ihm gesagt, die Zigeuner seien da. Die Leute hätten Angst. Ich könne aber nach Losheim fahren. Da sei ein Campingplatz. Am See. Ich sage ihm, dass ich am nächsten Tag dort hinfahren würde. Heute wolle ich aber noch ein bisschen durch den Ort laufen. Schließlich käme meine Familie von hier. Er sagt: »Ei, gudd« und geht.

Ich beschließe durch den Wald zu gehen und nach den römischen Ruinen zu suchen. Ich steige durch die Bäume den Hang hinauf. Unter den hohen Nadelbäumen ist wenig Licht. Die Sonne steht schon tief und ab und zu taucht mich ein schräg einfallender Lichtstrahl in eine Lichtsäule. Ich bücke mich und kratze vom Boden das Moos ab. Ich vermute, dass darunter Steine liegen könnten. Ich klettere höher und höher und komme an eine Stelle, an der zehn oder zwanzig Meter entfernt ganz deutlich so etwas wie ein Absatz zu erkennen ist. Als ob darunter ein Fundament läge. Ich wühle mit den Fingern das Moos weg und stoße tatsächlich auf eine niedrige Mauer. Ein Stein löst sich, er ist dreieckig, eine Kante ist gerade behauen. Daneben liegt ein flacher Stein. Er sieht aus wie ein Stück Zement in das wie bei *Chocolate Chip Cookies* Ziegelstückchen eingebettet sind. Wow! Bestimmt *stucco*, Verputz. Ich freue mich schon auf die Gesichter daheim, wenn ich echte römische Steine mitbringe aus *good old Europe*. Ich kann inzwischen kaum noch etwas erkennen. Zeit, zurück zu gehen. Ich drehe mich um und taste mich vorsichtig den Abhang hinunter. Durch die Bäume sehe ich ... *what is that?* Kleine Lichter blitzen durch die Bäume auf. Das muss unten auf der Wiese sein. Mein Gipsybus! Ich renne los. Brombeerranken halten meinen Rock fest. Ich reiße mich los und renne und stolpere. Ich falle hin, rappele mich wieder auf und renne weiter. Die letzten Bäume ... mein Wagen ... es raucht ... es qualmt ... *my documents* ... ich renne ... ich falle ... ein Knall ... eine riesige Flamme ... *my wagon* ... ich stehe auf ... ich schreie ... ich falle ... ich schreie und schreie ... und schreie ...

Anmerkung der Autorin: Einen herzlichen Dank an Friedhelm Schuler und Herrn Orth für die großmütige Unterstützung. Historische und geographische Fakten wurden den literarischen Erfordernissen allerdings untergeordnet.

El steht für Chicago Elevated, umgangssprachlich wird die U-Bahn in Chicago als El oder L bezeichnet.

Mord à la carte …

Michael Lentes

»Merzig hat angerufen. Sie haben zwei Arme. Im Oligsbach bei Harlingen. Abgetrennt, sonst nix.«

Brenner zuckte zusammen. Der Hauptkommissar vom Saarbrücker Landeskriminalamt sah lange, unappetitliche Ermittlungen auf sich zukommen. Sein Assistent Kramer grinste: »Und es wird noch viel besser, die Fingerkuppen sind weggeätzt worden.«

Amateur, dachte Brenner. Hat wohl zu viele Krimis gesehen. Schon seit gut hundert Jahren werden doch Abdrücke der ganzen Hand genommen. Hat der Täter wohl nicht gewusst.

Als Brenner und Kramer am Fundort ankommen, war schon die übliche Maschinerie angelaufen. Kriminaltechnik, Spurensicherung, Gerichtsmedizin. Dazu ein paar Neugierige, Rentner zumeist, die ihren Morgenspaziergang entlang des Oligsbaches zwischen Harlingen und Bietzen machen, vielleicht noch einen Frühschoppen im nahen Gasthaus nehmen wollten, wenn das mal zufälligerweise geöffnet haben sollte. Einer von ihnen hatte die beiden abgetrennten Arme im flachen Wasser des Baches entdeckt. Das war alles, kein Kopf, kein Rumpf, keine Beine, nichts.

Immerhin, soviel konnte die Gerichtsmedizinerin sagen, die Arme waren ziemlich fachgerecht abgetrennt worden. Das grenzte die Anzahl der Verdächtigen schon mal ein. Ein Arzt, Metzger oder Koch, das lag nahe.

Wer aber war der Tote? Vielleicht waren seine Handabdrücke ja gespeichert?

»Da brauchen wir auf jeden Fall die Hundestaffel und eine Hundertschaft Bereitschaftspolizei«, meinte Brenner, »irgendwo muss der Rest doch sein.«

Da sie am Fundort, der, wie die Kriminaltechniker gleich herausgefunden hatten, nicht der Tatort war, sowieso nichts mehr tun konnten, beschlossen die beiden Beamten vom LKA, nach Saarbrücken zurückzufahren, um auf das Ergebnis der gerichtsmedizinischen und erkennungsdienstlichen Untersuchungen zu warten. Die Zeugenbefragungen konnten auch die Merziger Kollegen machen. »Bringt doch eh nichts«, brummte der notorisch pessimistische Kramer noch.

Fünf Stunden später hellte sich seine Miene aber spürbar auf. Der Tote, beziehungsweise seine Handabdrücke waren gespeichert. Peter Schindelmeier hieß er, 35 Jahre alt. Gelernter Koch und als Vertreter für Tiernahrung beschäftigt und vorbestraft. Wohnort: Merzig, Bornewasserstraße.

Die Untersuchung der Wohnung brachte kaum Erkenntnisse. Das Bettzeug war verschwunden. Vermutlich war die Leiche darin abtransportiert worden. Ansonsten, wie fast zu erwarten gewesen war, viel Blut, zwar weggewischt, aber mit modernen Methoden leicht wieder sichtbar zu machen. Verschwunden war auch das Auto des Opfers, ein silbergrauer Opel Vectra mit Hannoveraner Kennzeichen.

Die Befragung der Nachbarn ergab, dass Schindelmeier eher zurückgezogen gelebt hatte, allerdings häufig Herrenbesuch empfing. Ab und an hatte er noch als Koch bei seinem ehemaligen Chef im Hotel Melter-Rewer ausgeholfen. Ein toller Typ sei er gewesen, gab sein ehemaliger Chef zu Protokoll, immer zuverlässig, hochqualifiziert.

Nicht gerade viel, dachte Brenner. Ohne den Rest der Leiche wird es schwierig. Aber wo suchen? Die Hunde und die Hundertschaft von der Bereitschaftspolizei hatten nichts gefunden.

Zurück im Saarbrücker Büro durchkämmte Kramer den Stapel mit Faxen anderer Polizeidienststellen und die Meldungen aus Frankreich und Luxemburg.

Nach wenigen Minuten wurde er fündig. In der Nähe von

Montenach bei Apach in Lothringen hatte man anscheinend den Torso Schindelmeiers gefunden. Spaziergänger hatten den grausigen Fund schon vor vier Tagen gemacht, teilte die Kripo in Metz mit. Und wie dem Fax zu entnehmen war, handelte es sich um einen ziemlich korpulenten Mann zwischen dreißig und vierzig Jahren. Das passte. Somit fehlten aber immer noch die Beine. Ein perverser Mörder? Oder warum war die Leiche so zerstückelt? Brenner kam mit seinen Überlegungen nicht weiter. Ohne einen Psychiater ging da wohl nichts. Am besten einen mit Erfahrung in der Forensik.

Und die befand sich zufälligerweise in Merzig. Nein, es musste kein Perverser sein, so der Forensiker Dr. Meier-Grafenstein. Es sei zu vermuten, dass hinter dem Zersägen der Leiche ein rein praktischer Ansatz stecke, so der Mediziner. Schindelmeier habe schließlich gut hundertzwanzig Kilo gewogen.

»Also etwas sperrig«, meinte Meier-Grafenstein, mit dem für manche Zeitgenossen gewöhnungsbedürftigen Ärztehumor. Der Täter hätte also größere Schwierigkeiten gehabt, den kompletten Leichnam unauffällig aus der Wohnung zu bekommen. In Bayern habe es mal so einen ähnlichen Fall gegeben. Da habe der so genannte *Samurai-Mörder* erst seine Freundin umgebracht, und da der Boden gefroren war und er die Leiche nicht vergraben konnte, hatte er sie in der Garage zersägt und die Teile entlang der A 8 verstreut. Solche Täter haben nur ein Ziel, schnell weg mit dem Beweis ihrer Tat.

So langsam fügte sich das Puzzle zusammen. Außerdem trudelten *peu à peu* weitere Hinweise aus der Bevölkerung ein. Vor allem das Umfeld und den Bekanntenkreis des Opfers betreffend. Zwei davon sehr viel versprechend.

Und wieder half aufmerksame Lektüre der Mitteilungen aus Luxemburg und Frankreich. Im Großherzogtum, im einsamen Ösling, hatte die Gendarmerie das Auto des Ermordeten gefunden. Außerdem hatte der Fahrer des Wagens an einer Tankstelle in Grevenmacher mit der Kreditkarte Schindelmeiers bezahlt. Und wie an Tankstellen üblich, war er auf der Videoüberwachung, wenn auch nur schemenhaft, zu erkennen.

»Mann, ist der blöd«, Brenner konnte sich ein zufriedenes Grinsen nicht verkneifen. Aus jahrlanger Erfahrung heraus hatte er schon eine Ahnung, wem er das Bild der Überwachungskamera vorlegen musste.

»Komm, Kramer«, rief er, »auf nach Merzig, vielleicht essen wir heute Abend noch richtig gut.«

Manfred Melter, der Inhaber des Hotels Melter-Rewer und der ehemalige Chef des Opfers, hatte wenig Probleme mit der Identifizierung des vermeintlichen Täters. »Ei, das ist doch der Heiko Marschall, der hat auch mal hier gearbeitet und der war mit dem Peter befreundet.«

»Kramer, gib schon mal die Fahndung raus!«

»Und jetzt«, Brenner lief schon mal das Wasser im Mund zusammen, »hätten wir gerne Ihre berühmte Fischplatte und zwei Viertel von dem guten Grauburgunder aus Perl.«

Zwei Tage später meldeten die belgischen Behörden die Festnahme von Heiko Marschall. Sie hatten ihn in Malmedy erwischt, als er gerade ein Auto mieten wollte. Alles Weitere war Routine. Nach seinem Geständnis stimmte der Täter einem vereinfachten Auslieferungsverfahren zu. So saß er zwei Tage später im Saarbrücker LKA den Vernehmungsbeamten gegenüber. Als Motiv gab Marschall seine hohe Verschuldung an. Er habe sich vom Exkollegen Schindelmeier Geld leihen wollen, um in Mexiko neu anzufangen. Der habe sich geweigert, es sei zum Streit gekommen und in dessen Verlauf habe er den Kontrahenten erschlagen. Den Kopf habe er dann nachts von der Fußgängerbrücke in Fremersdorf in die Saar geworfen. Gefunden wurde er nie.

E' Nacht lang Mississippi

Roland Helm

Roger freute sich schon sehr auf seinen Auftritt. Vierzig Jahre lang hatten sie nicht mehr zusammen musiziert. Und jetzt der Reunion-Gig der alten Schülerband auf dem Schiff. Es war schon sehr romantisch. Fast so, als wäre man noch mal achtzehn. *Reifeprüfung revisited*. Ratatatatat, da läuft er noch mal ab, der alte Film.

Es war Rogers Idee, die 40 Jahre Abitur mit einer Flussfahrt zu begehen. Saarbrücken – Saargemünd hin und zurück, ein paar Fass Bier, einige Kartons *Crémant d'Alsace* und Livemusik! Was lag näher, als die Musiker aus der alten Klasse zu fragen? Roger selbst machte sogar noch aktiv Musik mit eigener Band und sagte zu, die Proben zu organisieren. Chris, der Kunstlehrer und Norbert, der Anwalt, den alle nur *Dr. No* nannten, hatten sogar immer noch elektrische Gitarren zu Hause, die sie zwar selten benutzten, aber doch noch wussten, wie man sie spielt.

Es wurde gemailt und telefoniert und bald war das alte Repertoire von *Satisfaction* bis *Wild Thing* wieder in den Köpfen. Schließlich bekam die Begeisterung für die Band-Reunion ihren ultimativen Schub, als die Jungs sich daran erinnerten, dass im selben Jahr ja auch das 40. Jubiläum von *Woodstock* sei. »Hendrix ... Santana ... Ten years after!«, schwärmte Roger. Woraufhin Dr. No augenzwinkernd kommentierte, vielleicht besser »*Forty years later?*«

Die ersten Bandproben verliefen zwar etwas chaotisch, doch allmählich kam es zurück, das alte Feeling, die alten Songs, das alte Repertoire. »Wie wär's mit *La poupée qui fait non* von *Michel Polnareff?*«, meinte eines Tages Roger plötzlich beim Proben. Das hätte man damals doch mit Erfolg gespielt und schwer sei es auch nicht. Schließlich würde man ja auch eine grenzüberschreitende Flussfahrt machen und da sei so ein Hit aus *Fronkreisch* ja auch angebracht. Er sagte dies in dem schiefen Akzent, in welchem Franzosen *Döitsch spreschöhn* und den er absolut köstlich fand, der sich für Franzosen aus deutschem Mund allerdings völlig absurd anhörte. »Erinnert ihr euch noch an die süße Französin aus Paris, die meine Schwester damals vom Deutsch-Französischen Gymnasium mit nach Hause gebracht hatte? Die fand die Nummer immer super, obwohl wir sie als deutsche Band wahrscheinlich ziemlich grauenhaft gesungen haben«, murmelte Roger zwischen zwei Akkorden.

»Hast du mit der nicht gleich am ersten Tag ...?«, fragte Henry plötzlich aus dem Hintergrund und setzte zusätzlich eindeutige Körpersprache ein. Henry, der gar kein Musiker war und auch nicht singen konnte, aber als Einserschüler stets alle Texte auswendig konnte.

»Ja, hab ich und ich kann dir sagen, die hatte eine Taille, dass meine beiden Hände drum passten«, plusterte Roger sich plötzlich auf und wurde prompt rot. Und das auf seine alten Tage.

»Weiß jemand eigentlich, woran Rogers kleine Pariserin gestorben ist?«, warf Henry plötzlich und unerwartet ein, als sein Handy klingelte. Er warf einen Blick auf das Display, drehte sich sofort um und hielt das Ding ans Ohr, blieb aber stumm und legte bald wieder auf.

»Die haben sie doch damals flussabwärts an der *Molschder Schleuse* aus der Saar gefischt«, brummte einer. »Ertrunken?«

»Betrunken, ertrunken, ja!«, bekräftigte Henry. Roger klimperte derweil nervös auf seiner zwölfsaitigen Gitarre das Intro zu *La poupée qui fait non.*

»Die Puppe, die nein sagt«, Roger ging diese Zeile in all den Tagen zwischen Proben und Abiturfeier nicht mehr aus dem Kopf. Und betrunken soll sie gewesen sein, seine Pariserin, von der er doch wusste, dass sie absolut nichts trank. Komisch, dass Henry das gesagt hatte, der doch damals mit Carla befreundet war. Und heute hatte er witzigerweise eine Bruni.

Erst spielte Roger die Erinnerung einen Streich und er verwechselte die eigentliche Abiturfete mit der Party zur zehnjährigen Abiturfeier, die sie aus irgendwelchen Gründen vom gewohnten Sommertermin auf Silvester verschoben hatten. Richtig! Seine kleine Pariserin war zum Zehnjährigen mit irgendjemandem plötzlich und unerwartet aufgetaucht, was aber dann im Silvesterwahnsinn an der Saarbrücker Schlossmauer irgendwie unterging. Es war ein eiskalter Tag gewesen, das wusste er noch und dass es immer wieder Streit zwischen ihr und ihrem Kerl gegeben hatte. Er war kaum dazu gekommen, mit ihr zu sprechen. Schade eigentlich. Und dann war es zu spät.

Schließlich kam der Tag, auf den alle warteten. Man traf sich an der Schiffsanlegestelle am Saarbrücker Staatstheater, es war ein lauer Juniabend. Die Männer in Jeans und mit teuren Jacken, die Bäuche, soweit möglich, eingezogen, die Damen mit viel zu tiefen Dekolletés, man war ja schließlich gefühlt wieder achtzehn. Abgesagt wegen Krankheit, Kur oder wichtiger Konferenztermine hatte keiner. Sogar Heinz, der Schlagzeuger der Band, hatte sich kurz vor dem Ereignis aus Südfrankreich gemeldet und seine Teilnahme zugesagt. Keiner hatte ihn mehr auf der Rechnung, denn er war damals unerwartet als einziger durchs Abitur gerasselt und anschließend jahrelang verschollen geblieben. Keiner außer vielleicht Henry. Der habe ihn kürzlich im Internet nach einem längeren Chat enttarnt und schließlich eingeladen, berichtete Heinz geheimnisvoll. Heinz, der viel erzählte, wie er als Schmuckdesigner, wie er es nannte, in halb Europa unterwegs gewesen war. Wie *Dalís* junger Cousin sah er aus mit seinen pechschwarzen nach hinten gegelten Haaren und kajalgeschwärzten, immer ein wenig aufgerissenen Augen, dicke Ringe an den Fingern. In unserer trotz einiger Bohemiens doch recht bürgerlichen Gemeinde fiel er auf wie ein Paradiesvogel.

»Hey Ringo!«, rief einer kichernd, »stimmt es, dass man als Goldhändchen auch immer mit Zyankali zu tun hat?«

Die ersten Crémants wurden geschlürft, als der Kahn sich langsam Richtung Saargemünd bewegte. *Sitting on the dock of the bay* summte Henry Kopf nickend und machte einen dramatischen Augenaufschlag in Richtung Alte Brücke. Roger meinte daraufhin mit gespielter Strenge, dass er das Lied wohl kenne, die Band es aber nicht geprobt hätte, dafür aber gerne *When I'm sixty-four* spielen könnte. Der alte *Beatles*-Fan grinste. Nach der dritten oder vierten Runde Crémant schließlich legte das Schiff im französischen Grosbliederstroff an, das die eingefleischten Saarländer unter den Gästen nur *Blidderschdorf* nannten. Man war schon ein wenig beschickert.

Roger, glühender *SaarLorLux*-Lokalpatriot, wollte der Abiturgemeinde, vor allem den ausgewanderten Saarländern, von denen es einige gab, und die auch alle *aus dem Reich* gekommen waren, einer sogar aus den USA, unbedingt die Brücke zwischen dem saarländisch-deutschen Kleinblittersdorf und dem lothringisch-französischen Grosbliederstroff vorführen. Man flanierte also von der Schiffsanlegestelle zur Brücke. Es war ein wenig wie bei einer dieser pompösen deutsch-französischen Staatsaffären. Die Herren vorne, die Damen hinten.

»Und so soll es also passiert sein?«, fragte eine der Damen und beugte sich gefährlich über das Geländer im riskanten Versuch, den tödlichen Sturz nachzustellen. »Bei eisiger Kälte an Silvester auf der Alten Brücke am Schloss!« »Strack besoffen oder im dritten Monat schwanger?«

»Vollgekotzt war sie auf jeden Fall.«

Die Diskussion über den Tod der kleinen Pariserin geriet zur wilden Spekulation. »Und wer hat ihr dann den Schubs gegeben, der angeblich zu ...?«

Roger war plötzlich hellwach. Das hatte er noch nie gehört. Irgendwo weiter hinten piepste ein Handy.

Der Ortstermin auf der *Blidderschdorfer Brigg* drohte langweilig zu werden, als ein »Wir fah-ha-ren wa-ha-hei-ter!« das allgemeine Schweigen beendete. Die Ladies tippelten zurück ins Schiff, wo die ersten sich schon wieder zuprosteten. Als man Saargemünd erreicht hatte, war die Party in vollem Gange. Die Band hatte gleichzeitig mit der Ankunft in Saargemünd ihr geprobtes »*C'est une poupée qui fait ...*« angestimmt, das die Meute mit einem vielfachen »*Non, non, noooon, non*« echote. Rote Köpfe auf schwitzenden Körpern, die sich im Beat der Band beim Anlegen des Schiffes vor dem *Casino des Faïenceries* bewegten.

Keinem war aufgefallen, dass Henry fehlte, bis einer plötzlich nach ihm fragte. Doch alles Rufen half nichts. Roger stellte seine Gitarre ab. Aus den Gesangsboxen schepperte ein letztes, verhalltes »*Non, non, non*« und Heinz haute aus alter Gewohnheit noch einen Ringo-Starr-Gedächtnis-Snare-Roll in seine Marschtrommel. Dann war alles still. Totenstill.

»Henry?«, flüsterte seine Frau Bruni flehend und äugte in die Runde, die vom flackernden Discolicht mehr zerhackt als gestreift wurde. Da erscholl ein Schrei: »Henryyyyy!« Alle stürzten zur Reling, wo Bruni stand und *bedüdelt* in die Tiefe glotzte. Doch da war nichts. Henry tauchte einfach nicht wieder auf. Denn er war tot, was außer seinem Mörder zu diesem Zeitpunkt noch keiner wissen konnte. Dr. No dachte nach. Die Frage vorhin aus der Runde nach Rogers kleiner Pariserin ließ ihm keine Ruhe. Und dann noch Henry mit seinen Weibern. Erst Carla, dann Bruni. Zum Totlachen. Witzig, dass der französische Staatspräsident jetzt als Ehefrau Numero drei eine *Carla Bruni* hatte. Warum heißt dieser Mann nicht gleich Saarkozy mit zwei ›aa‹ wie in Saar, wie sich das gehört, eiferte er sich gedanklich und hielt das vorübergehend für ungeheuer komisch.

Dr. No fand den armen Henry schließlich, erhängt im Maschinenraum des Schiffes, ein umgekippter Stuhl in seiner Nähe. Das gefaltete Plattencover von *La poupée qui fait non* in der oberen Jackentasche. Dieses Bild würde er nie vergessen.

»Und im Mu... Mu... Mund ein v...v...voll gestopfter Pa...Pariser.« Ergänzte Heinz stammelnd, als sie später an Deck darüber sprachen. »Kondom, soviel Zeit muss sein«, kommentierte kalt einer der Gäste. Nach der ersten Fassungslosigkeit und einem erneuten Drink – in dieser Reihenfolge – tippten alle wie besessen in ihre Handys und versuchten per Taxi das Weite zu suchen, als Dr. No die Abitursgemeinde in die Schiffsbar bat.

»Du bist nicht *Hercule Loriot* ... äääh ... *Poirot*!«, protestierte einer schwerzüngig und tupfte sich die schüttere Stirn. Schweigen, kalter Schweiß auf den Gesichtern. »Was heute passiert ist, wissen wir noch nicht!«, dozierte der erfahrene Anwalt. »Aber eins weiß ich, auf der Alten Brücke zum zehnjährigen Abitur damals ...«, er machte eine kleine Pause, »... da waren wir alle dabei.« Er schaute in die besoffene Runde und jeder war ein Mörder. Einer fehlte. Zu diesem Zeitpunkt war Roger längst verschwunden.

Der größte Fisch ist eine Kröte

Lisa Huth

Das erste Mal passierte es auf dem Platz vor der *Porta Nigra* in Trier. Der Obst- und Gartenbauverein von Tholey-Hasborn hatte einen Tagesausflug organisiert. Der Stadtführer holte gerade pathetisch aus:»Im Prinzip könnten wir heute noch erleben, wie die Römer durch das Tor der *Porta Nigra* ritten. Uns trennt von ihnen nichts als die Zeit.«

Da purzelte ich hinab. Purzeln ist falsch. Es war ein freier Fall. Als ob man sich wünscht, die Erde möge sich auftun und sie tut es. Zwei Meter sauste ich hinunter. Schlug mir dabei ein Knie auf. Sofort schossen mir die Tränen in die Augen. Verschwommen nahm ich wahr, dass die Gruppe um mich herum verschwunden war. Ich war nicht auf Steinplatten gelandet, sondern auf festem Sand. Die *Porta Nigra* kam mir viel höher vor. Sie leuchtete hell in der Sonne. Alles roch anders. Ein verführerischer Duft von gebratenem Fleisch stieg mir in die Nase. Es war kurz nach Mittag, und ich hatte eigentlich keine Gedanken an die Römer verschwendet, sondern daran, wo es gleich was zu essen geben würde. Da hörte ich Hufschläge. Viele Hufschläge. Ich blickte um mich. Das aufgeschrammte Knie war vergessen. Die Menschen trugen lange Kleider oder kurze Röckchen. So bunt, schoss es mir durch den Kopf, als die Reiter um die Ecke bogen, geradewegs auf mich zu. Noch bevor ich schreien konnte, zerrte etwas an mir und ich stand wieder unter der Gruppe des Obst- und Gartenbauvereins. Niemand schien irgendetwas bemerkt zu haben.

Damals war ich zwölf. Seitdem sind unerwartete Reisen durch die Zeit für mich zur Normalität geworden. Nie nach Rom, London oder Tokio, sondern immer an den Ort, an dem ich gerade liege, stehe oder sitze. Ich habe gelernt, länger zu verweilen als nur ein paar Sekunden, kostete nur ein bisschen Willenskraft, habe gelernt, in die selbe Zeit, oder besser, in den selben Moment, zurückzukehren. Anstrengend, aber machbar. Jedes Mal aber zerrt plötzlich etwas an mir und ich bin wieder zurück in der Gegenwart. Der Einfachheit halber nenne ich es beamen. In meiner Zeit tickt die Uhr ganz normal weiter. Nach allem, was ich von meiner Umgebung weiß, wirke ich plötzlich abwesend. Darum strenge ich mich an, in der Gegenwart zu bleiben, wenn andere Menschen zugegen sind. Und mich nicht jedes Mal zu verletzen, wenn es wieder ein, zwei Meter tiefer geht. Ja, die Welt war früher ganz eindeutig tiefer gelegt. Die Verletzungen nehme ich nämlich immer mit zurück. Unerklärlich für meine Eltern, das aufgeschrammte Knie vor der *Porta Nigra*. Kein Mensch hatte mich fallen sehen. Die Wahrheit zu sagen, traute ich mich nicht. Ich habe überhaupt nie jemandem davon erzählt. Bis zu dem Tag, als ich Zeugin eines Mordes wurde.

Ich wohne in einem kleinen Dorf *in the middle of nowhere*, wie der Engländer sagt. Mitten im Nirgendwo. Es ist so winzig, dass der Name noch nicht einmal im Ortsschild auftaucht. Tholey-Hasborn steht dort. Ich aber komme aus Dautweiler. Als Kinder haben wir immer im Wald gespielt, an dem Bächlein, das den Berg hinunter floss. Die Wiesen waren unser Reich, wir turnten auf den Holzstößen neben den Häusern herum oder ärgerten die Kinder in der Neubausiedlung zwischen Dautweiler und Hasborn. Manchmal suchten wir auch die Hühnerfarm von Harald, oben im Wald, heim. Ein freundlicher Mann, der uns gerne rein ließ. Ich habe immer noch das Bild von wunderschönen weißen Hühnern vor mir, von Eiern, die gegen das Licht gehalten wurden, um zu sehen, ob die Schale nicht beschädigt war. Besonders gerne sahen wir Denis zu, der auf der Hühnerfarm jobbte. Als Zwölfjährige fanden wir ihn ja so was von ›total süß‹. Er beachtete uns natürlich überhaupt nicht.

Wäre das mit dem Beamen nicht losgegangen, wären meine Jugendjahre dagegen ganz schön öde geworden. Im Dorf passierte nämlich nichts, das für Jugendliche hätte interessant sein können. Null, *niente, nada*. Früher war das anders. Ich meine, richtig früher. Um in der Zeit zurückzureisen, musste ich an einem Ort sein, an dem etwas passiert war. Nichts Besonderes. Es mussten einfach Menschen etwas gemacht haben, oder es musste etwas passiert sein, zu dem ich in irgendeiner Form einen Bezug hatte – wie damals das gebratene Fleisch, das ich roch, weil ich Hunger hatte.

Oben auf dem Kamm hatten die Römer gelebt. Eine wirklich schöne Villa. Mit der Grundschulklasse hatten wir die Scherben im Heimatmuseum besichtigt, die unser Ortshistoriker dort versammelt hatte. Ein paar Jahre später, ich war vielleicht dreizehn, strolchte ich dort oben herum, stach hier und da Löwenzahn. Plötzlich fand ich mich mitten in der Küche der Römervilla wieder. Um mich herum waren Frauen mit Kochen beschäftigt. Eine schnitt Löwenzahn. Inzwischen wusste ich, dass sie mich nicht sehen konnten. Darum guckte ich neugierig in ihre Töpfe auf der Herdstelle. Im brodelnden Wasser bewegten sich Fleischstücke. Nach Hühnchen sah es nicht aus. Hase, schätzte ich. Die Wände waren weiß getüncht, auf dem Boden Fliesen, ich schlüpfte aus den Schuhen. Auf den Fliesen ging es sich angenehm, waren sie doch leicht gewärmt. Später sollte ich feststellen, dass die Wände der anderen Räume bemalt und verziert waren. Noch später, wen wundert es, ich studierte Geschichte, wusste ich, dass die Dautweiler' Römer keine armen Leute gewesen waren.

Die Zeit der Römer fand ich am interessantesten. Mehr noch als sie berührte mich aber die Geschichte des Kriegsheimkehrers Jupp. Er war der erste Tote, den ich je gesehen habe. Mein Vater ging immer zu Jupp, um dort Skat zu spielen, auch als er schon sehr krank war. Eines Abends schickte mich meine Mutter zu Jupp, um meinen Vater zum Essen zu holen. Auf mein Klingeln reagierte niemand, so ging ich durch die Hintertür, die immer geöffnet war. Ich fand alle um das Bett von Jupp versammelt. Seine Augen waren geschlossen, die Wangen eingefallen. Jupps Frau und Söhne weinten, mein Vater schluckte und schien die Tränen kaum zurückhalten zu können.

In diesem Moment beamte es mich mehrere Jahrzehnte zurück: Jupp kniete am Bett, blickte nach oben und dankte Gott und der Jungfrau Maria, dass sie ihn heil aus der Kriegsgefangenschaft heimgebracht hatten. Er werde sein Versprechen halten und eine Lourdesgrotte bauen.

Ein paar Tage später, nach der Beerdigung, ging ich zu dieser Lourdesgrotte, die wir alle von Kind auf gekannt hatten. Es beamte mich in die Fünfzigerjahre. Ich sah ihn den Felsen behauen, eine Fassung mauern und eine Madonna mit blauem Himmelsmantel in die Grotte stellen. Nach getaner Arbeit betete er mit großer Inbrunst. Immer einen Rosenkranz, immer ein Vaterunser. Ich stellte mir nie die Frage, warum gerade Jupp nach Hause gekommen war, Tausende andere, die gewiss nicht weniger fromm gewesen waren als er, aber nicht. Für mich versetzte der Glaube Berge, das stand felsenfest.

An der Grotte vorbei führte ein Weg durch den Wald hinunter zum Dorf. Es war eine ordentliche Strecke zu gehen. Als Kinder waren wir oft an der Lourdesgrotte gewesen. Angst, durch den Wald zu gehen, hatten wir nie, kannten wir dort doch jeden Stein und jede Wurzel. Die Eltern nahmen uns häufig samstags mit zur Marienandacht. Wir durften dann die Kerzen anzünden. Es war eine heilige und heimelige Aura, die Jupps Grotte umgab. Wir Kinder fühlten uns an diesen Samstagen geborgen. Auch heute noch ergreift mich dieses traute Gefühl, wenn ich zur Grotte gehe. Im Kerzenschein blickt die Madonna milde auf uns herab, als gäb' es auf der Welt kein Weh und Ach.

Als Jugendliche dann beschlich mich manchmal die Furcht, es könnte irgendjemand hinter den Bäumen lauern. Aber ich beruhigte mich damit, dass man sich in der Regel ja am liebsten selber Angst macht. Nach dem Tag aber, an dem ich den Mord miterlebte, gruselte es mich. Ich wollte nicht mehr durch den Wald gehen. Schon gar nicht an der Stelle vorbei, an der es passiert war ...

Ich joggte wie häufig den Weg von der Grotte hinunter, da veränderte sich der herbstliche Wald in der Morgensonne. Die Strahlen fielen plötzlich durch die saftigen grünen Blätter der Laubbäume, die Büsche wucherten vor mir über den Wegesrand. Hinter der Kurve vor mir hörte ich erregte Stimmen. Ich wusste, ich war mal wieder in der Vergangenheit gelandet, gleich würde ich an den Kleidern sehen in welcher Zeit.

»Der größte Fisch ist eine Kröte«, hörte ich jemanden sagen. Seine Stimme klang schrill. »Warum nicht gleich so«, reagierte ein anderer gönnerhaft. Der letzte Strauch bog sich zur Seite, da sah ich einen jungen Mann mitten auf dem Weg knien. Ich kannte ihn. Es war Denis. Der Denis, der auf der Hühnerfarm oben im Wald ausgeholfen hatte. Mit jämmerlichem Gesicht blickte er jetzt nach oben. Sein Gegenüber wandte mir den Rücken zu. »Und was hast du mir mitgebracht?«, fuhr er in seinem gönnerhaften Ton fort. Er war mir unsympathisch. »Ich ... ich, äh ... es war nicht mehr da.« In diesem Moment erblickte ich auch den Revolver, den das Großmaul Denis an die Schläfe hielt. »Du hattest deine Chance.« Wie in Zeitlupe sah ich ihn die Waffe entsichern und den Abzug betätigen. Denis schluchzte, dann blickte er mit aufgerissenen Augen zu mir herüber, als sähe er einen Geist. Etwas zerrte an mir. Alles verschwamm. Ich befand mich wieder in der Gegenwart. Sofort rannte ich zu der Stelle, an der der Mord passiert sein musste. Nicht der kleinste Blutstropfen war zu sehen. Wie lange war das her, was ich gerade gesehen hatte? Angestrengt dachte ich nach. Denis hatte Chemie studiert und in den Ferien immer auf der Hühnerfarm ein bisschen Geld verdient. Vor zwei Jahren war er spurlos verschwunden. Ich konzentrierte mich, um mir die Situation genau in Erinnerung zu rufen. Ich hatte das Gesicht des Großmauls nicht sehen können. Aber was hatte er getragen? Jeans. Turnschuhe. Eine Blousonjacke. Braun. So sehr ich mich auch anstrengte, es gelang mir nicht, zu dem Moment zurückzukehren, da er abdrückte.

Zu Hause zermarterte ich mir das Gehirn. Bisher hatte ich immer einen Bezug zu den Ereignissen in der Vergangenheit gehabt, mochte er mir auch noch so gering erscheinen. Aber mit Denis verband mich gar nichts. Damals, bei seinem Verschwinden, war er vielleicht zwanzig gewesen, drei Jahre älter als ich. Er kam aus Hasborn. Er war auf meiner Schule gewesen, hatte sie aber nach der zehnten Klasse verlassen. Wohin war er danach gegangen? Aufs Gymnasium nach Wadern? Ich konnte mich nicht erinnern. Und dann sein Blick. Hatte er mich gesehen? Hatte er mir etwas mitteilen wollen? Und wer war der andere? Nichts an ihm war mir bekannt vorgekommen.

In den folgenden Tagen joggte ich nicht mehr durch den Wald, sondern über den Hügel. Die Szene ging mir nicht aus dem Kopf. Ich musste mit jemandem reden. Jemand, der mich nicht für durchgeknallt halten würde. Monika Heisel kam mir in den Sinn. Monika hatte schon immer außergewöhnliche Dinge gemacht. Jedenfalls für Dautweiler Verhältnisse. Im Garten hatten sie und ihr Mann eine Minilandschaft aus Mühle, Bächlein, Brücken, Minibäumchen, Blumen und diversen Häuschen geschaffen.

Monikas Mann war Gärtner. Vor zwei Jahren logierte sechs Monate lang eine Austauschschülerin aus Amerika bei den Heisels. In diesem hatten sie eine Schülerin aus Mali zu Gast. Das hatte im Dorf für Aufsehen gesorgt, vor allem, weil sie sie wie selbstverständlich zu jedem Dorffest mitnahmen.

Monika würde mich nicht für ›plemplem‹ erklären, hoffte ich, als ich mich dazu durchgerungen hatte, bei ihr zu klingeln. Sie war erstaunt, dass ich sie um ein Gespräch bat. Scheuchte dann aber alle aus der Küche, setzte Kaffee auf und holte selbstgebackenen Kuchen aus der Kammer. »Muss ja was Wichtiges sein, wenn du mich so dringend bittest«, sagte sie. Ich nahm mir ein Herz und erzählte ihr alles, von der *Porta Nigra* an bis zu jenem Moment im Wald, als es mich wieder in die Gegenwart zerrte. Dann schwieg ich, wagte nicht, Monika anzusehen, stippte mit dem Zeigefinger die Kuchenkrümel auf dem Teller zusammen. »Der größte Fisch ist eine Kröte«, wiederholte sie langsam. Ja, das war der Haken an meiner Geschichte. Es klang so absurd, konnte eigentlich nur einem kranken Hirn entsprungen sein. Warum hatte ich es überhaupt erwähnt, ohrfeigte ich mich in Gedanken. Aber Denis hatte nichts anderes gesagt: »Der größte Fisch ist eine Kröte.«

Monika wiederholte den Satz. Ich sah von unten zu ihr auf, bereit, mich von ihr für verrückt erklären zu lassen und schnellstmöglich zu verschwinden. Ich konnte nur hoffen, dass sie die Story nicht im ganzen Dorf herumerzählen würde. Doch sie schien ganz woanders zu sein. Nickte vor sich hin, machte ein entschlossenes Gesicht und meinte: »Warte hier.«

Es dauerte eine Weile, bis sie wiederkam. Ich hatte mich inzwischen mit einem weiteren Stück gedeckter Apfeltorte angefreundet. Sie legte eine Zeitschrift auf den Tisch, blätterte darin herum, tippte schließlich mit dem Zeigefinger auf eine Zeile. »Hier: *Der größte Fisch ist eine Kröte.* Ich wusste doch, dass ich das schon mal irgendwo gelesen habe.« Ich wusste nicht, was größer war, meine

Erleichterung darüber, dass Monika mir glaubte, oder mein Entsetzen über das, was möglicherweise hinter dem Mord an Denis stand.

Es ging um die Aga-Kröte. Eine Landplage, weil sie sich in Australien schneller vermehrte als Karnickel oder Kängurus. Höchstgiftig, war sie zum neuen Superstar der internationalen Drogenszene avanciert. Ihr Sekret enthält gleich drei Halluzinogene und sorgt für Rauschzustände erster Güte. Wenn es die Konsumenten nicht ganz ins Jenseits befördert. Wie kam Monika an solch eine Zeitschrift?

»Ich bin Apothekerin«, beantwortete sie meine unausgesprochene Frage. Stimmt, hatte ich vergessen. Und da stand er, der Satz. Zitiert war ein Drogenexperte zu Beginn des Artikels. Sobald das Sekret der Aga-Kröte gemolken worden war, produzierte sie wieder neues. Gewissermaßen hatte man hier eine nachwachsende Droge. Damit konnten natürlich gewaltige Fischzüge im Reich des Drogenhandels unternommen werden.

»Und nun stellt sich die Frage: Wie kommt Denis in dieses Spiel hinein?« Wir spekulierten herum, kamen aber zu keinem Ergebnis. »Mord ohne Leiche«, meinte Monika schließlich. »Und ohne jede Spur«, fügte ich hinzu. Außerdem beschäftigten mich Denis' Blick, der genau auf mich gerichtet war und die Frage, warum er den Satz aus dem Artikel zitiert hatte. Es gab nur einen einzigen Ansatzpunkt: den Experten, den die Zeitschrift hinzugezogen hatte.

Es dauerte eine Weile, bis ich die Nummer des Professors herausgefunden hatte. Er war aber nicht zu sprechen: Auslandssemester – ausgerechnet in Australien. Dorthin zu telefonieren schien mir zu teuer, so wartete ich bis zu den Wintersemesterferien. Ich erläuterte ihm den Grund meines Anrufs, ohne näher auf die

Umstände einzugehen unter denen ich Denis' Tod miterlebt hatte. Als ich ihn auf den Satz ansprach, reagierte er merkwürdig verschlossen. Er könne mir da auch nicht helfen. Ihm sei es nur darum gegangen zu erklären, dass damit derzeit sehr viel Geld gemacht werden könne. Und im Übrigen habe er gleich eine Besprechung.

Dann ging alles Schlag auf Schlag. Dass ich beim Überqueren der Hauptstraße fast überfahren worden wäre, wunderte mich zunächst nicht, forderte das Dorf doch seit Jahren eine Ampel. Als ich aber tags darauf beim Joggen über den Höhenzug verfolgt wurde, von zwei Typen, die ich noch nie gesehen hatte, ging ich lieber in Deckung. Direkt hinter den Resten der zweiten Villa, der ländlichen *Villa Rustica*, fand ich ein geeignetes Versteck. Sie liefen mehrmals an mir vorbei. Schließlich hielten sie nicht weit weg von mir an. »Sie muss hier irgendwo sein«, konnte ich den einen flüstern hören. »Roger hat gesagt, wir müssen sie erwischen.« Er sprach jeden einzelnen Buchstaben deutlich aus. Da fiel es mir wie Schuppen von den Augen.

Der Mörder, der Kerl, der mir den Rücken zugewandt hatte, war Roger Müller, der Hausmeister meines Gymnasiums in St. Wendel, an dem ich gerade Abitur gemacht hatte. Ich konnte mir keinen Reim darauf machen. Was hatte unser Hausmeister mit der Aga-Kröte zu tun, und wieso schickte er diese Typen hinter mir her? Wie ein Film spulte sich der Morgen noch einmal vor meinem inneren Auge ab: ich beim Joggen, aufgewühlte Erde, Laub und Äste auf der linken Seite. »Wildschweine«, dachte ich, »die kommen immer näher ans Dorf.« Mein Blick erhaschte den Teil eines Schädels. Daneben eine Art vergilbter Karton mit der Aufschrift *Der größte Fisch ist eine Kröte.*

Ich sah jeden einzelnen Buchstaben vor mir. Darunter war noch etwas anderes gekritzelt. Wahrscheinlich hatte man Denis diesen Karton zukommen lassen, um ihn in den Wald zu zitieren. Aber wie auch immer, das war der Kontakt, den ich solange gesucht hatte. An jener Stelle musste Roger Denis verscharrt haben. Die Wildschweine hatten ihn frei gegraben, ich sah die Zeichen und es zerrte mich in die Vergangenheit. Aber Roger konnte das nicht gewusst haben. Mein Hirn arbeitete fieberhaft. Wie die Eisenspäne in einem Magneten richteten sich meine Gedanken plötzlich auf den Professor. Der hatte es gewusst. Ihm hatte ich fast alles erzählt. Nur er konnte Roger angerufen haben. Roger, Aga-Kröte, Drogen. Der Professor im Auslandssemester in Australien. Keiner kann ungehinderter Drogen unter die Jugend bringen als ein Hausmeister, der den Schülern in den Pausen Brötchen, Milch und Teilchen verkauft. Besorgte der Professor die Drogen, und Leute wie Roger verkauften sie? Denis war auf meiner Schule gewesen. Hatte Roger ihn angefixt? Oder hatte er als angehender Chemiker für den Professor gearbeitet? Wo hatte er noch mal studiert? Ganz kurz blitzte Monika vor meinem inneren Auge auf. Monika hatte ich auch alles erzählt, aber nein, wäre sie beteiligt, hätte sie mir nie den Zusammenhang aufgezeigt – oder doch?

Vor mir tauchte das Bein einer Jeanshose auf. Ich hielt den Atem an. Die beiden hatten sich aufgeteilt und durchkämmten Gebüsch und Wald. Ich griff nach dem nächstbesten Ast. Ihn an mich heranzuziehen, hochzuschnellen und ihm dem Typen im wahrsten Sinne des Wortes vor den Latz zu knallen, war eine einzige Bewegung. Der Typ heulte auf. Ohne mich umzusehen, rannte ich los, quer durch den Wald. Es dauerte ein paar Sekunden, dann wusste ich, dass der andere hinter mir her war. Aber ich, Freundchen, kenne mich hier aus, dachte ich grimmig. Nach wenigen Minuten kam die Hühnerfarm in Sicht. Sie lag weit entfernt vom Dorf, mitten im Wald. Bitte, lieber Gott, sorg dafür, dass Harald da ist, dass irgendjemand da ist! Der andere hatte gesehen, dass ich auf die Hühnerfarm zusteuerte und ließ sich zurückfallen. Aber er wäre wie ein Blitz hinter mir her, fände ich die Türen verschlossen vor, das war mir klar. Ich hörte die Hühner leise gackern. Es war noch nicht Fressenszeit. Bog um die Ecke ... und da stand Harald. Ich sandte ein Dankgebet zum Himmel und vorsichtshalber noch eins Richtung Mariengrotte.

Die Polizei hatte keine Mühe, die beiden zu fassen. Bis sie aus dem Wald herausgefunden hatten, war ihr Auto den Beamten längst aufgefallen. Sie, die kleinen Fische, servierten Roger der Kripo nur zu gerne. Von da zum Professor war es kein weiter Schritt. Der Satz ›Der größte Fisch ist eine Kröte‹ war ein Erkennungszeichen. Mit dem Karton hatte Roger Denis in den Wald gelockt, denn Denis hatte aussteigen wollen. Was ich gehört hatte, war seine erzwungene Rückkehr in den Club.

Fast das ganze Dorf ging bei seiner Beerdigung mit. Für seine Eltern war die Gewissheit, dass er tot war, schrecklich. Noch schlimmer waren für sie die Umstände seiner Ermordung. Aber dass sie ihren Sohn beerdigen konnten, war ihnen ein großer Trost. Auf dem Weg zum Friedhof ging ich neben Monika her. »Einen Moment habe ich gedacht, du könntest in diesen Handel verwickelt sein«, traute ich mich zu sagen. Sie zwinkerte mir zu. »Klar, ist doch immer so, entweder es ist der Gärtner oder die Apothekerin ...«

Tod auf dem Campingplatz

Gabor Filipp

Er lag mit dem Gesicht nach unten im Morast und war ohne Zweifel tot. Das wusste auch Charlotte Kriebel sogleich, obwohl sie außer ihrer vor Jahren aufgebahrten Tante Käthe noch nie einen Toten gesehen hatte. Sonderbarerweise kam Charlottes erster, gellender Schreckensschrei mit einiger Verzögerung. Auch sie wunderte sich irgendwie darüber. Aber nicht allzu lange. Dafür blieb keine Zeit mehr. Schon kamen die ersten dumpfen Stimmen aus den Wohnwagen, klappten die ersten Türen auf, wurden Worte verständlicher.

»Der Schrei kam von da hinten!«

»Theo, warte auf mich!«

»Bleib lieber hier!«

Der Tabbert von Theo und Hannelore Voltz stand am nächsten, gleich hinter den Tannen, die den Campingplatz vom Sumpfgelände abgrenzten. Ein Tabbert Kornet 630, Baujahr 1989. Der Wohnwagen war nur einmal auf großer Reise gewesen. Nach Makarska in Jugoslawien. Dann war dort Krieg und der Wohnwagen seither fest aufgebockt auf dem Campingplatz *Fortuna* in Brenschelbach. War sowieso billiger als wegfahren. Und die Kinder konnten mal an Wochenenden aus Pirmasens kommen. Außerdem: Hier kannte man sich untereinander, wusste was man hatte, dreiundneunzig Stellplätze, alles Dauercamper, alles Gleichgesinnte, eine große Familie.

Theo zwängte sich durch die Tannenzweige, spürte nicht die Schrammen im Gesicht, war als erster vor Ort, sah Charlotte da stehen. Die entließ wieder einen Schrei aus ihrem verzerrten Gesicht, merkte nicht, dass ihr Slip noch unten an den Knöcheln hing. Erst als Hannelore auch da war und ihr die Wäsche über das üppige Gesäß hochstreifte, überkam Charlotte das vage Gefühl, dass sie etwas vergessen hatte. Immer noch starrte sie fassungslos auf die bäuchlings im Schlamm liegende Gestalt, hörte Theo wie aus der Ferne sagen:»Da ist 'ne Leiche.«

Und Hannelore erwiderte:»Wir müssen die Polizei rufen.«

Hinter den beiden reckten schon andere Camper die Hälse, versuchten, in der Morgendämmerung mehr zu erkennen, als zu erkennen war. Die Herrmanns rückten so dicht auf, dass sie Charlotte schubsten, die fast vornüber fiel. Astrid war die Ungestüme. Ihr Mann Jürgen konnte geistesgegenwärtig gerade noch Charlottes Hüfte packen, sagte aber nichts. Sonst war er aufbrausend, der durchtrainierte Zweibrücker, und hatte seiner Partnerin drüben im alten Wilk Safari schon oft lautstarke Szenen gemacht, ohne sich daran zu stören, dass der ganze Platz mithörte.

Die Repperts aus Homburg in dem muffigen Uralt-Bürstner gleich nebenan hatten am meisten vom Geschrei. Aber die beiden Paare verstanden sich prima beim gemeinsamen Grillen und ansonsten auch. Gemunkelt wurde auf dem Platz über Partnertausch und von Besuchen im Merchweiler Swingerclub Ali Baba.

Der Günther Pitz, einer aus Hornbach, nur einen Katzensprung von Brenschelbach entfernt, stand auch vor der Leiche. Gesellig war er schon, der Günther, aber einige meinten, das käme nicht so aus dem Bauch, sondern wäre aufgesetzt. Beide Arme von Günther waren tätowiert, Erinnerungen an die Zeit bei der Fremdenlegion, hieß es. Er war mit seinem kleinen Knaus Monsum auf Stellplatz drei, gleich an der Einfahrt. Charlottes Schreie mussten weit gegangen sein und das gegen den Wind. Aber Günther war da. Und mit ihm sein häufiger Besuch, der Slatko, der aus Šibenik in Kroatien stammte, seit einigen Jahren in Kaiserslautern lebte und arbeitete. Bei einer Spedition. Alle kamen aus kleinen Verhältnissen, hatten keine besonderen Berufe und Karrieren: Hausmeister, Busfahrer, Arbeiter bei *Opel*, *Bosch* oder *Schaeffler* ... Man

konnte keine großen Sprünge machen. Aber Brenschelbach war
schön. An Wochenenden. In der Urlaubszeit. Eigentlich immer.
Aber jetzt diese Leiche im Schlamm, mitten im Sommer, am
frühen Morgen.

Das dachte sich auch Michael Waldura, als er sich mit zerknit-
tertem, unrasiertem Gesicht aus dem Dienst-Peugeot schälte,
kurz und heftig den *Gitanes*-Schleim hochkötterte, um dann seine
schlurfenden Schritte zum hinteren Bereich des Campingplatzes
zu lenken. Die uniformierten Kollegen waren schon da. Die Blau-
lichter ihrer Streifenwagen blitzten über die Kunststoffbehau-
sungen, die Menschengruppen davor, über die Wasserfläche des
Schwimmbeckens und des Angelweihers. Kommissar Waldura
war nicht gut drauf. Er wäre noch gerne im Bett geblieben, auch
wenn Waldtraut wieder einmal unwillig war und nicht bereit, sich
an Sex zu erinnern. Aber wenigstens den Schlaf hätte Waldura
dann noch gerne gehabt.

Scheiße, dachte er sich, hätte ich damals die Partei gewechselt,
als die neuen Herren kamen. Und die Ermittlung gegen den Baumann gleich eingestellt. Ein Scheißkerl, der falsche Akademiker
und Freund der Staatskanzlei. Ich Arschloch könnte schon längst
mehr als Kriminalhauptkommissar sein. Geregelte Arbeitszeit.
Innendienst. Chef.

Der Dauerfrust schlurfte mit Waldura über den Platz, dann
hinter die Tannen und das Flatterband. Die Spurensicherer in ihren weißen Overalls waren schon längst zugange. Waldura schaute hin, sah den Toten im grellen Scheinwerferlicht, ging dann
wieder zurück.

In der Kneipe im Hauptgebäude waren sie inzwischen alle versammelt. Die Uniformierten hatten sie dahin gescheucht, höflich
aber bestimmt.

»Wer hat die tote Person entdeckt?«, fragte Waldura und kam
sich dabei vor wie *Derrick* in der Folge 378.

»Ich«, kam etwas zaghaft die Stimme der Charlotte Kriebel, die noch einen der letzten Stühle bekommen hatte. Waldura musterte das blonde Pummelchen, eine Mittvierzigerin, und wollte wissen: »Was hatten Sie da früh morgens zu suchen, hinter den Tannen?«

Charlotte zögerte mit der Antwort, lief rot an: »Das möchte ich nicht sagen.«

Waldura dachte unwillkürlich an einen Quickie im Morgengrauen, verwarf das aber sogleich.

»Also, was haben Sie da gemacht, Frau Kriebel?«, insistierte der Kommissar.

»Ich musste mal dringend«, kam verlegen die Antwort, »für kleine Mädchen.«

»Und weshalb nicht in den Sanitärräumen? Soweit wäre das doch auch nicht gewesen«, hakte Waldura nach, dem jetzt erst auffiel, dass er eigentlich die Zeugen einzeln vernehmen müsste.

Felix Sumser, der Campingplatzbetreiber führte ihn zu einem kleinen Nebenraum, der die Küche war. Charlotte musste mit und dort weitere Fragen beantworten. Sie erzählte, dass sie es vorgezogen habe, ihr kleines Geschäft in der freien Natur zu verrichten, weil die Damentoiletten im Waschhaus am späten Abend zuvor so verunreinigt gewesen seien. Sie erzählte leicht angewidert von blutverschmierten Bodenfliesen. Schließlich stehe doch in jeder Ecke ein Behälter für Hygienebeutel.

Waldura schickte seinen Assistenten Kilian zur Spurensicherung. Die sollten sich das mal anschauen.

Die Sonne schickte schon ihre ersten Strahlen in die enge Bachaue mit dem Campingplatz, als Waldura die Befragung der Leute erst einmal abschloss. Die restlichen Camper mussten sich zur Verfügung halten. Sie hatten eh nichts Besseres zu tun, außer vielleicht, dass einige kurz mal nach Hornbach zum Supermarkt fuhren, um Würstchen und Schwenker zu holen. Gesprächsstoff für die paar Kilometer durch den Wald gab's genug, ebenso wie für diejenigen, die blieben und vor den Wohnwagen aufgekratzt in Grüppchen disputierten. Der Pitz Günther und Slatko waren nicht dabei, saßen wohl in ihrem Knaus.

Der Leichenwagen mit Homburger Kennzeichen fuhr vor und gleich nach hinten soweit er konnte. Bevor der verdreckte Leichnam in den Zinksarg kam um die Reise zur Gerichtsmedizin anzutreten, musste er eine genaue Musterung durch Waldura über sich ergehen lassen. Der Kommissar erkannte, was ihm schon berichtet worden war: zwei Einschusslöcher im Kopf des Mannes, trotz des Schlamms zu erkennen, ein Loch mittig in der Stirn, das andere in der rechten Schläfe.

Hinrichtung und noch ein Fangschuss auf den Liegenden, dachte sich der Kommissar, der mittlerweile Waldtraut und die ausgebliebene Beförderung völlig aus seinen Gehirnzellen getilgt hatte, nur noch auf die Sache konzentriert war, allenfalls noch an eine Kanne heißen Kaffee dachte.

Das graumelierte Haar des Toten, sein ebenfalls angegrauter Schnauzer waren auch noch erkennbar und der Anzug konnte unmöglich von *Woolworth* sein. Das Futter der zurückgeschlagenen linken Hälfte des Jacketts zeigte ein *Armani*-Etikett.

Eine Brieftasche und Papiere hatte der Mann, der sein Leben vorzeitig – so mit Ende Fünfzig – hatte beenden müssen, nicht bei sich. Waldura wurde das Gefühl nicht los, dem Typen schon mal irgendwo begegnet zu sein.

Nach der Tatwaffe wurde immer noch gesucht – auf dem Gelände und in der Umgebung. Auf der Pfälzer Seite der Landesgrenze waren dortige Kollegen zugange, auf der anderen, der französischen Seite leisteten Gendarmen Amtshilfe.

Waldura war davon überzeugt, dass keine Waffe auftauchen würde.

Das war kein blöder Killer, so seine Annahme, die er vorerst für sich behielt. Nur Fußspuren hatte der Typ hinterlassen. Am Rand des Morastes, im weichen nassen Boden. Und schon davor. Im Waschhaus, auf der Damentoilette, wo die Sauerei mit dem Blut war. Aber nicht von der Herkunft, wie sie Charlotte Kriebel vermutete.

Der Mord war auf dem Klo, machte sich Waldura seinen Reim, mit einer schallgedämpften Handfeuerwaffe. Dann wurde die Leiche in Richtung Sumpf geschleift. Kein nachhaltiges Versteck.

Die Abdrücke waren von grobstolligen Schuhsohlen, Größe 43 bis 45. Soviel hatte Waldura vorläufig, und kaum mehr, außer der Leiche noch. Es mussten Gummistiefel sein, war sich der Kommissar sicher und dachte dabei an seine Anglerstiefel, die er bei *Cora* in Saargemünd erworben hatte. Von diesen Stiefeln gab es mit Sicherheit unzählige beiderseits der Grenze.

In Brenschelbach war die Nachricht von der Leiche auf dem Campingplatz in Windeseile herum. In der Vogesenstraße standen die Leute vor den Häusern, hatten nur ein Thema, als Waldura wieder aus dem Dorf fuhr und feststellen musste, dass keine einzige *Gitanes* mehr da war.

In Saarbrücken begann das Warten auf die Ergebnisse der Ballistiker und Gerichtsmediziner. Walduras Büro füllte sich mit Zigarettenqualm, der Staatsanwalt wollte am Telefon Antworten, die es noch nicht gab.

Als es dann endlich soweit war, gab's zur Leiche nichts Überraschendes: die Kugel in die Stirn, ein aufgesetzter Schuss. Das Hirn weggepustet, große Austrittswunde. Der zweite Schuss war Verschwendung.

Die Todeszeit: so an die zwei Stunden bevor sich Charlotte hinter den Tannen zum Pipimachen hinhockte. Ansonsten keine Spuren eines Kampfes am Körper des Toten.

Das Blut im Waschraum war identisch mit dem des Ermordeten.

Die zwei am Tatort gefundene Projektile und Hülsen gaben sich als *Makarov*-Munition zu erkennen, Kaliber 9x18. Das ließ Waldura aufhorchen. Niemand hatte Schüsse gehört. Er dachte an die *Pistolet Besschumnyj*, an die Lautlose, wie die *Makarov PB* auch genannt wurde. Eine Waffe, entwickelt für die Agenten und Spezialeinheiten der Sowjetunion. Kompakt und leicht, mit dem integrierten Zweikammer-Schalldämpfer sehr leise.

Keine gängige Waffe, dachte Waldura weiter und dann an Ralph Baumann, diesen Scheißkerl mit intimen Politkontakten, der viel Geld hatte und auf feinen Pinkel machte, gleichzeitig hohen Tieren mit Nutten gefällig war und einfacheren Kriminellen rare Spezialmunition beschaffte. Letzteres gegen Bares versteht sich.

»Aber der Baumann, ein Killer?«, verwarf Waldura gleich wieder seine gewagte Intuition, der machte sich nie die Hände schmutzig.

Der Kommissar rief sich selbst zur Ordnung und klickte im PC die Ergebnisse des Labors auf: weder Fasern, die nicht zur Kleidung des Opfers passten, noch Fremdhaare oder sonstiges DNA-fähiges Material.

Der Mord sorgte in Brenschelbach für reichlich Gesprächsstoff und vor allem für Fragen. Keiner kannte das Opfer. Es war ein Fremder. Keiner, der da je auf dem Campingplatz war, geschweige denn dort Würstchen auf den Grill getan hätte. Das Gerücht über eine Abrechnung unter Mafiosi machte die Runde, wurde von der Presse genährt.

Waldura wusste es besser, nachdem der Fingerabdruck im Computer auf einen alten Bekannten verwies, auf Mirko Vukčević. Der Montenegriner hatte ein langes Vorstrafenregister, war aber seit Jahren sauber, soweit einer sauber sein konnte, der als V-Mann fürs LKA arbeitete. Im Jugoslawienkrieg war er ein Topinformant, als es um die Aufklärung von Waffenlieferungen ging.

Geliefert wurde auch aus St. Ingbert. Und Mirko fuhr mehrmals mit, war einer von ihnen, sammelte auftragsgemäß Namen, Querverbindungen, Destinationen, wusste auch um die Beschaffenheit der Ladung.

»Wieso, verdammt noch mal«, fluchte Waldura vor sich hin, »kommen alle verkackten saarländischen Waffenschieber aus dem Saarpfalz-Kreis – fast alle!«

Es fiel ihm gerade noch ein, dass Baumann in Saarbrücken wohnte. Der hatte seinen Flieger mit Kriegsgerät voll gestopft über Kroatien in der Luft. Sogar *Stingers* waren im Angebot.

Ob sich die Wege von Mirko und Baumann gekreuzt haben, fragte sich Waldura. In den Berichten stand nichts. Oder sie waren geschreddert.

»Bliebe nur noch die Frage, wer den Unbekannten ins Jenseits befördert hat. Und warum. Eine Frage, auf die uns die Polizei immer noch keine Antwort geben kann«, so tönten die Schlussakkorde eines ach so schlauen und schneidigen Kommentators vom Halberg aus dem Radio. Waldura murmelte noch: »Arschloch«, drückte grob die Aus-Taste und verließ sein Büro.

Eine Stunde später war er auf dem Campingplatz, pochte an die Tür des Knaus Monsum. Ein Bierbäuchiger in *Adidas*-Shorts gaffte aus wenigen Metern Entfernung ungeniert herüber. Die Wohnwagentür ging auf und Slatko Maletić schaute Waldura fragend an.

»Wieso haben Sie nichts gesagt«, raunzte der ihn an, »Sie haben ihn doch gekannt.«

Der Kroate aus Šibenik versuchte nicht die Bekanntschaft in Abrede zu stellen. Er wusste, dass die Bullen um seine Kurierfahrten mit Waffen nach Dalmatien wussten. Er war als Ersatz eingesprungen für den Videoladenbesitzer aus der Mainzerstraße, nachdem der weg vom Fenster war. Auf der Save-Brücke samt Lkw von einer serbischen Granate in die Luft gejagt.

Bei der Vernehmung bestritt Slatko Maletić etwas mit dem Tod von Mirko Vukčević zu tun zu haben. Waldura konnte ihm auch nichts Plausibles vorhalten. Doch schien der Kroate etwas zu wissen, womit er nicht rausrücken wollte. Waldura hatte so das Gefühl. Und meistens lag er richtig. Doch erst einmal durfte der Kroate nach Hause.

Eine *Gitanes* nach der anderen endete halb geraucht und dann zerdrückt im Aschenbecher. Immer wieder kreisten Walduras Gedanken um den Jugoslawienkrieg. Mirko, Slatko und der Baumann – sie alle waren dort gewesen. Mindestens vier, fünf andere Figuren aus dem Saarland hatten zwischen Zagreb und Split auch Geschäfte laufen. Mordgeräte gegen Dollars. Auf Luxemburger Konten oder sonst wohin. Der aus Paris war dabei, war inzwischen gestorben. Friedlich im Bett. Oder war es sein Zwillingsbruder? Egal. Die Flüsterpistole musste mit der *Jugo-Connection* in Verbindung stehen, mit den Händlern des Todes, ihren Stinger-Mörser-Minen-Geschäften. Vielleicht die späte Vergeltung für nicht erfolgte Lieferungen, vielleicht auch für nutzloses *Red Mercury*, dieses Zeug, mit dem man angeblich Wasserstoffbomben handlich machen konnte.

Das Telefon klingelte und wollte nicht aufhören. Waldura verließ unwillig seine Gedankengänge, griff widerstrebend zum Hörer. Ein sachdienlicher Hinweis zum Toten auf dem Campingplatz, durchgestellt von der Zentrale. Eine männliche Stimme ohne Namen sagte nur: »Es war wegen der Sumser. Fragen Sie ihren Alten.« Und schon hatte der Anonymus aufgelegt. Das reflexartige »hallo, hallo« des Kommissars ging ins Leere.

Eine halbe Stunde später scheuchte Waldura seinen Dienst-Peugeot durch die Vogesenstraße, überfuhr an der Einmündung Glockengasse fast einen Brenschelbacher Köter. Assistent Ernst Kilian saß angespannt auf dem Beifahrersitz, wünschte den Chef zum Teufel. Der aber fuhr unverdrossen weiter. Auf der Höhe des Sportplatzes zeigte die Tachonadel auf 120 km/h.

Als Waldura das Auto filmreif zum Tor hineindriftete, war des Dramas letzter Akt schon im Gange.

Vor dem Hauptgebäude standen die braven Dauercamper die Köpfe im Nacken, die Blicke nach oben gerichtet. Auf dem Flachdach stand breitbeinig der Felix Sumser, hielt mit der Linken eine Frau am Oberarm und mit der Rechten eine Pistole im Anschlag. Er zielte auf den Kopf der Frau, auf den Kopf seiner Frau Anna. Die starrte wie gelähmt mit geweiteten Augen ins Nichts, sah den Tod auf sich zukommen.

»Sumser, lassen Sie die Waffe fallen«, hörte sich Waldura den pflichtgemäßen Satz für solche Situationen rufen. Der Campingplatzchef ließ nichts fallen.

»Wir müssen reden«, so jetzt der Kommissar, »ich komme jetzt rauf.«

Und ebenfalls wie in einer Billigserie kam als Antwort vom Dach: »Bleiben Sie stehen, sonst knalle ich sie ab, die Schlampe!«

Um seine Drohung zu unterstreichen, fuchtelte Sumser mit der Pistole neben dem Kopf seiner Frau herum.

Ganz vorne kippte Charlotte Kriebel um, wurde von Theo Voltz aufgefangen, noch bevor sie auf den Asphalt knallte. Die Aufregung und die pralle Sonne waren zuviel für die zart besaitete Mollige. Für Waldura waren zu viele Gaffer da. Außerdem konnten sie zu Schaden kommen. Der Kommissar ließ räumen. Die Trachtengruppe griff durch. Slatko konnte gerade noch durchschlüpfen um Waldura eine Mitteilung zuzuraunen: »Ich habe ihn in der Nacht gesehen, den Sumser, wie er zum Klohaus ging, in der Tür noch den Mirko Vukčević traf. Draußen vor dem Eingang war's hell von der Neonröhre. Beide sind rein. Dann hat es so ›plopp‹-Geräusche gegeben. Der Sumser kam wieder raus. Der Vukčević nicht.«

Waldura wies ihn an hinter die Polizeiabsperrung zu gehen und dort zu bleiben. Der Kroate ging. Das Sondereinsatzkommando kam an, lenkte die Aufmerksamkeit Sumsers auf sich. Der Kommissar betrat das Haus und zog im Gehen seine Dienstwaffe aus dem Schulterhalfter, entsicherte.

Auf dem Dach knirschte der Kies unter seinen Füßen, Sumser blickte gehetzt nach hinten, zog die Frau mit dem freien Arm um ihren Hals fest an sich und brüllte wie ein Irrer: »Keinen Schritt weiter, ich drücke ab!«

Waldura blieb wie angewurzelt stehen. »Ganz ruhig«, sagte er, »ich bleibe stehen und lege die Waffe hin. Ich will mit Ihnen sprechen.«

Fast in Zeitlupe ging er in die Hocke und legte seine Pistole nieder, bevor er sich langsam wieder aufrichtete, Sumser ständig im Blick. Der hatte tatsächlich eine *Makarov* im Anschlag.

»Sie haben's miteinander getrieben«, brüllte Sumser jetzt, »ich hab's ihm heim gezahlt. Nun ist sie an der Reihe!«

Als Waldura den Mund aufmachte um etwas zu sagen, irgendetwas, was vielleicht geeignet gewesen wäre, den rasenden und unberechenbaren Mann zu beruhigen, zuckte der plötzlich zusammen. Sein linker Arm löste sich vom Hals der Frau, der Zeigefinger der rechten Hand verkrampfte sich am Abzug der *Makarov* aus der sich ein Schuss in die Luft hinein löste, der Körper sackte zusammen, stürzte über den Rand des Flachdachs, verschwand aus dem Blickfeld des Kommissars. Nur Anna Sumser stand noch da, regungslos, als wäre sie immer noch Geisel ihres Mannes, von ihm mit dem Tode bedroht.

Waldura wurde klar: da war gerade einer vor seinen Augen niedergeschossen worden. Den Knall vor dem ›plopp‹ der Makarov hatte er gehört, ungläubig erstaunt registriert. Mechanisch bückte er sich nach seiner Dienstpistole, schob sie zurück in das Halfter, schritt zu Anna Sumser, die nunmehr am ganzen Körper zitterte, führte sie langsam zur Luke, geleitete sie nach unten. Dort lag seltsam verrenkt ihr Mann. Die Kugel hatte seinen Oberkörper durchschlagen, eine Kugel aus dem Lauf eines *Heckler & Koch* Präzisionsgewehrs des SEK, da war sich Waldura so gut wie sicher.

Die Männer in den Schutzwesten hatten sich der Leiche genähert, die Helme abgestreift, größtenteils auch die schwarzen Sturmmasken. Waldura sah ernste bis erschütterte Polizistengesichter, schrie nach dem Einsatzleiter. Der gab an, den finalen Rettungsschuss nicht befohlen zu haben. Vielmehr habe Oberstaatsanwalt Heinrich Munz persönlich die Befehlsgewalt an sich gezogen, den tödlichen Schuss auf Sumser befohlen. Waldura sah gerade noch, wie Munz in seinen Wagen stieg, den Motor anließ und zügig davonfuhr.

Besser so, dachte er sich innerlich vor Zorn bebend, ich hätte ihm in die Fresse geschlagen.

Der Vertreter der objektivsten Behörde der Welt war nicht nur in den Augen des Kommissars ein skrupelloser Erfüllungsgehilfe des Justizministers und seiner politischen Freunde. Der geschniegelte Enddreißiger steckte im Anus der Regierungspartei, hatte es mitunter auf Vertreter der Opposition abgesehen, die ihrerseits Posten zum eigenen Wohle missbraucht hatten, als sie noch an der Macht waren. Da ließ sich allemal etwas finden und zur Anklage bringen. Munz spielte auch Golf mit dem LKA-Chef, der anstandshalber einige Monate mit dem Parteibuch gewartet hatte, jetzt aber mit dem Ministerpräsidenten Urlaub machte, in Italien, in Australien. Baumann war hin und wieder auch mit von der Partie.

Waldura hätte sich übergeben können, vor allem wenn er daran dachte, dass der Tod von Mirko Vukčević kaum mehr würde aufgeklärt werden können, von den Hintergründen ganz zu schweigen.

Dass Anna Sumser es nie mit dem Montenegriner getrieben hatte, wurde bei den Vernehmungen der nunmehrigen Witwe und anderer Personen sonnenklar. Die beiden waren sich nie begegnet. Sie kannten sich nicht. Das Eifersuchtsdrama mit doppelt tödlichem Ausgang hatte keine reale Grundlage.

Woher Felix Sumser und Mirko Vukčević sich kannten, blieb

für den Kommissar ebenso ein Rätsel wie die Frage, wie der Campingplatzbetreiber sein Opfer in die ungewöhnliche Falle hatte locken können. Die Herkunft der *Makarov PB*: auch da kam der Kommissar keinen Schritt weiter. Die zwei Menschen, die weiterführende Aussagen hätten machen können, schwiegen für immer. Der eine, weil ihm ein irregeführter Choleriker zwei Kugeln verpasst hatte. Der andere, weil ihm ein SEK-Beamter auf Geheiß eines Staatsanwalts eine Kugel durch den Brustkorb gejagt hatte. Waldura zog an der *Gitanes*, die er mit seinen nikotingelben Fingerkuppen hielt, fühlte tiefe Resignation in sich aufsteigen. Dann dachte er an Waldtraut und daran, die aufgelaufenen Überstunden bei ihr im Bett abzufeiern. Brenschelbach, das würde er einfach als weitere Niederlage hinnehmen müssen. Offiziell würden die Ermittlungen weiterlaufen. Eine Zeit lang noch. Bei einem anderen Sachbearbeiter. Bei einem, der nicht viel nachfragte und nachdachte, dafür aber sicherlich Karriere machen würde.

Raaschbach Reloaded

Harald Martin

Unglaublich, wie viel Rotz und Wasser in so einem jugendlichen Körper drinsteckten. Markus überkam bereits der dritte Weinkrampf. Kriminalhauptkommissar Wespers hatte nach der zweiten Attacke eine Rolle Klopapier von der Toilette geholt und sie dem Vierzehnjährigen vor die Nase gesetzt. Die kontingentierten Papiertaschentücher waren ihm dann doch zu kostbar auf die Dauer.

»Heul Dich ruhig aus«, sagte Wespers verständnisvoll, seine ruhige, sonore Stimme schnurrte wie ein freundlicher Kater. Markus verstand das als Anfeuerung und japste lauthals, riss an der Klopapierrolle wie eine Katze auf Beutefang, um sich gerade noch rechtzeitig das, leider wenig saugfähige, Papier übers Gesicht zu wischen. LKA-Qualität.

Ich weiß nicht, wie das geschehen konnte. Auch wenn wohl jede Beichte so anfängt und nur den Sinn hat, um Verständnis und Vergebung zu betteln, so möchte ich dennoch an Sie appellieren, mir zuzuhören. Sie kennen doch auch diese Momente, diese Augenblicke, diese Sekunden, die man im Nachhinein ungeschehen machen möchte. Eine falsche Entscheidung, ein falsches Wort, eine falsche Bewegung. Ja, eine falsche Bewegung. Mehr war es gar nicht. Aber sie genügte, einen Menschen zu töten. In meinem Kopf laufen ständig zwei Filme ab. Im einen Film wiederholt sich das tragische Geschehen immer wieder aufs Neue, als Endlosschleife. Der andere Film ist eine Rückblende auf die Minuten davor, allerdings in verschiedenen, fiktiven Varianten – in Varianten, die gut ausgehen, die ein Happy End haben. Nur in meiner

Phantasie kann ich die Tat ungeschehen machen, auch wenn ich zugeben muss, dass es mir nicht leid tut um den getöteten Mann. Er war ein Widerling.

Wespers war ein erfahrener Ermittler. Und ein erfahrener Vernehmer. Er wusste einerseits, dass Markus reden würde. Irgendetwas würde er aussagen, dem Druck würde er nicht mehr lange standhalten. Andererseits wusste Wespers auch, dass nicht nur unreife und unsichere, sondern auch gestandene und hochintelligente Menschen in gewissen Situationen sich selbst bezichtigten ein Verbrechen begangen zu haben, mit dem sie in Wirklichkeit aber absolut nichts zu tun hatten. Falsche Geständnisse gehörten zu seinem Tagesgeschäft. Jeder, den man auf der Straße fragen würde, würde es als dumm oder als krank bezeichnen, etwas zuzugeben, wo nichts zuzugeben war. Die Hälfte dieser selbstbewussten Schwadroneure könnte Wespers innerhalb kurzer Zeit klein kriegen und zu einer Falschaussage überreden. Die andere Hälfte wäre ebenfalls zu überzeugen, allerdings nur mit illegalen Mitteln, mit Folter oder mit Drohungen, Familienmitgliedern oder Freunden wehzutun. Wespers wusste, wie leicht Menschen zu manipulieren waren. Er nahm sich daher vor sich selbst in Acht. Trotzdem würde er Markus zum Reden bringen. Und Ansgar. Und Jakob. Die drei standen schließlich unter Mordverdacht.

Ich war's. Aber das wird man nie herausbekommen. Wer kommt schon auf die verrückte Idee eine dreifache Mutter aus Saarbrücken – glücklich verheiratet, halbtags als Finanzbeamtin beschäftigt, in verschiedenen Elterninitiativen aktiv, mit einer weitläufigen, übers ganze Saarland verstreuten Verwandtschaft gesegnet – zu verdächtigen, einen Mann getötet zu haben. Einen Mann, zu dem es keine Verbindung gibt. Jedenfalls keine nachvollziehbare. Ich hatte Rudi durch einen blöden Zufall kennen gelernt. Es war im Anschluss an einen Elternstammtisch in der *Malzeit* beim alten Sankt Johanner Friedhof. Mein Mann war zu Hause geblieben, alle hatten bezahlt und sich verabschiedet, als ich noch mal umkehrte um auf die Toilette zu gehen. Ich wiederhole: Ich hoffe auf Ihr Verständnis, aber auch eine Frau wie ich, gefangen in einem fest geknüpften Netz voller Verpflichtungen und Routinen, hat Träume und Wünsche. Als ich mit Rudi buchstäblich zusammenprallte, musste ich so hysterisch lachen, dass augenblicklich etwas mit meinem Hormonhaushalt durcheinander geraten sein musste. Seine Hand, mit der er mir aufhalf, nachdem er mich umgerannt hatte, war gleichzeitig stark und weich, zupackend und zärtlich. Einem spontanen, aber unbändigen Gefühl folgend, wollte ich die Gelegenheit ergreifen, für einen kurzen Moment aus allem auszubrechen. Genau das wollte Rudi offensichtlich auch, der nur in die Gaststätte gekommen war, um sich Erleichterung zu verschaffen. Außer seinem Vornamen hatte er mir nichts von sich verraten wollen, was mir nur recht war. Nachdem klar war, welches Abkommen wir getroffen hatten, sagte er, wir sollten mit meinem Auto nach Fechingen fahren. In der Provinzialstraße bogen wir rechts in die L 105, in die Bliesransbacher Straße. Er leitete mich zu einem kleinen Waldweg, ich fuhr hinein, nach etwa hundert Metern sagte er: »Stop.« Und dann ... tja, vergnügten wir uns für eine gewisse Zeit. Hinterher erzählte Rudi mir von seinen Eskapaden, nein, er prahlte damit. Er fragte mich außerdem, wie viel Geld ich denn gerne von ihm hätte und wie viel er denn in Zukunft zahlen solle pro Ausflug. Er hatte nichts verstanden und machte sich auch nicht die Mühe, irgendetwas verstehen zu wollen. Innerlich kochte ich vor Wut. Zumindest meine Schweigsamkeit hätte ihm komisch vorkommen müssen, aber er reagierte in keiner Weise. Ich startete den Motor, er dirigierte mich weiter in Richtung Bliesransbach, über die Fechinger Straße, in die Mittelstraße, zur Bushaltestelle Bliesransbacher Markt. Offenbar wollte er nach Kleinblittersdorf zum Bahnhof um von dort nach Saarbrücken zurückzufahren. In die Anonymität.

Die war ihm ganz wichtig. Er behielt sie dann ja nicht, allerdings kam sie ihm auf ganz andere Weise abhanden, als er je zu ahnen in der Lage gewesen wäre.

Es war soweit. Wespers spürte, dass es gleich aus Markus hervorbrechen würde. Schnappatmung hatte eingesetzt. Es folgte ein verbaler Wasserfall. Markus berichtete ohne Punkt und Komma, wie Ansgar, Jakob und er den Mann an der Bushaltestelle Bliesransbacher Markt, wo er offenbar auf die 501 wartete, foppen wollten, ihn fragten, was er so spät in *Raaschbach Ciddy* zu suchen habe, in ihrem Revier, und ob er keine Angst habe in der Dunkelheit, ›huhuhuhuhu‹. Wie dieser beleidigend wurde, sie als ›Armleuchter‹ und ›verhinderte Ghetto-Kids‹ bezeichnet habe. Wie es zu einem Gerangel gekommen sei, nachdem der Mann auf sie losgegangen war, wie er, Markus, und nur er, den Mann etwas stärker schubste, dieser unglücklich die Treppe neben der Haltestelle rückwärts auf den Sucé-sur-Erdre-Platz runtergestolpert, hingefallen und liegen geblieben sei, wie sie dann sofort weggerannt seien, nach Hause, jeder für sich, panisch, ohne weitere Worte.

Alles klar, dachte Wespers, für einen Moment lang resignierend.

»Du hast ihn mit deinen beiden Händen geschubst, sagst du.«

»Jaja, genau«, antwortete Markus.

»Und der Mann hatte angefangen mit der Keilerei.«

»Jaja, genau.«

»Der Mann war knapp einsneunzig. Kein Problem für euch, mit so einem fertig zu werden?«

»Doch, schon, aber mit der richtigen Technik ...«, lachte Markus kurz auf, wurde aber sofort wieder todernst.

»Der Mann war durchtrainiert, so ein regelmäßiger Muckibudenbesucher. Das habt ihr doch gemerkt, dass der nicht so ein Weichei war.«

»Ja, schon, aber wir waren schließlich zu dritt.«

»Oder war der Mann irgendwie, hm, betrunken oder sonst wie nicht ganz bei sich?«

»Also davon hab ich nix gemerkt.«

»Oder vielleicht krank oder verletzt?«

»Hab ich nix von gemerkt.«

»Er kam dir also ganz normal vor. Nüchtern, wach, körperlich fit.«

»Jaja, genau.«

Wespers war fürs erste fertig mit Markus. Er wusste, dass Markus nicht die Wahrheit sagte. Markus suchte ja auch gar nicht nach der Wahrheit, sondern nach einer schlüssigen Antwort für ihn, Wespers. Die hatte er nicht gefunden, zu seinem Glück. Der Kommissar ließ Markus in die Zelle zurückbringen, er nahm sich Ansgar vor. Dessen Aussage war, dass er zwar mit den beiden anderen rumgestreunt, dabei aber nichts Besonderes geschehen sei. Nein, ein ihnen fremder Mann sei ihnen auch nicht begegnet – am späten Montagabend in Bliesransbach.

»Ist ja wohl lächerlich.« Auch sonst sei ihnen nichts Ungewöhnliches aufgefallen. Wespers ließ Ansgar wegbringen und Jakob holen. Der hielt das ganze für einen Witz und genoss das Abenteuer. Ein Mann?

»Jaja, den haben wir kaltgemacht.«

»Wie?«

»Ich war's. Mein linker Fuß ist blitzartig vorgeschnellt, voll gegen die Brust. Das krachte vielleicht.«

»Und dann?«

»Ist er die Treppe runtergefallen.«

»Und dann seid Ihr abgehauen.«

»Nö, ich hab mir den Knaben noch mal aus der Nähe angeschaut, ob er auch wirklich hinüber ist.«

»Soso.«

»Literweise Blut, sein Kopf war nur noch Matsch.«

»Jetzt hör mal zu, Kleiner! Wer sich selbst bewusst einer Straftat bezichtigt, macht sich strafbar. Ist Dir das klar?«

Jetzt schluckte Jakob. Einen Moment lang herrschte Stille. Jakob grinste.

»War doch alles nur Spaß. Ich weiß gar nicht, warum wir hier sind. Da war kein Mann. Niemand. Als das passiert sein musste, waren wir alle längst daheim. Es kann gar nicht anders sein. Wir haben nix gehört und nix gesehen. Leider.«

Wespers wusste, dass die Jungs nichts mit der Sache zu tun haben konnten. Daran konnte es jetzt keinen Zweifel mehr geben. Zu einer solchen Art – wenn es denn eine wäre – subtiler Absprache sind Vierzehnjährige nicht fähig. So genannte Erwachsene normalerweise auch nicht, es sei denn, sie sind Berufsverbrecher.

Als ich am Morgen nach dem schrecklichen Abend in den Nachrichten hörte, dass man einen Toten auf dem Marktplatz in Bliesransbach gefunden hatte, fiel mir schier der Kaffee aus der Hand. Konnte das denn sein? War der Mann, war Rudi, wenn er denn so hieß, war er wirklich tot? In diesem Moment begann mein Leben mit den zwei Filmen.

Wespers ließ die drei Jungs frei. Wenn einer etwas von einer Eisenstange erwähnt hätte, oder zumindest von einem Holzknüppel ... Aber offensichtlich stimmte es, dass die Jungs längst zu Hause vor ihren Computern saßen oder in ihren Betten lagen, als der Mann getötet wurde. In Verdacht geraten waren sie, weil ein Bewohner der Wendalinusstraße, einer der zweieinhalbtausend geschockten Bliesransbacher, ausgesagt hatte, dass er die drei Rumtreiber abends von seinem Fenster aus gesehen habe, wie sie mal wieder wiehernd um die Häuser gezogen seien, wie sie sich an der Bushaltestelle am Gedenkstein anlässlich von 1200 Jahre Bliesransbach, 796/1996, und an der Metalltafel –

Hier haben wir an Novembertagen
unsere Kirb' zu Grab getragen.
Sie war wie immer wunderbar,
nun soll sie ruhn ein ganzes Jahr.
Die Raaschbacher Kirwebuwe!

– zu schaffen gemacht hätten, wie er sich vorgenommen habe, gleich am nächsten Tag mit den jeweiligen Eltern der drei zu sprechen, um dem Treiben endlich Einhalt zu gebieten, und so weiter und so weiter. Eine wertlose Aussage. Der Gerichtsmediziner hatte in seinem Bericht von einem ausgeprägten Hämatom unterhalb der linken Kniescheibe geschrieben, das von einem harten Gegenstand verursacht sein musste. Vermutlich war dieser Schlag die Ursache für das Zurückweichen, das Wanken, den Absturz des Mannes neben der Haltestelle, gegenüber der Volksbank. Mit dem Hinterkopf war er hart auf den Asphalt geknallt, es war ein unvermuteter, ein schneller Tod.

Im Moment kann ich damit leben, mit den beiden Filmen, mit dem Geheimnis. Mein Alltag frisst mich glücklicherweise auf. Nur manchmal, manchmal, da halte ich plötzlich inne und denke: man soll wissen, wie alles geschehen ist. Daher hab ich mich jetzt, ein halbes Jahr nach dem schrecklichen Geschehen, dazu entschlossen, einen Brief zu schreiben. Ohne Absender natürlich, nur mit den detaillierten Tatsachen. Dass ich Rudi, der in Wirklichkeit gar nicht Rudi hieß, wie ich später las, an der Bushaltestelle rausgelassen hatte, dass ich ihm sein blödes Grinsen, das ich im Scheinwerferlicht sah, als er sich von meinem Auto entfernt und noch mal umgedreht hatte, irgendwie wegwischen wollte. Dass ich mit zusammengebissenen Zähnen auf ihn zufuhr, wie er sein Grinsen verlor, stattdessen panisch die Arme nach vorn streckte, wie ich kurz vor ihm abbremsen wollte, ihn aber erwischte und er wie von einem Strick gezogen nach hinten fiel. Ich fuhr sofort weg, einmal um den Marktplatz herum, zurück nach Saarbrücken. Mein Herz raste. Ich dachte nicht, dass Rudi diesen Sturz nicht überlebt hätte, ich hatte mir vorgestellt, wie er fluchend in der Bliesransbacher Stille herumgehumpelt wäre und dann den Bus bestiegen hätte. Jetzt war ich diejenige, die grinste. Aber auch mir verging das Grinsen. Er war tot, mausetot. Ich las, dass ein Hauptkommissar Wespers die Ermittlungen leitet.

Ihm werde ich schreiben. Er wird mich nicht kriegen, aber er wird wissen, was vorgefallen ist. Das muss ihm genügen.

Wespers verabschiedete die drei Jungs mit Handschlag. Markus lächelte schief, Ansgar blickte ihm stoisch in die Augen, Jakob, der Witzbold, deutete mit seiner linken Faust einen Schlag in Wespers' Magengrube an, lachte und rief: »Ich mach ein Computerspiel draus. Titel: *Raaschbach Reloaded*. Hahahaha...«

Rot wie Blut, weiß wie Schnee

Karin Mayer

Der Schnee war über Nacht gefallen. Als er vor die Tür trat, schneite es noch immer. Frühmorgens, kurz nach sieben, war die Straße noch menschenleer. Er begann Schnee zu schippen. Sein Blick streifte über die Hecke in seinem Vorgarten. Mit der dicken Schneehaube sah sie noch höher aus, als sie ohnehin schon war. Auch dieses Wochenende würde er die Hecke also nicht schneiden. Im Sommer hatte er keine Lust gehabt, nachdem der Ortvorsteher zum Ärger vieler Gartenbesitzer den Heckenabladeplatz im Ort gesperrt hatte. »Völlig unnötig«, grummelte er noch mal bei dem Gedanken an den ganzen Streit, den es deswegen in Bliesmengen-Bolchen gegeben hatte. Jede Menge Diskussionen im Ortsrat und dann noch diese anonyme Unterschriftenliste gegen die Entscheidung. Im Herbst hatten sich die meisten zwar schon daran gewöhnt, dass sie ihren Grünschnitt seither nach Ormesheim fahren müssen. Er aber nicht. Das kam vielleicht auch daher, weil der Ortsvorsteher Peter Kochaneck sein Nachbar und Freund war. Er hatte ihm die Aktion ziemlich krumm genommen. Wochenlang hatten sie sich über den Gartenzaun hinweg angeschwiegen. Schluss mit lustig. Eberhard hatte geschmollt. Auch im Alter von 62 Jahren konnte er das noch hervorragend. Jetzt lag Schnee auf der Hecke im Vorgarten. Wieder ein Grund, sie nicht zu stutzen.

Er setzte die Schaufel an und schob scharrend den Schnee auf die Seite. Eine Spur nach der anderen zog er, als ihn ein Klirren aus seinen Gedanken riss. Unter dem Schnee hatte eine Flasche gelegen. Jetzt war sie in Einzelteile zerbrochen. Ärgerlich bückte er sich und fischte die großen Scherben aus dem Schnee. Eine Wodkaflasche. Wie kam die denn hierher?

Polizeihauptkommissar Brenner war stinksauer. Wütend schmiss er seine Uniformjacke in die Ecke und brummte vor sich hin. Seit letztem Sommer war er hinter einer Hehlerbande her. Ein professionelles Pack, das ihn nach Strich und Faden an der Nase herumgeführt hatte. Diebstahl nach Diebstahl hatte Brenner registrieren müssen. Geld, Elektrogeräte, Autoteile oder Medikamente – die Kerle waren nicht wählerisch. Seit Monaten hatte er nun Indizien gesammelt, Anzeigen verglichen, die Tatorte mit einer Nadel auf einer Landkarte gekennzeichnet und in der vergangenen Woche endlich eine Spur gefunden. Ein Betrunkener auf dem Revier hatte von einem seltsamen Lager gefaselt. Brenner war schnell hellhörig geworden und hatte den Ort untersucht. Er ließ das Lager beobachten und plante den ganz großen Coup. Schließlich wollte er nicht nur die kleinen Fische, nein, er wollte die ganze Bande auf einen Schlag ausheben.

»Es ist zum Verrücktwerden«, schimpfte Brenner jetzt in seinen Dreitagebart. Er hatte eine ganz große Aktion geplant. Mehrere Einsatzwagen, zwölf Kollegen, die stundenlang auf der Lauer gelegen hatten, um die Hehler zu schnappen. Brenner hatte erwartet, dass heute ein großer Tag für die Truppe sein musste. Das Lager musste brechend voll mit gestohlenen Fernsehern und Stereoanlagen gewesen sein. Irgendwann mussten sie kommen und ausräumen. Doch nichts geschah. In den frühen Morgenstunden hatte er den Zugriff befohlen. Brenner konnte es noch immer nicht fassen. Er wollte seinen Augen nicht trauen. Das gesamte Lager war leer gewesen. Fernseher und Stereoanlagen verschwunden. Das einzige was die Diebesbande zurückgelassen hatte, waren einige Kisten Wodka gewesen.

»›Gorraff‹ Wodka oder so ähnlich. Wer will so was schon trinken?«

»Autsch. Das auch noch. Geschnitten.«

Blut tropfte rot in den weißen Schnee. Mit der linken Hand

fischte Eberhard sein Taschentuch aus der Hosentasche und wickelte es um die Hand. Jetzt hatte er keine Lust mehr, Schnee zu schippen. Der Schnitt brannte, das Taschentuch färbte sich rot. Rot wie Blut, weiß wie Schnee. Er stützte sich auf die Schneeschaufel und blickte die Straße hinauf und stockte. Vor dem Nachbarhaus lag jemand im Schnee. Eberhard ließ die Schaufel fallen und rannte hin. Der Mann trug einen dunklen Mantel, eine Wollmütze. Das Gesicht war blutig. Trotzdem erkannte er, dass es sein Nachbar Peter Kochaneck war. War er bewusstlos oder ...?

Eberhard fasste ihn vorsichtig an der Schulter an.

»Peter, was ist passiert?« Keine Antwort. Er rüttelte vorsichtig an dessen Schulter und tatsächlich, Peter Kochaneck öffnete die Augen.

»Wo bin ich?«, fragte er gequält.

»Du liegst vor deinem Haus im Schnee. Kannst du dich bewegen?«

»Mir ist kalt, aber ich glaube, es geht.«

Mühsam half Eberhard seinem Nachbarn auf die Beine. Er schleppte ihn in sein Haus. Die Tür stand offen. Eberhard drückte auf den Lichtschalter. Sein Atem stockte. Die Wohnung war verwüstet. Die Einbrecher hatten sich nicht nur damit begnügt, alle Schubladen heraus zu reißen, Geschirr, Gläser, Bücher – alles war aus den Schränken gerissen und lag auf dem Boden verstreut.

»Oh nein!«, keuchte Peter Kochaneck. Eberhard stöhnte auch, denn sein Nachbar hing schwer an seiner Schulter.

»Wir gehen zu mir. Ich rufe die Polizei. Am besten wir fassen hier nichts an«, beschloss Eberhard.

Der Weg bis ins Nachbarhaus dauerte lang. Die beiden Männer bewegten sich schrittweise vorwärts, dann brauchten sie wieder eine Pause. Erst als Peter Kochaneck mit Wärmflasche und einer warmen Decke auf dem Sofa lag, ging Eberhard ans Telefon.

»Schnell, kommen Sie in die Kirchstraße in Bliesmengen-Bolchen. Ich habe meinen Nachbarn verletzt gefunden. In sein Haus wurde eingebrochen ... Ja, wir brauchen auch einen Notarzt. Mein Nachbar ist verletzt. Er blutet am Kopf.«

Polizeihauptkommissar Brenner war alles andere als begeistert, als die Zentrale einen Anruf in sein Büro durchstellte. »Gerhard, die anderen sind alle unterwegs. Du weißt, der Schnee. Kannst du dich um einen Überfall kümmern?« »Das hat mir gerade noch gefehlt. Na gut, jetzt kann es auch nicht mehr schlimmer kommen. Gib mir die Adresse. Ich fahre hin.«

Brenner hob seine Uniformjacke vom Boden auf und versuchte, seinen Ärger zu vergessen.

»Gorroff. Genau, so hieß der Wodka.«

Brenner musste plötzlich grinsen. Hoffentlich waren die Kerle jetzt mit dicken Kopfschmerzen unterwegs. Tröstlicher Gedanke.

Eberhard musste sich erst mal setzen. Auf den Schreck hätte er am liebsten einen Schnaps getrunken. Aber nein, die Polizei würde ihn nicht mehr ernst nehmen, wenn er nach Schnaps roch. Stattdessen kochte er Kaffee. Ohne zu fragen, brachte er dem Verletzten auch eine Tasse. Er setzte sich neben Peter und fragte: »Was ist passiert?«

»Ich war beim Schnee schippen, da kamen sie. Sie waren zu dritt. Mindestens. Ich dachte noch, wo kommen die denn her und schon ging es los.«

»Was ging los?«

»Die haben mir die Schneeschaufel weggenommen. Einer sagte noch: ›Wir haben dir gesagt, wir kommen zurück‹ oder so ähnlich. Ich kann mich an einen harten Schlag erinnern, dann ging ich zu Boden.«

»Kanntest du die? Was hat das zu bedeuten?«

»Es war ziemlich dunkel in der Straße. Viel mehr als dunkle

Gestalten habe ich nicht wahrgenommen. Mehr kann ich im Moment nicht sagen.«

Ein Polizeiwagen fuhr vor, parkte vor dem Haus. Der Notarztwagen hinterher. Peter Kochaneck wurde untersucht. Leichte Gehirnerschütterung, Bettruhe, so war die Diagnose.

Inzwischen war es halb neun geworden. In der Dorfbäckerei Ackermann in der Hauptstraße standen die Kunden Schlange. Bis vor die Tür, wie an jedem Samstagmorgen.

»Hast du gesehen, der Notarztwagen war in der Kirchstraße. Da wird doch nichts passiert sein?«, sagte eine Wartende.

»Tatsächlich. Bei dem Schnee geht das ja schnell«, war die Antwort.

»Die stehen bei Eberhard vor der Tür. Ich bin vorhin dort vorbeigegangen. Die Polizei ist auch dabei«, wusste ein Dritter. Ein anderer hatte sogar Blutspuren im Schnee gesehen. Die Nachricht verbreitete sich wie ein Lauffeuer. In wenigen Sekunden wusste Gerda Ackermann Bescheid, die hinter der Theke stand und die berühmten *Ackermänner*, eine Spezialität der Dorfbäckerei, in Tüten verpackte.

»Der arme Kerl«, sagte Gerda Ackermann mitfühlend, »er hat es in diesem Jahr wirklich nicht leicht gehabt. Erst der Streit mit seinem Nachbarn und das nur wegen dem dämlichen Heckenabladeplatz. Und jetzt noch die Gesundheit. Es wird doch nicht das Herz sein?«, dachte sie laut nach.

Dieser Ausspruch reichte aus, schon hieß es draußen vor der Tür: »Hast du gehört? Der Eberhard soll einen Herzinfarkt gehabt haben. Heute Nacht. Der Notarzt war da. Ja, ganz sicher. Wahrscheinlich liegt er schon im Krankenhaus.«

Dem war nicht so. Eberhard fühlte sich nach der ganzen Aufregung zwar etwas mitgenommen, aber von einem Herzinfarkt war er weit entfernt. Er hatte jetzt ohnehin keine Zeit darüber nachzudenken. Er musste sich um Peter kümmern, der noch immer auf seinem Sofa lag. Sein Nachbar und langjähriger Freund. Na ja, zumindest bis zum vergangenen Sommer, als der Streit um den Heckenabladeplatz die beiden entzweite. Neben dem Sofa saß Polizeihauptkommissar Brenner und stellte Fragen.

»Wann sind Sie vor die Tür gegangen? Was ist dann passiert? Haben Sie gesehen, wer die Männer waren? Warum sind Sie überfallen worden?«

Peter Kochaneck antwortete einsilbig. Er hatte jetzt starke Kopfschmerzen. Außerdem war ihm schlecht.

»Tut mir leid«, stöhnte er. »Mehr kann ich Ihnen beim besten Willen nicht sagen ... Natürlich kann die Spurensicherung in mein Haus. Nein, ich habe keine Idee, was die Einbrecher mitgenommen haben.«

Der Polizist wandte sich hilfesuchend an Eberhard.

»Haben sie einen Schlüssel für das Nachbarhaus?«

Den hatte Eberhard. Aus besseren Tagen, dachte er. Peter und er hatten sich immer gegenseitig ausgeholfen, in Urlaubszeiten das Haus des anderen versorgt.

Das Fahrzeug der Spurensicherung fuhr vor, als Eberhard gerade mit Polizeihauptkommissar Brenner auf dem Weg ins Nachbarhaus war. Die Straße war halb gefegt, die Schneeschaufel lag mitten auf dem Weg, im Schnee waren Blutspuren.

»Blut«, sagte Brenner und blieb stehen.

»Das hat nichts mit dem Überfall zu tun«, antwortete Eberhard schnell. Zum Beweis hielt er seine verletzten Finger in die Luft.

»Ich habe mich beim Schneeschippen geschnitten, weil irgendwelche Rowdys eine leere Wodkaflasche hier liegengelassen haben. Im Schnee habe ich sie nicht gesehen und als ich die Scherben aufheben wollte, habe ich mich geschnitten. So wurde ich auf meinen Nachbarn aufmerksam, der hier auf dem Gehweg lag. Vorher hatte ich ihn in dem Schneetreiben gar nicht gesehen.«

»Wodkaflasche? Wo sind die Scherben?«

Er fischte das Glas aus dem Müll. »Gorroff«, entfuhr es ihm.

»Seltsam.« Brenner winkte die Spurensicherung herbei. Die Scherben landeten in einer Plastiktüte.

»Ich brauche unbedingt die Fingerabdrücke«, wies Brenner die Kollegen an.

»Denken Sie etwa die Wodkaflasche war von denen?«, fragte Eberhard atemlos. Brenner zuckte die Schulter, er schloss das zumindest nicht aus.

In der Wohnung von Peter Kochaneck herrschte ein heilloses Durcheinander. Es sah weniger so aus, als ob jemand etwas gesucht hätte. Vielmehr als wäre es um wahllose Zerstörung gegangen. So sehr er sich bemühte, Eberhard konnte der Polizei keine wirklichen Tipps geben, wo die Wertgegenstände waren. Das müsste warten, bis Peter wieder in der Lage war, sich hier umzusehen. Eberhard ließ die Polizei in der Wohnung zurück. Sie würden noch einige Zeit brauchen, davon war Eberhard überzeugt. Er wollte sich lieber um Peter kümmern.

»Der Arzt sagt, du sollst ruhig liegen bleiben«, Eberhard setzte sich vorsichtig neben den Kranken. »Ich kann mich um dich kümmern. Wenn du willst.«

»Das wäre nett. Danke.«

»Ich glaube, ich habe einiges bei dir gutzumachen ...«, setzte Eberhard vorsichtig an, »war ein ziemlich dummer Streit.«

»Mhm. Das kannst du wohl sagen.«

»Sag mal, weißt du wirklich nicht, wer die Burschen waren, die dich so zugerichtet haben?«

»Unter uns. Ich habe da so einen Verdacht.«

Eberhard lief es plötzlich kalt den Rücken herunter. »Und warum sagst du der Polizei nichts darüber?«

»Ich erzähle dir alles. Aber bring mir um Himmels willen eine Kopfschmerztablette. Mir platzt der Schädel.«

Kurz darauf saß Brenner im Einsatzwagen und gähnte. Die lange Nacht saß ihm in den Gliedern. Er rief noch einmal im Revier an.

»Ich hätte da noch eine Bitte. Wir haben heute Nacht mehrere Kisten Wodka in diesem mutmaßlichen Hehlerlager konfisziert. Vielleicht gibt es Fingerabdrücke. Man sollte die Ergebnisse mal mit den Scherben vergleichen, die die Spurensicherung hier mitgenommen hat.«

Sein Ärger über die geplatzte Aktion in der Nacht war verflogen. Brenner war nur noch müde. Das mit dem Wodka war seltsam, aber jetzt konnte er nicht weiter darüber nachdenken.

Es wurde ein langes Gespräch. Auch deshalb, weil Peter nicht so lang reden konnte. Er brauchte immer wieder eine Pause. Je länger er auf dem Sofa lag, desto matter wurde er: »Es fing schon im Sommer an. Ich war regelmäßig am Heckenabladeplatz, weil so viel Müll dort gelandet ist. Ich wollte den Übeltätern auf die Schliche kommen. Den ein oder anderen habe ich tatsächlich erwischt. Noch schlimmer war aber: immer häufiger kamen Lastwagen, die alles andere als Grünschnitt transportierten.«

»Was meinst du damit?«

»Ich kam einmal zum Heckenabladeplatz, da hatte so ein Lkw den Laderaum offen. Da stand alles voller Elektrogeräte, Fernseher, Computer. Außen stand aber etwas von Gartenbau. Ich denke, das war alles Hehlerware. Als ich den Zugang zum Abladeplatz verweigert habe und sie abweisen wollte, fingen sie an mich zu bedrohen.«

»Warum hast du das nicht früher erzählt? Dann hätten wir doch alle viel besser verstanden, was los ist.«

»Ich weiß auch nicht. Es war dumm von mir. Jedenfalls einer der Typen stieg aus dem Auto aus, hielt mir ein Messer an die Kehle. Ich war so geschockt, dass ich mir nicht mal die Autonummer merken konnte. Ich sah keine andere Chance, als den Platz ganz zu schließen. Doch damit wurde es nicht unbedingt leichter.«

»Ich weiß. Dann fing der ganze Ärger im Ort an.«

»Irgendjemand hatte anonym eine Unterschriftenliste gegen die Schließung des Heckenabladeplatzes gestartet. Die Liste habe ich noch drüben in meinem Büro liegen. Ich bekam außerdem viele Briefe nach Hause. Die Sitzung des Ortsrates war auch nicht gerade ein Vergnügen ...«

»Ich erinnere mich«, sagte Eberhard schnell. Er hatte auch daran teilgenommen und sich wie viele andere massiv über die Entscheidung beschwert. »Aber warum hast du auch dann nichts von der Drohung gesagt?«

»Genau zu diesem Zeitpunkt kam doch der SR in den Ort. Du erinnerst dich, eine Reporterin von SR 3 Saarlandwelle wollte über Bliesmengen-Bolchen berichten. Es hätte nicht so richtig in die Bliesgauidylle gepasst. Schlimm genug, dass ihr damals bei der Vorbesprechung so über mich hergefallen seid.«

»Mhm«, nickte Eberhard. Jetzt war ihm das Ganze peinlich.

»Damals war der Heckenabladeplatz gerade ein paar Tage geschlossen. Hast du von deiner Mafia noch etwas gehört?«

»Lange Zeit nichts. Dann kamen diese dubiosen Anrufe. Erst wurde einfach nur der Hörer wieder aufgelegt. Dann kamen die ersten Drohungen. ›Wir sind noch nicht fertig mit dir!‹, so hieß es am Telefon.«

»Klingt ungemütlich. Aber warum bist du nicht zur Polizei gegangen?«

»Zuerst dachte ich, ich komme alleine zurecht. Und dann, jetzt ist es zu spät. Ganz schön blöd von mir, ich weiß«, stöhnte Peter.

Der Arzt hatte ein Rezept dagelassen. Um halb zehn machte sich Eberhard auf den Weg zur Apotheke.

»Du liebe Güte, Eberhard. Du solltest auf keinen Fall hier rumlaufen. Du musst dich schonen. Mit einem Herzinfarkt ist nicht zu spaßen.« So wurde Eberhard empfangen.

»Was ist denn hier los? Ich habe doch keinen Herzinfarkt.«

»Das hat aber doch heute Morgen eine Kundin erzählt. Sie hat es in der Bäckerei Ackermann gehört. Außerdem hat der Notarztwagen vor deiner Tür gestanden.«

»Ach so. Der Notarztwagen war nicht meinetwegen da. Und einen Herzinfarkt hat schon gar keiner. Da kannst du sicher sein. Peter Kochaneck ist der Patient. Er hat eine Gehirnerschütterung.« Er reichte sein Rezept über die Theke.

Einige Tage später saß Polizeihauptkommissar Brenner erneut auf dem Beifahrersitz eines zivilen Streifenwagens und langweilte sich. Seit Stunden parkte das Auto auf einem alten Fabrikgelände. Die Fingerabdrücke auf den Wodkaflaschen in Bliesmengen-Bolchen und dem Lager war identisch und hatten ihn auf eine neue Spur geführt. Die Abdrücke gehörten im Grunde genommen einem alten Bekannten, der schon mehrfach wegen Diebstahls und Überfällen eingesessen hatte. Hoffentlich haben wir dieses Mal das richtige Lager der Hehler gefunden, ging es ihm durch den Kopf.

Brenner kämpfte gegen den Schlaf. Eine Auseinandersetzung, die sein Kollege hinterm Steuer bereits verloren hatte. Sein Kopf war seitlich gegen die Fahrertür gesunken, sein Atem war in ein regelmäßiges, schnurrendes Geräusch übergegangen, das nicht wirklich dazu geeignet war, Brenner wach zu halten. Er ließ seinen Kollegen trotzdem schlafen, vermutlich würde ohnehin nichts geschehen. Solche Nächte hatte Brenner schon oft erlebt. Stundenlanges Warten, mühsames Wachen, durchgefroren und steif stieg man am Morgen aus dem Auto und schleppte sich nach Hause ins Bett. Er schaute auf seine Uhr. 4.24 Uhr. Noch drei Stunden, dann würde die Ablösung kommen.

Dann geschah es. Ein grüner Lastwagen mit der Aufschrift eines Gartenbauunternehmens rollte in den Hof. Drei Männer sprangen heraus, einer öffnete das Fabriktor. Die Laderampe des Lkws wurde geöffnet. Brenner sah Flachbildschirme, Stereoanlagen und jede Menge Computer.

»Wach auf, Klaus. Sie sind da.«

Über Funk alarmierte Brenner die Kollegen. In einer Viertelstunde würde die Verstärkung da sein. Diese Nacht war doch nicht wie alle anderen. Brenner und sein Kollege schauten sich an. Sie zogen die Waffen und stiegen aus dem Auto aus.

Peter Kochaneck fühlte sich besser. Eine Woche war seit dem Überfall auf sein Haus vergangen. Er saß gemeinsam mit Eberhard am Frühstückstisch. Zur Feier des Tages gab es frische Ackermänner und Kaffee. Eberhard schaltete das Radio ein. Die Stimme der Nachrichtensprecherin erfüllte den Raum.

»Der saarländischen Polizei ist ein Schlag gegen das organisierte Verbrechen gelungen. In der Nacht wurde eine Hehlerbande auf frischer Tat ertappt. Sie soll für eine Reihe von Raubüberfällen im Saarland verantwortlich sein und zu einem europäischen Hehlernetzwerk gehören. Nach Angaben eines Polizeisprechers ...«

Peter und Eberhard schauten sich an. »Die waren es. Bestimmt«, sagte Eberhard mit vollem Mund.

»Hoffentlich. Dann kann ich wieder mit einem guten Gefühl in mein Haus zurück.«

Er hatte seit Tagen auf dem Sofa gelegen. Anfangs, weil sein Kopf mit keiner Bewegung einverstanden war. Später, weil sein Haus noch immer verwüstet und nicht bewohnbar war. Ab heute sollte sich das ändern. Gleich wollte er mit dem Aufräumen beginnen. Nach dem Frühstück meldete sich Peter Kochaneck bei der Polizei. Dieses Gespräch stand noch aus. Polizeihauptkommissar Brenner wollte in den nächsten Tagen vorbeikommen. Er klang müde, aber zufrieden.

»Nur soviel«, sagte Brenner, »wir müssen uns bei Herrn Gorroff bedanken.«

»Gorroff?«, fragte Peter Kochaneck irritiert.

»Die Wodkaflasche.«

Brenner war eben kein Freund langer Worte. Die Fingerabdrücke auf den Scherben aus dem Müll hatten nicht nur den eindeutigen Beweis geliefert, die Hehlerbande war auch für den Einbruch in Kochanecks Haus verantwortlich. Die Abdrücke hatten Brenner schließlich auf die richtige Spur geführt.

Es war März geworden. Die Hecke in Eberhards Vorgarten war höher denn je. Es gab immer einen Grund, warum er sie gerade heute nicht schneiden konnte. Eberhard vermied es inzwischen schon, einen Blick darauf zu werfen. Umso mehr stutzte er, als er eines Morgens den Rollladen hochzog. Da stand ein Mann mit Schirmmütze und Latzhose. Er war mit einer riesigen Heckenschere bewaffnet und hatte schon die halbe Hecke geschnitten, die Zweige lagen zu seinen Füßen. Eberhard öffnete das Fenster.

»Peter, was ist denn in dich gefahren? Hast du nicht genug in deinem eigenen Garten zu tun?«

»Kleine Wiedergutmachung. Für die gute Pflege im Winter«, sagte der Ortsvorsteher über die Schulter. »Aber damit du es weißt: Das mache ich nur ein einziges Mal.«

Gabor Filipp wurde 1950 in Ungarn geboren. Seit seinem siebten Lebensjahr lebt er in Deutschland, überwiegend im Saarland. Sein Studium mit dem Hauptfach Politikwissenschaft hat er in Saarbrücken und Mainz absolviert. Er arbeitet als SR-Redakteur und hat seine Leidenschaft zum Beruf gemacht. Er ist ein stiller Beobachter, ein Rotweingenießer mit einer Vorliebe für das Schräge.

Roland Helm wurde 1951 in Saarbrücken geboren. Seiner großen Liebe zum Mikrophon und zum geschriebenen Wort kann er als Radiojournalist und Musiker nachgeben. Als Songpoet und Komponist mit einer eigenen Band hat er einige Dutzend Lieder aus eigener Feder veröffentlicht. Außerdem stammt von ihm ein Buch über die saarländische Rockgeschichte. In seiner Schublade das sensationelle Tagebuch des allein erziehenden Vaters. Krimi-Novize.

Gerd Heger wurde 1960 in Ludwigshafen am Rhein geboren und verbrachte seine Jugend fünf Kilometer von Oggersheim entfernt. Helmut Kohl nahm ihm einst in der Kirche die Sicht, was weitreichende Folgen haben sollte. Auf dem Weg nach Paris blieb der studierte Romanist und Politologe auf der Grenze hängen. Heger arbeitet als zweisprachiger Journalist und *Monsieur Chanson* beim Saarländischen Rundfunk (www.sr2.de/rendezvous-chanson). Er ist Songwriter, (auch Mundart-) Autor, Familienvater und Allergiker (www.gerd-heger.eu). *Kalte Rache?* ist nach *7 Tage, 7 Töpfe* (Geistkirch, 2006) seine zweite Textveröffentlichung im Saarland.

Silvia Hudalla ist mit sieben Koffern vor langer Zeit zum Studieren nach Saarbrücken gezogen. Heimweh quälte sie anfangs ohne Unterlass, aber mittlerweile ist die gebürtige Fränkin seit 38 Jahren im Saarland. Hier hat sie ihren Traummann und ihren Traumjob gefunden. Ihr Traumland ist Polen, wo sie noch viel öfter hinfahren würde, wenn ihre beiden Katzen nicht so ungern verreisen würden.

Lisa Huth beschloss mit elf Jahren ihren Lebensunterhalt mit Schreiben zu verdienen. Frühe Werke landeten in der Schublade, mit sechzehn wurde ein Essay über Saar-Lor-Lux prämiert. Später folgten ein Drehbuchpreis und der Deutsch-Französische Journalistenpreis. Im Laufe der Jahre war sie unter anderem tätig für dpa, die Saarbrücker Zeitung, die Jüdische Allgemeine, die Hannoversche Allgemeine Zeitung und ein privates Radio in Frankreich. Derzeit ist sie beim SR zuständig für die Lothringen-Berichterstattung, vorher befasste sie sich mit Berichten aus Nahost, dem Bosnienkrieg und Paris. Sie hat sich bereits als Krimi-Autorin in der Anthologie *Letzte Grüße von der Saar* (Conte, 2007) bewährt und derzeit arbeitet sie an einem zweiten Krimi-Langprojekt gemeinsam mit Karin Mayer.

Bärbel Jung wurde vor vielen Jahren im Saarland geboren. Ihren Magister hat sie in Amerikanistik, Anglistik und Mittelalterlicher und Neuerer Geschichte gemacht. Ein Teil ihrer Magisterarbeit über Roboter ist in einem *Perry-Rhodan-Jahrbuch* erschienen. Neben ihrer fünfjährigen Beschäftigung beim ZDF hat sie einen Roman von *Barbara Cartland* aus dem Englischen übersetzt. Derzeit arbeitet sie als Nachrichtenredakteurin beim SR. Sie mag Katzen, Science Fiction, Fantasy und Gruselgeschichten.

Karin Klee wurde an Weihnachten 1961 geboren. Sie ist Zeitungsredakteurin und schreibt Prosa und Lyrik in Schriftdeutsch und Mundart. Sie ist Mitglied der Autorengruppe im *Literarischen Verein der Pfalz*, Sektion Zweibrücken, wie auch in der *Bosener*

Gruppe und bei *Gau & Griis*. Ihre Werke sind in Anthologien und Zeitschriften zu finden. Als Mitglied des Autorenteams der Mundartkolumne der Saarbrücker Zeitung kann sie ihre Leidenschaft in den Beruf integrieren. Bislang sind zwei Bücher von ihr erschienen: Die Erzählung *Am Holländerkopf* (Conte, 2007) und der Lyrikband *Frauenzimmer* (Geistkirch, 2008).

Michael Lentes wurde 1957 in Saarbrücken geboren und wuchs auch im Saarland auf. Er absolvierte alle bekannten Schulen, beschäftigte sich phasenweise zuviel mit Fußball, schaffte trotzdem ein Studium der Geschichte und anschließend den Sprung zum Saarländischen Rundfunk. Dort zunächst beim Fernsehen, arbeitet er nun seit Jahren als Redakteur und Reporter bei SR 3 Saarlandwelle.

Harald Martin ist in Kornwestheim in Baden-Württemberg aufgewachsen. Er ist Leitender Redakteur bei SR 1 Europawelle. Seine Ausbildung genoss er in München. Er ist Diplom-Politikwissenschaftler und Absolvent der Deutschen Journalistenschule und seit mehr als 20 Jahren beim Saarländischen Rundfunk beschäftigt. Für seine journalistische Arbeit erhielt er mehrere Auszeichnungen. Seine viel beachtete Biografie über Ex-Beatle Paul McCartney wurde 2002 veröffentlicht.

Karin Mayer besuchte die Deutsche Journalistenschule in München und absolvierte ein Studium der Politikwissenschaften und Volkswirtschaft an der Universität München. Seit 1992 lebt sie in Saarbrücken und arbeitet beim Saarländischen Rundfunk, seit 2002 in der Wirtschaftsredaktion. 1997 wurde sie mit dem Deutsch-Französischen Journalistenpreis ausgezeichnet. Als Reporterin ist sie für Hörfunk und Fernsehen unterwegs. In der Anthologie *Letzte Grüße von der Saar* (Conte, 2007) erschien bereits eine ihrer Kriminalgeschichten. Derzeit arbeitet sie an einem zweiten Krimiprojekt gemeinsam mit Lisa Huth.

Sven Rech wurde 1965 geboren und ist in Mosberg-Richweiler, in unmittelbarer Nachbarschaft zur alten Schule aufgewachsen. Er war beim jährlichen *Pennel-Fest* immer letzter im Sackhüpfen, was manches erklärt. Die Hunde der Familie Rech – ebenso wie ihre Katzen – liegen tatsächlich auf dem *Mosberger Bann* begraben. Wo, wird nicht verraten. Später wurde Sven Rech Journalist beim Saarländischen Rundfunk. Er arbeitet für die Saarlandwelle, für SR 2 Kulturradio und für das SR-Fernsehen. Daneben ist er Autor von Kurzgeschichten, Drehbüchern und anderen zu nichts zu gebrauchenden Texten.

Anke Schaefer ist in München geboren und aufgewachsen und hat in Passau Diplom-Kulturwirtschaft mit Schwerpunkt auf dem französischen Kulturraum studiert. Sie verbrachte im Rahmen von Studienaufenthalten einige Zeit in Paris und in Tours und absolvierte ein Volontariat beim Bayerischen Rundfunk. 1997 ist sie ins Saarland gekommen, um näher an Frankreich zu sein. Als Kulturreporterin und Moderatorin beim Saarländischen Rundfunk ist sie viel unterwegs in Lothringen und Luxemburg, aber auch gerne und staunend auf saarländischen Industriebrachen. Seit Mai 2009 arbeitet sie als freie Kulturjournalistin in Berlin.

Jürgen Schimpf wurde 1959 in Dudweiler geboren und ist in Saarbrücken aufgewachsen. Seine erste Anstellung nach Abschluss der Fachoberschule und einer Ausbildung zum Bürokaufmann fand er beim Werbefunk Saar. Seit Mitte der Neunzigerjahre arbeitet er beim Saarländischen Rundfunk, heute als Disponent im Fuhrpark.

Erhard Schmied wurde 1957 geboren und ist in der Nähe von Frankfurt am Main aufgewachsen. Nach einem Studium der Psychologie lebt er heute als Autor in Saarbrücken. Zwei Gedichtbände, zwei Prosabände, Drehbücher – u. a. für die Reihe *Tatort*, Hörspiele, Kinder- und Jugendtheaterstücke sind bereits erschienen. Eine ausführliche Werkliste ist zu finden unter www.erhardschmied.de.

Marietta Schröder wurde 1957 in Erlangen geboren. Sie lebt und arbeitet als Diplomübersetzerin für Englisch und Russisch in Saarbrücken. Als Autorin schreibt sie vorwiegend Kurzprosatexte wie *Nitribitt von Tremmersdorf: Prosaskizzen, Gedichte* (Kliebenstein-Alkan, 1993) und Hörspiele (Produktionen bei SR und Deutschlandradio). Sie erhielt ein Reisestipendium und eine Projektförderung des Kultusministeriums des Saarlandes, das Förderstipendium der Stadt Saarbrücken und einen Preis beim überregionalen Literaturwettbewerb des *Lëtzebuerger Schrëftsteller Verbandes*.

Manfred Spoo wurde in Saarlouis geboren. Er ist Schüler, Bankkaufmann, Betriebswirt, Vater, Moderator, Hundehalter, Kabarettist und Redakteur. An seinem 50. Geburtstag entdeckte er, dass man/frau auch längere Strecken laufend zurücklegen kann und ist inzwischen fünffacher Marathon-Finisher.

In seiner Freizeit erforscht er für seine Kleinkunstprogramme gerne das Leben und die Lebensart des *Südwest-Zipflers*. Näheres unter www.saarkabarett.de

Renate Wanninger wurde 1963 an der Mosel geboren und lebt heute mit ihrem Mann und zwei Kindern im Saarland. Nach einer Ausbildung als Hauswirtschafterin und Diplom-Sozialarbeiterin arbeitet sie seit 1998 beim Saarländischen Rundfunk.

Lilo Beil *Gottes Mühlen*
Kommissar Gontards erster Fall
184 Seiten, ISBN 978-3-936950-49-6, 9,90 €

Lilo Beil *Das Licht unterm Scheffel*
Kommissar Gontards zweiter Fall
178 Seiten, ISBN 978-3-936950-72-4, 9,90 €

Lilo Beil *Die schlafenden Hunde*
Kommissar Gontards dritter Fall
188 Seiten, ISBN 978-3-936950-87-8, 9,90 €

Dieter Paul Rudolph *Arme Leute*
210 Seiten, ISBN 978-3-941657-06-9, 12,90 €

Elke Schwab *Kullmanns letzter Fall*
356 Seiten, ISBN 978-3-936950-71-7, 11,90 €

Elke Schwab *Tod am Litermont*
278 Seiten, ISBN 978-3-936950-74-8, 12,90 €

Elke Schwab
Hetzjagd am Grünen See
303 Seiten, ISBN 978-3-936950-95-3, 12,90 €

JuttaStina Strauss
Koks und Kosakenkaffee
Guzzos erster Fall
286 Seiten, ISBN 978-3-936950-54-0, 13,90 €

JuttaStina Strauss *Mis en Vosges*
Guzzo in Lothringen
290 Seiten, ISBN 978-3-936950-80-9, 13,90 €

Barbara Mansion
Mörderische Wallfahrt
Mittelalterkrimi von der Saar
204 Seiten, ISBN 978-3-936950-59-5, 9,90 €

Markus Walther (Hrsg.)
Letzte Grüße von der Saar
Krimi-Anthologie
244 Seiten, ISBN 978-3-936950-68-7, 12,90 €

Stefan Hüfner *Der Tote von Dresden*
184 Seiten, ISBN 978-3-936950-13-7, 9,90 €

Kerstin Rech *Schenselo*
188 Seiten, ISBN 978-3-936950-60-1, 9,90 €

Kerstin Rech *Hotel Excelsior*
232 Seiten, ISBN 978-3-936950-77-9, 11,90 €

Jean Amila *Mond über Omaha*
Reihe Amila 1
214 Seiten, ISBN 978-3-936950-33-5, 10,00 €

Jean Amila *Mitleid mit den Ratten*
Reihe Amila 2
212 Seiten, ISBN 978-3-936950-43-4, 10,00 €

Jean Amila *Bis nichts mehr geht*
Reihe Amila 3
210 Seiten, ISBN 978-3-936950-53-3, 10,00 €

Jean Amila *Motus!*
Reihe Amila 4
180 Seiten, ISBN 978-3-936950-79-3, 10,00 €

Jean Amila *Die Abreibung*
Reihe Amila 5
204 Seiten, ISBN 978-3-936950-96-0, 10,00 €

Besuchen Sie uns im Internet:
www.conte-verlag.de